生态移民生计脆弱性研究

史俊宏　赵立娟　著

中国财经出版传媒集团
经济科学出版社
Economic Science Press

图书在版编目（CIP）数据

生态移民生计脆弱性研究/史俊宏，赵立娟著．—北京：经济科学出版社，2019.9

ISBN 978－7－5218－1012－7

Ⅰ．①生…　Ⅱ．①史…②赵…　Ⅲ．①移民－研究－中国　Ⅳ．①D632.4

中国版本图书馆 CIP 数据核字（2019）第 221302 号

责任编辑：边　江　庞丽佳
责任校对：王肖楠
责任印制：邱　天

生态移民生计脆弱性研究

史俊宏　赵立娟　著

经济科学出版社出版、发行　新华书店经销

社址：北京市海淀区阜成路甲 28 号　邮编：100142

总编部电话：010－88191217　发行部电话：010－88191522

网址：www.esp.com.cn

电子邮件：esp@esp.com.cn

天猫网店：经济科学出版社旗舰店

网址：http://jjkxcbs.tmall.com

固安华明印业有限公司印装

710×1000　16 开　17 印张　230000 字

2019 年 9 月第 1 版　2019 年 9 月第 1 次印刷

ISBN 978－7－5218－1012－7　定价：68.00 元

前言

在我国北方牧区，特别是少数民族聚集的贫困和边远地区，畜牧业生产在农牧业生产中发挥着重要的作用，是缓解贫困和提高粮食安全的关键，同时对建立当地人口的长远可持续生存目标也是关键因素。但是，长期以来，草地生态系统受到来自环境、经济和社会各方面不稳定因素的影响。随着全球气候变化问题越来越突出，特别是极端气候变化，处于干旱和半干旱草原牧区的牧户面临的风险越来越大，牧户原有的应对这些风险的适应性逐渐变得越来越脆弱，牧户往往依靠借贷来维持生计，许多牧户濒临破产状态。

草场退化等日益突出的生态环境问题以及缓解人类生存需求与生态环境承载力之间的冲突已经成为全世界共同关注的主题。为了应对我国草原牧区生态环境危机，旨在改善和保护生态环境所发生的迁移活动以及由此活动而产生的迁移人口的生态移民政策成为重要措施。进入21世纪，生态移民政策在我国广泛实施，尤其是西部生态环境脆弱地区。生态移民政策为民族地区的经济发展提供了难得的契机，为民族地区人口的集中提供了现实可能性，为区域增长极的形成和城镇化的发展提供了动力，对民族地区的脱贫工作意义十分重大。

尽管生态移民政策在一定程度上极大地缓解了生态移民原有生存环境的脆弱性。但是，迁移到新的生存环境，生计的不适应性以及生态移民安置区外界环境的不完善性重新导致了生态移民新的脆弱性：生态移民生计资源仍然比较缺乏，生态移民生计转型存在诸多风险，生态移民会造成新的生态环境破坏。生态移民所面临的生计脆弱性最终导致生态移民对新的生计环境满意度不高或造成部分移民贫困，最终制约着生态移民的可持续发展。

脆弱性是认识和分析贫困与生计动态性的重要视角。通过对生态移民生计脆弱性的度量和考察，能够识别和认识生态移民目前的生计状况以及未来应对各种风险冲击的潜力。政府能够借鉴脆弱性研究制定出适合的政策来帮助生态移民实现生计顺利转型及可持续发展。

基于生态移民生计转型困境问题的提出，本书的研究目标设定为基于可持续生计理论和脆弱性理论，在移民村的实地移民调查、机构访谈以及二手统计数据分析基础上，构建生态移民生计脆弱性分析框架，考察生态移民的宏观生计背景、生计风险、生计模式与策略，采用适合中国农户生计脆弱性指标测度生态移民生计脆弱性，为我国政府制定和实施生态移民政策提供来自微观层面的理论依据与经验支持。

基于研究目标，本书主要研究内容包括九部分。

第一章，导论。本章从迁移推力、迁移拉力以及迁移困境三个方面的来自生态移民声音的讨论出发，然后提出研究的问题、研究目标以及研究内容，介绍本书使用的研究方法、研究数据以及研究框架等。

第二章，研究理论基础与研究综述。本章分别对生态移民、生计以及脆弱性和生计脆弱性关键概念进行界定，回顾了本书的研究理论基础：农户行为理论、可持续生计理论和脆弱性理论。对国内外有关生态移民研究、农户可持续生计研究以及脆弱性研究三个方面进行文献述评。

第三章，生态移民生计脆弱性分析框架。首先，对环境、可持续发展与迁移进行了理论阐述，分析国内外与环境有关的非自愿移民的动因以及迁移战略的提出和实施。其次，分析我国生态移民政策的实施背景及一系列重要的生态移民政策实施规划与实施措施。再次，从理论上探讨了生态移民生计脆弱性形成机制。最后，基于农户可持续生计分析框架和脆弱性分析框架的理论，将可持续生计分析框架与脆弱性分析框架相融合，并结合内蒙古牧区生态移民实际状况，构建牧区生态移民生计脆弱性分析框架。

第四章，生态移民宏观生计背景。依据生态移民生计脆弱性分析框架，本章基于调查地区一手和二手数据分别考察达茂旗经济、社会等方面的发展状况以及生态移民对地方政府实施生态移民政策的微观认知情况。

第五章，生态移民生计风险。首先，基于世界银行构建的风险来源分析框架，结合生态移民实际情况，构建生态移民生计风险分析框架。其次，采用风险识别与风险认知方法，基于生态移民访谈数据，考察生态移民所面临的各种生计风险情况。最后，基于生态移民的认知方法，分别从报告具体面临的困难、担心的问题以及期望获得帮助内容等方面的认知深入分析生态移民面临的生计风险。

第六章，生态移民生计模式与策略。依据生态移民生计脆弱性分析框架，首先，基于生计模式理论以及现有关于农户生计模式分类方法，结合牧区生态移民实际情况，对牧区生态移民生计模式进行划分，并统计描述分析生态移民生计模式的基本特征和变迁。其次，基于生计策略理论，以生态移民各种收入来源构成来研究生态移民所采取的生计策略类型，统计描述生态移民生计策略特征及影响因素，并分别考察生态移民的农牧业经营活动和非农活动特征。

第七章，生态移民生计脆弱性评价。首先，本章分析生态移民生计脆弱性测度方法的选择原则、评价指标体系以及评价方法。其次，基于对生态移民生计脆弱性测度结果，统计描述生态移民生计脆弱性的分布特征，包括生态移民生计脆弱性的资产特征、生态移民结构型生计脆弱性特征、生态移民冲击型生计脆弱性特征。最后，基于生态移民生计分析框架以及生计脆弱性特征，对生态移民生计脆弱性影响因素进行计量经济模型实证分析。

第八章，生态移民生计结果。基于生态移民生计脆弱性分析框架，统计描述生态移民对生态移民安置区生活状况、移民间交流与沟通情况、环境卫生方面的认知以及比较分析生态移民搬迁前后生活消费结构变化情况。采用单因素和计量经济模型研究生态移民生计满意度及影响因素。

第九章，研究结论与政策建议。本书基于生态移民脆弱性的理论探讨和实证分析，总结出相应的研究结论，并从促进生态移民生计资产发展以及生态移民可持续生计策略的政策选择等方面提出相应的政策建议。

目 录

第一章　导论 ………………………………………………………… 1
　第一节　来自生态移民的声音 ………………………………… 1
　第二节　问题的提出 …………………………………………… 7
　第三节　研究目标和内容 ……………………………………… 14
　第四节　研究方法及数据 ……………………………………… 18

第二章　研究理论基础与研究综述 ……………………………… 22
　第一节　关键概念界定 ………………………………………… 22
　第二节　研究理论基础 ………………………………………… 28
　第三节　生态移民研究进展 …………………………………… 39
　第四节　可持续生计研究 ……………………………………… 49
　第五节　脆弱性研究进展 ……………………………………… 57
　第六节　文献述评 ……………………………………………… 65

第三章　生态移民生计脆弱性分析框架 ………………………… 67
　第一节　环境、可持续发展与迁移 …………………………… 67
　第二节　生态移民政策实施 …………………………………… 72

第三节 生态移民生计脆弱性形成机制 …… 80
第四节 生态移民生计脆弱性分析框架构建 …… 84
第五节 本章小结 …… 86

第四章 生态移民宏观生计背景 …… 87
第一节 生态移民安置区经济发展状况 …… 87
第二节 生态移民安置区社会发展状况 …… 92
第三节 本章小结 …… 104

第五章 生态移民生计风险 …… 106
第一节 生态移民生计风险分析框架 …… 106
第二节 生态移民生计风险识别 …… 109
第三节 生态移民生计风险认知 …… 116
第四节 本章小结 …… 128

第六章 生态移民生计模式与策略 …… 130
第一节 生态移民生计模式 …… 130
第二节 生态移民生计策略 …… 141
第三节 本章小结 …… 171

第七章 生态移民生计脆弱性评价 …… 174
第一节 生态移民生计脆弱性评价指标体系与方法 …… 174
第二节 生态移民生计脆弱性分布特征 …… 181
第三节 生态移民生计脆弱性影响因素分析 …… 194
第四节 本章小结 …… 197

第八章　生态移民生计结果 …… 199
第一节　生态移民生计结果描述性统计分析 …… 199
第二节　生态移民生计满意度分析 …… 211
第三节　本章小结 …… 219

第九章　研究结论与政策建议 …… 221
第一节　主要发现与结论 …… 221
第二节　政策建议 …… 232
第三节　进一步研究的问题 …… 239

参考文献 …… 241

第一章

导　论

第一节　来自生态移民的声音

《谁倾听我们的声音》反映了来自50个国家的4万多名穷人的心声。与其他贫困问题研究不同，它运用开放参与式的和量化的研究方法通过穷人自己的声音直接反映了他们的生活现实：穷人们如何看待贫困和幸福？他们的困难和最紧迫的问题是什么？他们对于政府、市场和民间组织、各项制度的经历是怎样的？穷人们给我们的启示是发人深省的。他们中的大多数人认为和过去相比他们的境况有所恶化并且更加没有保障了。穷人们和我们关注同样的东西：幸福、家庭、孩子、生计、和平、保障、安全和尊严。穷人们对他们所面临的一系列制度的描述使我们重新思考我们的政策。

——克莱尔·肖特，詹姆斯·D. 沃尔芬森

来自同生态移民的深入交谈获得的一些定性案例和访谈记录，从生态移

民政策的直接参与者侧面反映生态移民政策的实施状况以及生态移民的最终感受，聆听生态移民的声音，可以从多个角度理解生态移民。

一、迁移推力

尽管牧区生态移民是在草原生态环境保护下的一种政府主动实施行为，但是，也有很多牧民自我认识到向外迁移可以作为保护自己家园的重要方式。专栏1－1讨论了“关于如何理解生态移民政策”的生态移民访谈记录。从不同生态移民的声音可以反映出，牧民能够认识到实施生态移民政策的重要性。

专栏1－1

生态移民访谈汇总——为什么进行生态移民

ID111614：可以保护环境，到草场恢复了就行。

ID111603：牧区干旱的厉害，对环境不好。

ID111408：恢复草场，为了以后着想，风沙少了，草也长起来了。

ID111314：对当前不行，但对以后好，如果不禁牧，以后草场退化的严重了，草场承受不了。前几代人养羊人少，现在养羊人多，每户都养得多。现在接受不了，但从长远来看，可以对下一代有好处。

ID111635：草不太好，养殖业收入少，禁牧有补贴不用干活。

ID112107：现在草场旱的很严重，草长得不好。

ID111601：保护环境，风沙小了。

二、迁移拉力

为了保证迁移战略获得成功，那么生态移民政策实施中必须考虑能够有很多吸引牧民值得搬迁的重要措施。专栏 1－2 汇总了不同生态移民有关“生态移民政策会给你带来哪些好处”的访谈记录。

专栏 1－2

生态移民访谈汇总——生态移民政策带来的好处

ID111639：可以得到草场补贴。

ID111646：不用干活了。

ID111312：将牧民集中在一起可以互相帮忙，以前在牧区距离比较远，不能帮忙。

ID111408：生活方便了，水电齐全。

ID111507：现在家里面有存款了。

ID111605：生活条件好了。

ID111606：孩子上学相对方便。

ID111607：老人可以养老。

ID111626：没有事情做，但是认识的人多了，看病容易一些。

ID111633：人老了，来这里挺好的，政府有很多关照。

ID111634：可以从事其他工作。

ID111640：对移民各个方面照顾的挺好。

ID111643：不养羊了，国家还给生活费用，省了不少钱。

ID111646：比起以前轻松多了。

ID112110：牧区干旱，羊吃不上草，大夏天也要买饲料，挣不了多少钱，我们人口多，现在国家给补贴，有文化的人可以找到工作。

三、生态移民困惑

任何一种迁移都具有比较高的货币和非货币成本。专栏 1－3 汇总了生态移民关于“生态移民政策带来的困惑”的访谈记录。

专栏 1－3

生态移民访谈汇总——生态移民政策带来的困惑

ID111650：说是有保障，但是没有收入来源，开销特别大，没有收入。

ID112109：对草场好，但是不能把牧民给苦了。

ID112105：以前在牧区放牛羊经济方面、生活各个方面都很好，而现在禁牧了，上这儿来闲的没事做，整天消费支出太多，收入太少，补贴也不够。

ID112103：不知道以后会怎么样。

ID111637：政策是好的，但是力度太大，不能让牧民什么也没有。

ID111410：能够理解禁牧政策，但是后续善后工作执行不力，补贴不够，没有生活来源。

ID111112：禁牧后可以保护生态环境。但是草场补贴少，3 万元分给五户人家，分完就没有了。

针对生态移民政策的实施情况，本书设计了与生态移民进行了深入的访谈问题。专栏 1－4、专栏 1－5 和专栏 1－6 分别描述了与生态移民进行深入访谈的记录。其中，专栏 1－4 是来自移民安置区一位 63 岁大娘的深入访谈记录。从访谈记录可以看出，老年生态移民对生态移民政策的实施喜忧参半。那些年龄比较大的生态移民对此项生态环境政策给他们带来的影响感受颇深。一方面，他们能够感受到生态移民政策有力地解决了干旱的草原牧区人口和环境的矛盾，利用人口迁移政策使得人们很好地规避了干旱等草原畜牧业风险，同时，迁移之后，年长的牧民获得十分优越的生活环境。但另一方面，那些拥有年轻力壮成员的移民家庭因长期的放牧生计方式突变为非农方式而感到束手无策和面临诸多困境。

专栏 1 - 4

生态移民访谈——如何看待生态移民

能够理解禁牧，生态环境破坏太严重，有些人不论草场大小，一个劲地养羊草场退化厉害。再过几年不想回去了，要看孙子，干不动农活了，但40岁到50岁之间的人不太好，好多人对禁牧不理解，认为禁牧后如何生活呀？草场补贴钱太少。以前的牧区十年九旱，一到春天刮沙尘暴，在我少年时期，并不干旱，干旱主要的原因是过度放牧。很早以前，人也少，牲口也少，退化的少，干旱少，后来人口、牲口越来越多了。来这里的人重活干不了，轻的工作找不到，比较麻烦。女的在餐厅做服务员，岁数大的没有文化和手艺。40岁到50岁之间的人搬来比较困难，负担重，上有老下有小。

专栏1-5来自一位31岁的生态移民家庭妇女的访谈。从访谈记录看，较为年轻的生态移民家庭也同样面临着诸多搬迁困境，最主要的是没有稳定的收入来源以及生产方式和生活方式的不适应性，而这些困境来自生计转型中自身资源的缺乏（包括人力资源、金融资源等）造成的维持生计能力的降低。

专栏 1 - 5

生态移民访谈——搬迁以来面临的困难

被访问者为31岁已婚蒙古族女牧民。在移民村不让放牧，只能偷放，中午禁牧办下班，我们放，晚上下班，我们放。没有文化，也没有考过驾驶证。打工存不下钱，什么都需要消费。在牧区就不用这么多消费，牧区卖了牛和羊能存钱，现在不行了。我丈夫在昭和拉马，5月份到10月份，自己带上3匹马，再给别人拉马，一匹马1万元。移民区其他人，有的打扫蒙古包，有的是餐厅服务员，大概能挣 1 500 ~ 2 000 元。草场少的人生活不了。4 口人，2 个人的草场，3 900 亩草场，打工方面，一个月辛辛苦苦挣几千块钱。牧区更潇洒，不辛苦，现在辛苦挣钱，太累。晚上吃一顿饭、喝一顿酒，一天挣的钱就没有了，在牧区很少有这种现象。同学来我这里，就 2 ~ 3 天，花了 2 000 ~ 3 000 元，花费太大。不知道怎么生存？过一天算一天。禁牧以后，没有存款，补贴下来全都花完了。这个季度的钱下来上个季度的钱就没了。

专栏 1 – 6 是来自移民安置区一位 50 多数的男性生态移民的深入访谈。如同专栏 1 – 4 提到的年长生态移民认知，均对生态移民政策持肯定态度。当讨论到将来如何生活，本专栏记录的生态移民持有一种无奈的表情，一是禁牧款不够，几乎用来抵顶住房款，二是原牧区居住地的生产性资产（尤其是母畜）早已丢弃，未来再重新投资，成本相当高，加上年龄越来越大，劳动能力降低，只能在生态移民安置区生活。

专栏 1 – 6

生态移民访谈—将来如何生活

禁牧款不够，一个季度扣 5 000 元，抵房款，扣 5 年，有的扣 3 年，扣 3 年不要银行利息，扣 5 年需要扣银行利息。2003 年补贴 2.47 元/亩，补贴 5 年，2009 年涨到 4.8 元/亩，补贴 10 年。不回去了，没有牲口，养老金每月能够领取 200 元。20 世纪 50 年代到 60 年代草场不退化，老天爷也下雨，现在天气干旱，污染厉害，挖矿。1981 年开始干旱，干旱实在不行就卖牲畜，买草料。如果回去的话，投资太大，房子和棚圈都塌了，购买一只羊 1 000 元，若禁牧 10 年以后让回去，岁数都大了，牲畜也没有了。

以上几个方面是来自与生态移民进行深入交流的记录。来自草原牧区的牧民能够理解国家实施草原生态环境保护政策所实施的生态移民政策，是一项惠民政策，是从政府层面解决人口与生态环境不断恶化关系的重要举措。但是，任何一种迁移都会有代价的。尤其是生态移民政策所涉及的是我国边疆少数民族牧民，往往因牧民长期习惯于从事传统的放牧生计方式、语言交流方式、牧区生活方式等，在迁移转型背景下，往往会有很多不可预测的问题所发生，会有来自各种各样的声音。考察和描述生态移民各种类型的声音并不是完全否定我们所实施的生态移民政策，而是通过倾听他们的声音，作为我们政策目标保证实现或者实现人口与生态环境协调可持续发展的重要依据，以此来不断调整生态移民政策实施的具体管理措施。

第二节　问题的提出

一、民族地区生态环境退化与人口贫困

多年来，生态环境问题已经成为全球关注的困扰人类生存的热点议题，不仅是自然科学长期关注的问题，而且社会科学也同样对此问题从多个方面展开了深入研究。我国的生态环境遭到破坏的原因可能多种多样，但是，对于我国西部地区而言，生态环境恶化的原因更多的是因为不合理地开发和利用当地自然资源所造成的。例如，盲目地开垦荒地、草场的过度放牧、乱采滥挖、不合理的灌溉等所引起的草场退化、水土流失、土壤沙化、土壤盐碱化、生态多样性减少、自然灾害频繁等问题（包智明和任国英，2011），这些问题在我国边疆少数民族地区，如草原牧区尤为突出。

畜牧业生产在我国北方牧区，特别是在一些少数民族聚集的贫困和边远地区农牧业生产中发挥着十分重要的作用。这些地区牧业经济的发展是缓解贫困和提高粮食安全的关键，同时对建立当地人口的长远可持续生存目标也是关键因素。但是，长期以来，草地生态系统受到来自环境、经济和社会各方面不稳定因素的影响，干旱在草原退化过程中起到一种推波助澜的作用（刘颖秋，2005），持续干旱正在造成牧区的普遍贫困化，许多牧户处于破产的边缘。尽管草原牧区牧户长期以来已经形成应对类似干旱等自然灾害和草原生态环境退化等风险的策略并且可能是比较有效的，但是，随着全球气候变化的问题越来越突出，特别是极端气候变化，处于干旱和半干旱所导致的草原退化地区的牧户面临的风险越来越大，牧户原有的应对这些风险的适应性逐渐变得越来越脆弱，牧户往往依靠借贷来维持生计（王晓毅，2009），许多牧户濒临破产状态或者处于将要破产状态。

二、旨在解决人口与生态环境间矛盾的生态移民政策实施

草场退化等日益突出的生态环境问题以及缓解人类生存需求与生态环境承载力之间的冲突已经成为全世界共同关注的主题（张志辽，2005）。为了应对我国草原牧区生态环境危机，中央和地方政府制定了诸多生态环境治理政策和措施，例如，草畜平衡、休牧、轮牧、禁牧以及生态移民政策等。《国务院关于促进牧区又好又快发展的若干意见》（2011）中提出：牧区发展必须树立生产生态有机结合、生态优先的基本方针，同时需要逐步提高牧民素质和转产转业能力，减轻草原人口承载压力。因此，旨在改善和保护生态环境所发生的迁移活动以及由此活动而产生的迁移人口的生态移民政策成为重要措施。我国的生态移民开始于20世纪90年代，自贺兰山退牧还林搬迁转移工程实施后，生态移民逐渐成为保护和改善生态环境的重要措施（新吉乐图，2005）。进入21世纪，生态移民政策在我国广泛实施，尤其是西部

生态环境脆弱地区（唐宏等，2011）。在拥有13亿亩广袤草原的内蒙古牧区开始实施牧区人口向外迁移工程，第一期牧区人口迁移是为了减轻阴山北麓生态脆弱区人口对牧区生态环境的压力而于1998年实施的生态移民工程，随后，2001年，内蒙古锡林郭勒盟实施“围封转移”的大规模生态移民工程，2002年，阿拉善盟开始实施名为“收缩转移”的生态移民工程以及鄂托克旗实施“异地扶贫搬迁”工程（张丽君，2012）。之后，陆续有诸多草原牧区，特别是边疆退化比较严重的草原牧区开始了不同规模的生态移民工程。2010年，在国家发改委颁布《“十二五”促进区域协调发展的思路建议》中，将建立生态补偿机制、鼓励生态移民作为针对限制开发区和禁止开发区而实施的区域生态政策之一（张丽君，2012）。生态移民政策实施初期极大地缓解了草原牧户脆弱性。2011年，《国务院关于进一步促进内蒙古经济社会又好又快发展的若干意见》指出：全面推进生态建设和环境保护，推进草原牧区基础设施建设，发展设施畜牧业和人工草场，稳步实施生态移民政策，培育后续产业。生态移民政策的实施一方面推动了第二、第三产业、特色产业以及城镇化发展，改善了生态移民的生产生活条件（周华坤和赵新全等，2010）；另一方面促使草原牧区超载得到了缓解，草原压力得到了极大地减轻（唐宏等，2011）。生态移民政策为我国民族地区的经济发展提供了非常难得的机会，为民族地区的人口集中提供了可能性，以及为区域经济增长极的形成和城镇化的发展提供了动力机制，对我国民族地区的脱贫工作具有重大的意义（李皓，2005）。

三、生态移民面临的脆弱性问题及挑战

尽管生态移民政策在一定程度上极大地缓解了生态移民原有生存环境的脆弱性，但是，迁移到新的生存环境，生计的不适应性以及生态移民安置区外界自然和社会环境的不完善性重新造成了生态移民新的脆弱性。

（一）生态移民生计资源仍然比较缺乏

1. 自然资源禀赋薄弱

许多移民安置区存在着不同程度的水资源短缺、生态环境恶劣、移民区沙漠化、水土流失严重以及生态系统稳定性差等特征（杨龙等，2004）。受到水资源“瓶颈”的制约，内蒙古的齐日哈图生态移民村面临着巨大的隐患，水资源匮乏，环境容量有限，主要是由于该移民村的上游已经处于地下水严重超采的状态，再加上该移民村又多以耗水型项目为主体（初春霞和孟慧君，2006）。

2. 物质资本不丰裕

有些移民安置区房屋质量极差，存在着严重的安全隐患，有些居民住房有很宽的裂缝，院墙、棚圈裂缝更宽，随时有倒塌的可能性。

3. 人力资本发展不足

张娟和马宝龙（2007）等对河源移民新村 53 户生态移民家庭调查发现，生态移民中有 37.7% 为文盲，52.8% 为小学文化，初中以上文化仅为 9.5%。生态移民的文化素质低及劳动技能差造成生计模式转变以后的择业机会寥寥无几，生计转型十分困难（史俊宏和赵立娟，2012）。由于人力资本的严重不足，从而导致移民大部分缺乏生存发展能力和市场竞争能力，即使向非农产业转移，也摆脱不了体力劳动的束缚，严重影响家庭生计的可持续性（初春霞和孟慧君，2006）。

4. 生态移民金融资本匮乏

资金的投入渠道狭窄，使得生态移民投资的规模偏小、水平比较低，严重影响了生态移民实施效果。同时，在资金管理上，一些地方政府很难保证有限的专款专用（初春霞和孟慧君，2006）。敖敦高娃等（2009）对内蒙古镶黄旗实施的生态移民工程调查发现，该地区将奶牛养殖业作为生态移民最主要的后续产业，经过几年的运行，生态移民饲养奶牛头数虽然有所增长，但是，由于移民安置区移民家庭生产资金严重缺乏，进而制约了该地区养殖业的规模生产。大部分生态移民户只有1～2头繁殖奶牛，效益不佳，致使难以形成持续积累资金，导致移民生计的直接后果是生计的不可持续性（史俊宏和赵立娟，2012）。

5. 生态移民社会资本缺乏

从一些文献中发现，许多生态移民村居民是由来自不同区域的乡镇牧民组成，移民之间在文化、生计方式、社会网络等各方面存在着一定的差异，同时，由来自不同区域陌生人口组成的社区尚未而且比较难以建立起亲近及友好关系，另外，受经济条件制约，每年参加结婚或其他活动次数迅速减少，结婚彩礼费用比重比搬迁之前降低近一半（敖敦高娃等，2009）。由于社区薄弱的社会资本，移民对新社区社会文化无法适应，民族之间存在很大的差异，难以形成凝聚力，致使一些移民安置区社会治安存在着很大的隐患。一些研究表明，移民可能造成原有社区网络遭到破坏的问题，来自不同区域的农村居民生活在一个社区又会产生新的社会冲突和社会整合的社会问题（陈阿江，2009）。

（二）生态移民生计转型存在诸多风险

生计转型是否成功是衡量生态移民政策实施是否成功的重要指标。由于生态移民生计资本的薄弱，进而导致他们可选择的生计策略的单一化，无法应对生计转型所带来的种种不确定性。从诸多实践调查发现，出现了“迁移”容易，但是“生存”难的现象，而且比较普遍。生态移民生计转型困难主要体现在以下几个方面。第一，生态移民缺乏从事工业和第三产业工作的技能。第二，政策和措施对推动移民生计转型方案的失败，张力小和刘杰（2009）对玛拉沁新村调研时发现，由于牧户从沙区搬出来，大多数处于贫困状态，缺乏最基本的投资能力，而且大阪是北方半干旱区一个普通的县城，人口少、商贸不发达，基于此，可能一些个别有能力的农牧户选择了利用县城的区位进行商贸经营外，但大多迁入的农牧户并没有找到适宜的产业经营。第三，生计转型面临着诸多困难。由于生产方式的突然性转变、产业结构与收入结构单一，绝大多数移民搬迁后的收入中副业收入所占比重大大提高。但是由搬迁前的基本生存型的生计模式转变为搬迁后的冒险型的生计模式，那些生计资本禀赋十分薄弱的移民很难避免脆弱性的增强，导致他们跌入暂时性、永久性或者慢性贫困的怪圈（史俊宏和赵立娟，2012）。生计转型过程中，往往会造成少数民族的民族语言、文化以及风俗等流失（冯芸和陈幼芳，2009），即便将少数民族人口迁移集聚在一起，生态移民语言、生活、文化、宗教习俗等适应仍然难度比较大（孟向京，2011；周华坤等，2011）；同时造成部分移民返贫（李锦，2008；赵宏利等，2009；熊春文等2009）。生态移民安置区基础设施建设不完善（景晖，2006；张丽君和王菲，2011），且移民安置环境容量有限，安置压力大（冯芸和陈幼芳，2009）。

（三）生态移民会造成新的生态环境破坏

一方面，移民的到来增加了居住地的环境负荷，对移民村环境的影响主要表现在水资源和耕地的压力。另一方面，对移民村周边地区草原和耕地的进一步破坏。正如锡林郭勒盟牧志中所指出的，锡林郭勒草原遭到破坏的原因之一就是：城镇人口增加，加速了城镇附近的天然植被被破坏，出现了以城镇为中心的沙漠化发生圈（齐伯益，2002）。

四、理解和研究生态移民生计脆弱性的必要性

生态移民所面临的生计脆弱性最终导致生态移民对新的生计环境满意度不高（唐宏等，2011）或造成部分移民贫困（李锦，2008；赵宏利等，2009；熊春文等，2009），同样最终制约着生态移民的可持续发展。

脆弱性是认识和分析贫困与生计动态性的重要视角（Christiaensen

et al.，2004；郭劲光，2006），对生态移民生计脆弱性度量和研究固然是非常重要的。主要是因为，通过脆弱性度量，能够识别出目前并非贫困而未来可能陷入贫困的家庭或个人，以及那些未来可能将无法脱离贫困的家庭或个人，而若通过此度量方法识别出脆弱人群，政府就可以为此制定出适合的政策来阻止生态移民陷入贫困以及帮助那些陷入贫困的家庭脱贫。就目前的生态移民贫困状况而制定的扶贫政策可能对于一些脆弱性生态移民家庭或个人是没有作用的，但是，如果能够取得关于家庭或个人的脆弱性信息，那么现在和未来的贫困都可以被纳入扶贫政策的瞄准目标中去，因为“预防比治疗更有效”，若做到预防，则需要尽量准确地度量生态移民的脆弱性。

脆弱性分析方法非常重要的一个方面就是强调群体或区域的动态属性的评估。具体来说，脆弱性分析方法不仅分析一个群体应该如何应对某种特定威胁，而且还需要考察群体应该如何进入和摆脱危险的动态历史过程以及未来应该如何来应对（Martha G. Roberts 和杨国安，2003）。社会风险管理方法（SRM）运用这个风险/脆弱性分解来理解社会能够在链条的任何一部分来管理风险的途径。社会风险管理方法（SRM）寻找最佳的脆弱性减少问题，包括理解管理这种风险最有效的方法以及沿着链条存在的折衷。

移民开发是一种在一定范围内资源重新配置的手段，在我国多个地区一直是推崇的一种方式。自 20 世纪 90 年代以来，中国西部省份的发展已经成为国家发展战略中优先考虑的地区，中央和地方政府已经将可持续发展纳入农村发展战略框架中，这一发展战略对中国西部省份的可持续发展给予了优先考虑。内蒙古自治区 2010 年一号文件提出的内蒙古牧区新政，集中解决草原牧区两个问题：一是减少牧民，让更多的牧民不依赖草原；二是富裕牧民，让转移出去的牧民和留在草原的牧民都过上富足的生活。这些强调的核心都是牧民问题，而不是草原问题，充分显示出牧民生计问题已经得到中央和地方政府的高度重视。如何帮助那些受到干旱风险影响的牧户应对这样的难题成为政府一项重大的决策问题。《国务院关于促进牧区又好又快发展的若干意见》关于牧区人口迁移的论述：促进牧民转产转业。实施更加积极的就业政策，按规定为符合条件的转移就业牧民提供免费就业信息和职业介绍等服务，落实职业培训补贴、职业技能鉴定补贴、牧区未继续升学的应届初高中毕业生参加劳动预备制培训补贴等政策，提高牧民素质和转产转业能力，减轻草原人口承载压力。加强劳务品牌培育和推介，有序组织牧民劳务输出，加强公共就业服务体系建设，加强市场监管，规范发展就业中介服务，为牧民提供高效优质的就业服务。

生态移民可持续生计受到经济、社会和生态环境等方面的制约，这些外部环境在很大程度上使得移民在生计转型过程中面临着不同程度的生计风险和脆弱性。本书的研究以农户可持续生计以及脆弱性理论为理论基础，建立生态移民生计脆弱性分析框架，考察生态移民生计状况，测度生态移民生计脆弱性。将生态移民生计脆弱性分析框架应用于生态移民生计研究对该分析框架将起到丰富和完善作用，更重要的是生态移民生计脆弱性研究将会为决策部门提供移民政策实施的理论依据和支持。

第三节　研究目标和内容

一、研究目标

本书基于可持续生计理论和脆弱性理论，通过在移民村的实地调查、焦点小组访谈、机构访谈以及二手统计数据分析基础上，构建生态移民生计脆弱性分析框架，考察生态移民宏观生计背景、生计风险、生计模式与策略以及生计结果，采用适合中国农户生计脆弱性指标测度生态移民生计脆弱性，为我国政府制定和实施生态移民政策提供来自微观层面的理论依据和经验支持。

二、研究内容

根据主要研究目标，本书的主要研究内容包括以下几个方面。

（一）生态移民理论与实践

本部分内容首先从环境、可持续发展与迁移进行了理论阐述，分析国内外与环境有关的非自愿移民的动因以及迁移战略的提出和实施。其次，分析我国生态移民政策的实施背景及一系列重要的生态移民政策实施规划与实施措施。再次，介绍本书调查研究地区——内蒙古包头市达茂旗生态移民政策实施背景以及具体实施规划。最后，分别从生态移民生计资源匮乏和生态移民在生计转型过程中面临着诸多风险两个方面分析生态移民面临的生计脆弱性。

（二）生态移民生计脆弱性分析框架

本部分基于生态移民生计脆弱性形成机制的理论分析，将农户可持续生计分析框架与脆弱性分析框架相融合，并结合内蒙古少数民族牧区生态移民实施实践，构建能够分析生态移民生计脆弱性的分析框架。

（三）生态移民宏观生计背景

本部分基于宏观和微观数据考察生态移民的宏观生计背景。首先，考察达茂旗经济发展状况，包括生产总值、产业结构、财政收入、固定资产投资、牲畜数量和结构以及三次产业发展状况。其次，考察达茂旗社会发展状况，主要包括基础教育、医疗卫生、交通、水利以及治安等。最后，基于生态移民认知视角，考察生态移民对政府实施的生态移民政策效果的认知。

（四）生态移民生计风险

基于生态移民生计脆弱性分析框架，本部分主要考察生态移民生计脆弱性外部影响因素之一的生计风险状况。首先，基于世界银行构建的风险来源分析框架，结合生态移民实际情况，构建生态移民生计风险分析框架。其次，采用风险识别与风险认知方法，基于生态移民访谈数据，考察生态移民所面临的各种生计风险情况。最后，基于生态移民的认知方法，分别从报告具体面临的困难、担心的问题以及期望获得帮助内容等方面深入分析生态移民面临的生计风险。

（五）生计模式与生计策略

依据生态移民生计脆弱性分析框架，首先，基于生计模式理论以及现有关于农户生计模式分类方法，对牧区生态移民生计模式进行划分。其次，基于生计策略理论，以生态移民各种收入来源构成来研究生态移民所采取的生计策略类型。

（六）生态移民生计脆弱性测度

首先，本部分构建生态移民生计脆弱性的评价指标体系以及评价方法。其次，基于对生态移民生计脆弱性测度结果，统计描述生态移民生计脆弱性的分布特征，包括生态移民生计脆弱性的资产特征，即比较不同安置模式和资本水平生态移民的五种生计资本状况；生态移民结构型生计脆弱性特征，主要维度包括户主年龄和受教育水平以及家庭负担程度，生态移民冲击型生计脆弱性特征主要考察不同生计模式生态移民的生计脆弱性状况。最后，对生态移民生计脆弱性影响因素进行计量经济模型实证分析。

（七）生态移民生计结果

基于生态移民生计脆弱性分析框架，一方面统计描述生态移民对生态移民安置区生活状况、移民间交流与沟通情况的认知，比较分析生态移民搬迁前后生活消费结构变化情况；另一方面分别采用单因素和计量经济模型研究生态移民生计满意度以及影响因素。

三、研究框架

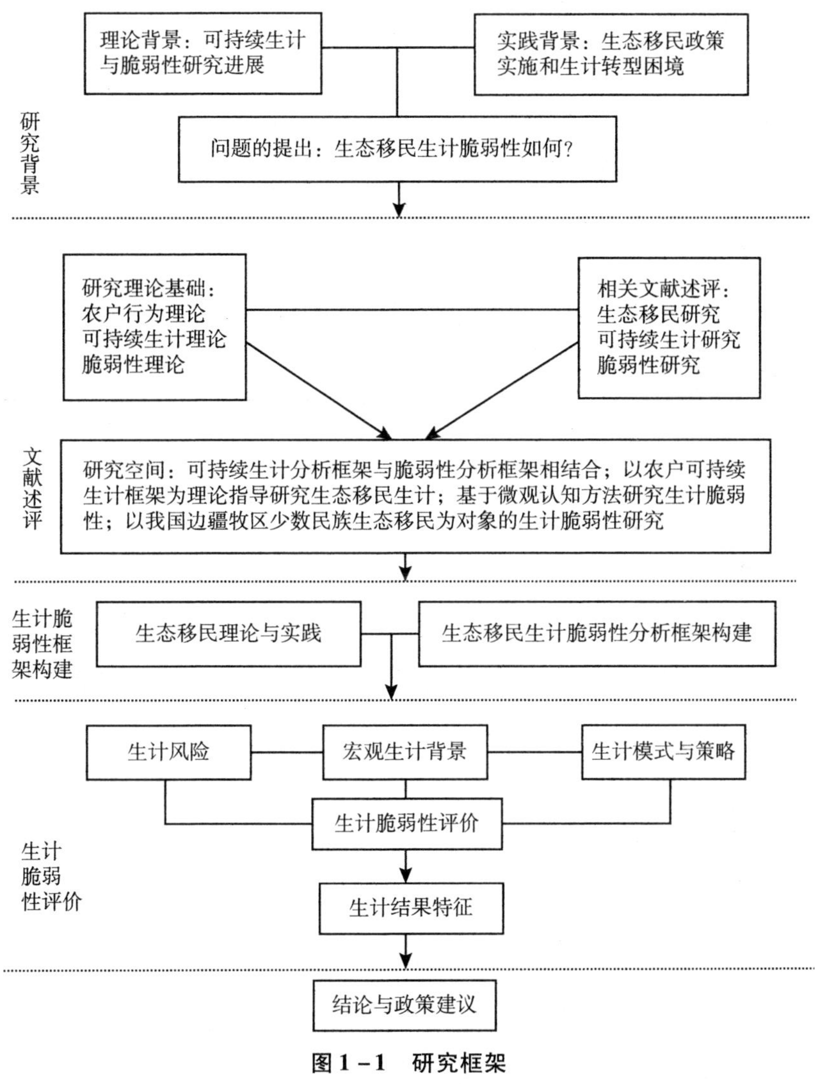

图 1-1 研究框架

第四节 研究方法及数据

一、研究方法

本书以农户行为理论、可持续生计理论、脆弱性理论为理论基础，以内蒙古草原牧区生态移民为考察对象，利用文献回顾方法，总结农户生计理论和脆弱性理论，综合多种脆弱性分析框架建立生态移民生计脆弱性分析框架。运用问卷调查、机构访谈、焦点小组讨论和关键知情人访谈等调查方法获取第一手资料。采用一般描述统计方法、计量模型和典型生态移民案例分析方法，借鉴英国国际发展部（DFID）的可持续农户生计分析框架，分别考察生态移民生计宏观背景、生计风险、生计模式与生计策略以及生计结果，具体研究方法如下。

（一）关于生态移民生计脆弱性分析框架与测度的研究方法

本书基于脆弱性理论，探讨生态移民生计脆弱性形成机制，将农户可持续生计分析框架与脆弱性分析框架相融合，借鉴英国国际发展部（DFID，2000）、邓肯（Derncon，2001）、陈传波（2005）以及吴海涛和丁士军（2013）构建的可持续生计与脆弱性分析框架，并结合调研地区生态移民政策实施状况，构建了如何来分析生态移民脆弱性的分析框架。采用适合中国农户的生计脆弱性指标测度生态移民生计脆弱性。基于对生态移民生计脆弱性测度结果，采用统计描述方法比较分析了不同安置模式、生计模式、户主特征等视角的生态移民生计脆弱性特征，并采用计量经济模型对生态移民生计脆弱性影响因素进行实证分析。

（二）关于生态移民生计风险的研究方法

本书基于世界银行构建的风险来源分析框架，结合生态移民实际情况，构建生态移民生计风险分析框架。在此基础上，运用生态移民风险识别和风险认知方法，并基于生态移民结构式问卷调查获得的数据分析生态移民面临的各种风险类型。运用生态移民访谈和关键知情人访谈以及焦点小组讨论等方法讨论生态移民具体面临的困难、担心的问题以及期望获得帮助的内容等。

（三）关于生态移民生计模式与生计策略的研究方法

依据生态移民生计脆弱性分析框架、生计模式和生计策略理论，运用一般统计描述方法比较分析不同类型生态移民生计模式和生计策略。采用生态移民深入访谈方法考察生态移民对其生计模式以及各种生计策略的认知。运用多元逻辑斯特（MNL）模型实证分析生态移民生计策略的影响因素。

（四）生计结果研究方法

基于生态移民生计脆弱性分析框架，一方面运用统计描述比较分析不同安置模式和不同生计脆弱性生态移民对移民安置区生活状况、移民间交流与沟通情况、环境卫生方面的认知情况以及搬迁前后生活消费结构变化情况，另一方面，分别采用单因素统计分析方法和 Logit 模型研究生态移民生计满意度。

二、研究数据

（一）实地调研数据

一是本书采取结构式访谈（并附有一些开放式的问题）的问卷调研方

法，分别走访内蒙古达茂联合旗7个生态移民安置区210户生态移民家庭（被调查者特征见表1－1）。问卷调查内容具体包括以下六个方面：第一，生态移民家庭人口特征，如年龄、受教育程度、职业、民族等基本情况；第二，生态移民生计资本状况，考察生态移民的主要生计资本，如自然资本（草场和饲料地）、金融资本（借贷和收入）、物质资本（住房、生产工具和耐用消费品）、社会资本（经常走动亲戚数量和职业以及家庭成员参与各种社会经济组织的情况）和人力资本（家庭成员的受教育程度和劳动能力）；第三，考察生态移民对移民安置区的基础设施、公共服务以及生态移民政策实施的认知；第四，生态移民的生计策略，主要包括生态移民家庭成员从事农业和非农业的意愿、移民前后从事农业和非农业所遇到的困难的比较、现有生计策略的适应性问题；第五，从消费结构及其变化、迁移之后的生活状况以及生计满意度、移民对生态移民安置区经济和社会的认知考察生态移民的生计结果；第六，考察生态移民在生计转型过程中所面临的生计风险，包括同质风险和异质风险，设计了生态移民今后所担心的问题以及需要获得政府扶持的认知。

表1－1　　被访问者特征描述

样本特征	调查户数（户）	受教育年限（年）	平均年龄（岁）
总样本	210	7.14	48.20
西阿门乌素	23	4.71	46.21
东阿门乌素	27	7.00	45.89
飞机梁园区	24	7.83	53.39
好来移民村	10	8.20	45.30
高腰亥	23	5.48	52.83
百灵庙生态移民园区	58	7.59	47.19
白云鄂博蓝天景苑生态移民园	45	8.24	43.76

二是本书采用焦点小组访谈、关键知情人访谈以及机构访谈等调查研究方法，获取生态移民关于生态移民政策、生态移民安置区、生计转型以及生计满意度等方面认知的访谈定性数据。此部分的数据主要是采取跟踪典型调查方法获取的定性数据，以此在本书中作为焦点小组访谈和案例研究等展示。

（二）统计数据

除了第一手数据的收集外，本书对生态移民宏观生计背景等方面的分析主要是依据宏观层面的数据。本书所采用的二手数据来自多个层面权威机构公布的统计数据，如《中国统计年鉴》《内蒙古统计年鉴》《包头市统计年鉴》，以及来自民政部、内蒙古民政厅、市和旗民政局、内蒙古农牧业厅等网站以及相关工作报告。

第二章

研究理论基础与研究综述

第一节　关键概念界定

一、生态移民

在国外，生态移民最初被称为环境难民，是由世界观察院的莱斯特·布朗（Lester Brown）在20世纪70年代首次提出（税伟，2012）。生态移民主要是因环境破坏或者为了保护生态环境而采取迁移方式的移民，国外一般称为环境难民或移民、生态或气候难民、环境迁移人等。联合国环境署（UNEP）研究员伊萨姆·艾尔·辛纳维（Essam EL – Hinnawi）于1985年提出了环境难民的概念，即因显著的环境崩溃导致人们的生活质量遭到严重的影响，甚至其生存受到威胁，进而不得不选择迁移的人（税伟，2012）。联合国难民署（UNHCR）在2007年提出了环境迁移人的概念：因不利环境、生态和气候变化所导致人们的生命、生活以及自身财产受到严重威胁，从而被迫迁移出原居住地的人（税伟，2012）。

在国内，生态移民概念的提出是基于生态环境影响的项目工程移民，开始于20世纪90年代末，是在维护生态安全、社会和谐以及城乡协调背景下由中央和地方政府推动所出现的一种人口迁移现象（税伟，2012）。生态移民概念的提出，是基于当代生态环境问题所引起的社会关注下应运而生的，是一种生态重建和人口生活质量提高而产生的一种人口自愿与非自愿迁移和经济社会系统重构的活动，是破解地区生态和生存矛盾、实现双赢的战略性决策（阿布力孜·玉素甫等，2009）。在全国范围内，特别是生态环境脆弱地区的生态移民政策的实施引起了国内外关于生态移民的研究比较多，不同学者基于学科、地域等方面从不同角度给出了生态移民的不同理解。例如，阿布力孜·玉素甫（2009）认为，生态移民也可以称为环境移民，是指那些原先居住于自然保护区、生态环境严重破坏区、生态脆弱区以及自然条件恶劣、基本不具备人类生存条件区域的人口，迁移到其他地区居住的人口迁移。生态移民是采取迁移的方式解决日益退化的生态环境与农牧民生计两难矛盾，是一种非自愿的人口迁移。皮海峰（2004）的研究认为生态移民是指将居住于生态环境恶化导致不适宜人类生存的地区人口进行迁移的活动，最终将该区域通过禁牧、禁猎、禁伐、禁耕等政策达到保护和恢复自然生态环境系统的目的。也有学者认为生态移民是一种经济行为，即生态移民是指因生态环境恶化所导致的农牧民的短期或者长期生存利益受到损失，进而迫使农牧民迁移和调整升级方式的一种经济行为（葛根高娃和乌云巴图，2003）。有学者将生态移民定义成为生态保护而实施的人口集聚，即生态移民是基于改善和保护生态环境以及地区经济发展为目的，将位于脆弱性环境地区高度分散的人口通过迁移方式将人口集中到新的安置地区，从而使得迁出区的人口、资源、环境和经济社会的协调发展（刘学敏，2002）。

基于国内外学者关于生态移民内涵的研究，我们可以从不同角度来进行理解。但不论何种角度，对生态移民的理解可以从两个重要角度来进行理解和展开研究，即生态移民动因和生态移民迁移行为。有学者建议对生态移民概念的界定在一个较窄的范围内较为合适（张力小和刘杰，2009）。本书对于生态移民的定义界定在基于可持续生计理论角度，是在牧区草场退化、自然灾害频繁与牧民生计维持艰难冲击下，由政府有序组织实施，将少数民族牧区牧民迁移至其他适宜可持续发展的地区的一项迁移活动。

二、生计

生计（livelihood）在英语词典中是指维持生活所需要的手段和方式。与汉语词典中的“工作”“收入”“职业”相比，具有内涵更加丰富、外延更大等特点。生计的概念被广泛使用在当代关于贫困和农村发展的研究文献中，但是，它的含义由于经常出现在不同来源造成不同的定义或者模糊而导致捉摸不透（Ellis，2000）。因此，针对不同的研究对象、研究环境和研究角度，学者们所定义的含义也有所不同，许多研究者将生计赋予丰富的并有差异的含义，进而更加完整地描述出人们特别是贫困者生存的复杂性。

埃利斯（Ellis，2000）在强调农村生计多样化的研究中给出了生计的含义，是指“包括资产（自然的、物质的、人力的、金融的和社会的资本）、行动和获得这些的权利（受到制度和社会关系的调节），这一切决定了个人和农户的生活获取”。钱伯斯和康韦（Chambers and Conway，1992）在强调生计的可持续性研究中给出了生计的另一种定义，即“生计是谋生的方式，该谋生方式建立在能力（capabilities）、资产（assets）（包括储备物、资源、要求权和享有权）和活动（activities）基础之上”。DFID（2000）将生计描述为作为一种被利用的资源和为了生存所从事的活动的结合。丁士军等（2007）将生计定义为能够完整地描绘贫困者生存的复杂性，生计既包括生存所需要的全部资源，也包括了人们为了生存所采取的各种策略。

在理论研究和实践过程中，基于不同的研究兴趣和研究目的，研究机构和学者给生计赋予具有差异的定义，表达上有一些区别，但生计概念的核心部分却是相同的，即生计包括资产、权利和活动等生计组成要素。资产在钱伯斯和康韦（Chambers and Conway，1992）的生计定义中包括两个部分，即有形资产（储备物和资源）与无形资产（要求权和可获得权）两类。在这里，储备物包括存款、储备的食物、收藏的有价物品（黄金等）；资源包括土地、水、牲畜及生产工具等；要求权是指能够带来物质、道德和其他实际支持的要求和呼吁；可获得权为实际生产生活中的机会，即利用各种资源和服务的机会，另外还包括获得物质、就业、信息、技术、收入和食物的机会。

三、生计脆弱性

脆弱性概念引起人们关注来源于人类对自然灾害的研究（Janssena M. A.，Schoon M. L.，Ke W. et al.，2006；李鹤等，2008；商彦蕊，2000）。自脆弱性概念提出之后，许多国际机构和众多研究领域的研究者针对各自的研究对象给脆弱性赋予了具有一定差异的定义。

联合国减灾署（International Strategy for Disaster Reduction，ISDR，2004）认为脆弱性是指承受能够增加或者减少人类面临的各种灾害的社会、经济、自然以及环境因素或者过程影响的一种状态。联合国发展方案（UNDP）将脆弱性定义为因社会、经济、自然以及环境等因素而导致的影响人类遭受损失的可能性以及损失程度的状况和过程。政府间气候变化专门委员会（IPCC）第三方评估报告给出了这样的脆弱性定义：一个系统容易受到影响或者未能处理气候变化所带来的负面影响，包括气候变化和极端。脆弱性是一个系统的暴露性、敏感性和其适应性与气候变化的比率、大小及性质的一个函数（McCarthy et al.，2001）。

除了国际机构为脆弱性给出了不同的定义外，国内外许多学者基于不同的研究视角给予了不同的理解。

第一，强调脆弱性的外部冲击和内部反应。例如，脆弱性是指一个系统、亚系统或系统的组成部分暴露在灾害、干扰或压力的情况下受到的影响程度。脆弱性能够被定义为一种暴露于风险冲击和压力的高程度，倾向于粮食不安全（Turne B L. et al.，2003）。钱伯斯（1983）认为脆弱性可以从两个方面来理解，一是风险的外部，即指个体或者家庭遭受到气候变化冲击。二是风险的内部，即个体或者家庭无防备的，意味着个体或者家庭处理各种风险冲击能力的缺失。布莱克等（Blaikie et al.，1994）认为，脆弱性是指个体或者组织有关预测、处理、抵御以及从自然灾害恢复方面等特点，以及脆弱性是伴随着从弹性到敏感性的一个联系性状态。阿杰（Adger，1999）认为脆弱性是一个自然或社会系统容易受到来自气候变化的持续损失影响的一种程度。沃森等（Watson et al.，1996）认为脆弱性是指来自气候变化的可能损害或者伤害一个系统的程度，系统脆弱性不仅依赖于一个系统对外界的敏感性，而且依赖这种系统能够适应新的气候条件的一种能力。卡斯曼等（Kasperson et al.，2000）将脆弱性定义为一个暴露单位由于暴露于一种扰动或者压力的程度和能力，或者暴露单位处理、恢复或者基本适应一种新系统的缺乏或者变得灭种。葛全胜等（2008）在继承国内外观点的基础上，将脆弱性定义为：“承灾体在面对潜在的灾害危险时，由于自然、社会、经济和环境等因素的作用，所表现出来的物理暴露性、应对外部打击的固有敏感性及与承灾体相伴生的人类防抗风险的能力”。聂承静等（2012）在研究地震灾害后人口的脆弱性时，将脆弱性定义为：“在一定区域内，人类生命、生理和心理健康受到地震灾害风险冲击时的易损程度。主要包括人口的暴露性、人口的敏感性和应灾能力 3 个方面”。人类面对同等强度的危险，脆弱性越高，安全性越低。李小云（2005）将脆弱性定义为农户遭受到打击的概率和抵御各种风险的现实能力和潜在能力。

第二，基于贫困脆弱性研究进行的概念界定。阿尔旺等（Alwang et al.，2001）提供了一个具有启发性的、在不同学科中普遍流行的不同概念的评论，例如，在经济学、人类学、社会学等。一般来看，这里有一种共识：脆弱性最好被定义为某种贫困相关的基准（Alwang et al.，2001）。邓肯（Dercon，2001）为了操作性运用和测量，将脆弱性总是限定为“贫困脆弱性”。目前，对贫困脆弱性定义的研究主要有三种类型，一是把脆弱性界定为个人或者家庭在未来陷入贫困的概率，其本质是对未来消费陷入贫困的事前预测，这一方法得到格内特和哈特根（Günther and Harttgen，2006）、克里斯蒂安森和萨巴拉（Christiaensen and Sabbarao，2004）等学者的采纳。二是在家庭遭受到外部负面冲击的时候，家庭会由于其消费平滑能力的不足所导致的当期消费水平下降。三是将脆弱性界定为确定性等消费的效用和期望效用的差值。

国内学者也从多个角度对脆弱性的概念进行了研究。近年来，有关脆弱性概念的内涵不断丰富，概括起来可以从不同学科来给予解释，包括贫困动态性研究、食品安全研究、基于资产的研究、危机管理研究、社会学方面的研究以及气候变化和环境方面的研究均给出了不同的定义。但是，在实证研究中也存在一些脆弱性概念的共同特征，例如，脆弱性的客体具有一定的多层次性，客体脆弱性的扰动具有多尺度性，脆弱性内涵的界定中也出现了一些类似或共同术语，对脆弱性的研究主要是针对特定的扰动的（李鹤等，2008）。

生计脆弱性属于脆弱性概念中从另一个角度考察的一个方面，其主要来源于英国国际发展署（DFID）提出的基于可持续性的脆弱性分析方法。可持续生计理论主要强调的是生计脆弱性，即生计压力发生的概率。赵锋和杨云彦（2009）认为，生计脆弱性是指家庭或者个体在其生计活动中，处于一种因生计资源变化或者面临外力冲击时所具有的不稳定且容易遭受到损失的状态。农户生计的脆弱性也可以指风险的大小及抵御风险的能力（韩峥，

2001)。莫泽（Moser, 1998）构建了一个资产脆弱性分析框架，主要关注贫困人口所拥有的资产。

第二节　研究理论基础

一、农户行为理论

许多研究者对农户行为进行过详细研究，并相应地提出了五种不同的农户行为理论，弗兰克·艾利思（2006）总结了比较经典的五种农户行为理论：追求利润型农户行为理论、风险规避型农户行为理论、劳苦规避型农户行为理论、部分参与市场的农户行为理论和分成制农民理论。

（一）追求利润型农户行为理论

追求利润型农户行为理论的典型代表学者是美国著名经济学家舒尔茨。舒尔茨在其著作《改造传统农业》中提出了一个著名假说，即发展中国家的农户是“有效率但是贫穷的”，因此，在传统的农业生产中，生产要素的配置很少有无效率现象的发生。舒尔茨有关农户的有效率假说正好与那些认为农民是顽固、懒惰的非理性观点相反。在研究农户生产时，农民有效率这一假说与利润最大化的生产动机结合在一起。弗兰克·艾利思对舒尔茨关于农户的利润最大化假说做了详细的解释。首先，在经济研究中，投入和产出均有市场价格，因此，利润最大化即可以用货币，也可以用实物来度量，利润最大化假说只是要求农户没有任何可能性来调整投入或产出以获取更高的净收入。其次，利润最大化假说包括了如农户的生产动机等行为，也包括了农户的经济绩效，对经济较小的研究更多的是考察农户决策的结果。最后，面对多重目标和限制条件，即使农户经济的性质不允许其达到新古典意义上的效率，但农户仍然可以作出初步的经济计算，进而证明农户仍然存在利润最大化行为。

（二）风险规避型农户行为理论

农户的农业生产过程中面临着种种不确定性与风险，尤其是发展中国家的农户更加明显。风险是农业决策者对不同不确定性事件发生可能性所下的主观概率，因此，风险分析不仅包括这些概率，而且包括这些概率影响经济决策的方式。弗兰克·艾利思在《农民经济学》著作中探讨了两个研究主观概率的方法，一是将风险看作是围绕不确定事件的预期平均结果出现的离差，实际考察中，风险是指在农作物生长过程中，导致收入偏离平均预期收入的事件所发生的概率。二是将风险看作是灾难发生的概率，进一步讲是指某些事件发生后所带来的可能后果低于某个关键最低值或灾难水平。弗兰克·艾利思应用新古典经济学的简单的生产函数曲线研究了农户的风险行为，根据农户自己的主观风险判断所作出的理性资源配置的选择，将农户风险行为分为爱冒风险者、风险规避者和风险中立者。风险规避行为被视为个人在不同生产决策中作出的其中一种决策，同时，也可以说明风险规避型农户应用灾难概率法的决策。利普顿（Lipton，1968）认为，贫困农户必然要规避风险，如果他们不能采取这一措施的话，他们往往不能维持生计，并可能饿死。

弗兰克·艾利思进一步引入预期效用解释了农户的风险行为。新古典经济学中的效用最大化是指依据个人的目标作出决策，并达到个人的福利最大化，而风险分析是基于农户对发生的不确定事件的个人感觉强度和对其潜在后果的个人判断，他所追求的是预期效用最大化，而并非利润最大化。对农户风险行为研究得出以下结论，一是农户是风险规避型的决策者，因此往往造成农户层次上的资源利用的无效率。对于特定资源而言，产量风险越大，农户生产偏离效率的程度就越高。二是农户的风险规避行为会造成诸如间作等农业生产现象。这些农业生产现象在一定程度上可以保证农户及其他成员的粮食安全，但并不会增加利润。三是农户的风险规避行为往往会阻碍农业创新的传播和采用。四是农户的风险规避态度会随着财产或者收入的增加而弱化。一般来讲，因获得信息、信贷等机会不同，经济较为富裕的农户更愿意创新，更倾向于专业化生产经济作物。富裕农户与贫困农户之间会因此出现不平等以及不平等的可能性会随着诸多限制因素不断积累增大。

（三）劳苦规避型农户行为理论

劳苦规避型农户行为理论的主要代表人物是俄罗斯农业经济学家恰亚诺夫。恰亚诺夫于1920年提出了家庭效用最大化理论的农户模型。该模型重视农户关于家庭劳动投入的主观决策。对于一个农户来说，一方面是辛苦和乏味的农田劳动；另一方面是必须获得一定的收入来满足家庭消费的需要，农户的主观决策是他们对这两个方面的权衡。同样可以说明，农户具有两个相互独立的目标，即收入目标与获得收入相对独立的逃避劳动的目标，收入目标需要农户通过辛苦的田间劳作才能获得。

（四）部分参与市场的农户行为理论

该理论具有代表性的有贝克尔的新农户经济学模型、巴鲁姆—斯奎尔农户模型和艾伦·罗的农户模型。贝克尔是基于恰亚诺夫的规避型农户行为理论的基础之上建立起了新农户经济学模型。该模型是在完善市场条件的假定下的新家庭经济模型，模型引入了Z商品的概念分析了家庭的时间分配行为。该模型适用于分析发达市场经济当中的家庭经济行为，例如，户内分工、代际之间的资源配置和转移、生产（工作）和消费等行为，但贝克尔的模型在非完善市场条件下对农户行为分析不完全能够适用（丁士军等，2006）。巴鲁姆和斯奎尔（1979）同样基于新家庭经济学建立了巴鲁姆—斯奎尔农户模型，该模型的重要贡献在于为预见农户对外界各种变化所作出的反应提供了一个思考框架，因为农户对家庭各种变量（如家庭的规模和结构）与市场变量（如农产品的价格、工资、技术）的变化作出了不同程度的反应。

（五）分成制农民理论

分成制是一种土地租佃制。分成制农民行为理论有两个不同的模型，即佃农模型和地主模型。这两个模型均将农业契约限制在土地使用交易上，并假定存在竞争环境。佃农模型将分成制当作利润最大化农民，该模型将农民置于竞争市场中，约束条件是预先规定的产出份额，并且有诸多假定。在佃农模型中，将佃农向地主交纳双方约定的收成份额（S）作为约束条件，在此条件下佃农作出资源配置的决策。但是，佃农仅依据其所取得的（1—S）产量部分决定总产量和边际产量，所以，佃农投入的边际产量与投入的市场价格相等的时候，投入的资源并没有做到社会最优利用。在地主模型中，地主要考虑一些问题，如租给佃农的土地数量、规模以及收成份额等资源配置的决策。由此，地主能够让资源利用效率接近资本主义农场的雇佣劳动达到的效率水平。

除了上述五种农户行为理论之外，许多学者，如林毅夫（1988）、郑抗生（1996）、陈春生（1996）、史清华（1999）、黄宗智（1985）等就农户行为做了大量的研究。黄宗智（1985）提出了“拐杖逻辑”，该理论阐述了中国小农家庭收入是农业家庭收入和非农雇工收入的总和，后者是前者的拐杖。

二、可持续生计理论

钱伯斯和康韦（Chambers and Conway，1992）指出，一种生计，只有当它能够应对并从压力和打击中恢复，在当前并长远地维持乃至加强其能力与资产，同时不损坏自然资源基础，才是可持续性的。斯库恩斯（Scoones，1998）基于众多关于可持续生计概念界定基础上，提出一个关于农村可持续生计的分析框架，即在不同的背景与环境下，可持续生计是怎样通过一系列生计资本组合，然后形成不同的生计策略。在该框架中，生计资本分为自然资本、经济资本、人力资本和社会资本。之后，英国国际发展署（DFID）于2000年由斯库恩斯（Scoones，1998）的四种生计资本类型发展为五种生计资本，即自然资本、金融资本、物质资本、人力资本和社会资本，并形成了一种新的可持续生计分析框架，该框架得到许多学者及组织的采纳，并实践于许多发展中国家。

图2－1为DFID的可持续生计分析框架。该框架总体上描述了农户在市场、制度、政策以及自然因素等造成的风险性环境中，如何利用自身资源，采取多样的生计策略，进而实现可持续发展的生计结果。该框架是由脆弱性环境、生计资本、转化结构与过程、生计策略及生计结果五个交互变化和相互作用的部分构成。

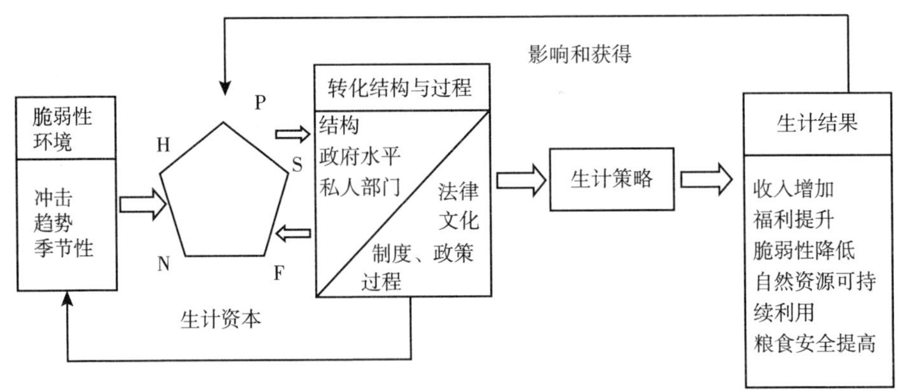

图2－1　可持续生计分析框架

资料来源：DFID. Sustainable livelihoods guidance sheets [D]. London, UK: Department for International Development, 1999.

1. 脆弱性环境

脆弱性环境，是一组在外部环境存在于人们当中可能影响他们对贫困（来源）敏感性的因素。它是由趋势（如人口趋势、资源趋势）、冲击（如人类、牲畜或者作物健康冲击、自然灾害、经济冲击、国内或者国际战争形势的冲击）和季节性（如价格的季节性、产品或者雇佣机会）三个主要构成要素（Franz Heidhues，2006）。

2. 生计资本

生计资本包括自然资本、物质资本、金融资本、人力资本和社会资本。其中，自然资本是指可以从对生计有用的资源流和服务（如水土流失保护）获取的自然资源储存；物质资本包括支持生计所需的基础设施和生产者物品；金融资本主要是指家庭可以支配以及能够筹措到的现金；人力资本表示能够促使人们追求不同生计策略以及达到他们的生计目标的技术、知识、劳动能力和健康身体的总和；社会资本是人们能够利用来追求他们的生计目标的社会资源（史俊宏和赵立娟，2012）。

3. 转化结构与过程

转化结构与过程是指政策、法律、文化以及制度等，它从多方面影响着农户运用其生计资本的各种生计策略的选择，同时，它与脆弱性环境共同构成了农户生计背景。

4. 生计策略

个人或家庭的各项生计活动构成了生计策略，也就是说，生计策略是通过一系列生计活动所实现的。个人或家庭实施不同生计策略的能力取决于所拥有的资产状况，在不同的资产状况下，生计活动呈现多样性，并且相互结合来实现生计策略。

5. 生计结果

生计结果是农户在一定的生计环境下，充分应用生计资本所采取的各种生计策略的结果，例如，增加收入、脆弱性的减少、自然资源可持续性以及适应性提高等，生计结果会影响着农户的生计资本。

可持续生计分析框架是可持续生计方法理论的具体体现。该框架除了对研究对象现实状况的准确描述，更是试图提供一种对贫困者生计发展的思维方法，激励人们对生计问题进行讨论和反思，以此达到改进目前扶贫工作的目的（DFID，2000）。可持续生计方法是一种理解由于多种原因所引起的贫困并给予多种解决方案的集成分析框架，这个框架源于强调地方参与和理解所有形式的贫困发展哲学观点，该方法是以人为中心的缓解贫困方案的建设性工具，运用可持续生计分析框架对地方生存进行整体的、参与性的分析，发展规划人员可以辨明和确立开发战略的起点并进行有效的调节以增进生计维持能力（Roberts M.，杨国安，2003）。

三、脆弱性理论

脆弱性分析的哲学思想和运用来源于20世纪六七十年代的自然灾害研究，当时需要解决的问题是同样的自然灾害会给不同人群造成各自不同的损失，这些自然灾害表现出不同的敏感性和考察迅速影响到了饥饿和自然灾害救援组织，救援组织将脆弱性概念运用到他们的救援行动中，试图提高他们的效率，减少将来的救援需要。对于同样的自然灾害，不同人群的经历差异很大，遭受到的损失也存在比较大的差别，救援组织运用脆弱性概念解释群体遭受损失的各种成因，并给出如何加强承载力来应对未来自然灾害的行动建议。脆弱性概念及分析方法正是在如何确定人群中哪些是最弱的，并寻找怎样应对和适应自然灾害的机制以此来缓解其危险的需求下而产生的（Roberts M.，杨国安，2003）。

近年来，人地相互作用的脆弱性备受地理学和自然灾害研究者的关注，脆弱性研究已经成为可持续科学的核心议题之一，也是IHDP研究的7大重要议题之一，减少脆弱性已经成为可持续发展的重要途径（Kates R. W.

et al.，2001）。贫穷落后地区的可持续发展之路尤为艰辛，使这些地区尽快摆脱困境，尽快实现区域可持续发展，研究人员提供了各式各样的工具，其中脆弱性分析和可持续生计方法成为重要手段（Roberts M.，杨国安，2003）。

目前，脆弱性概念已经被应用到很多研究领域，例如，灾害管理、生态学、公共健康、气候变化、土地利用、可持续性科学、经济学、工程学等。由于不同应用领域间研究对象和学科视角的不同，不同应用领域对“脆弱性”这一概念的界定角度和方式有很大差异，并且同一概念被不同研究领域学者所运用时内涵有所不同（李鹤等，2008）。这些不同学科研究的差别是研究视角和关注点不同，进而导致研究的框架和方法方面有差异（李丽，2010）。同时，一些国际机构在国际扶贫等领域的实际工作中摸索和总结出不同类型的脆弱性分析框架。脆弱性（一个广泛被运用到灾害和发展文献中）复杂地与贫困相关联，既是一种起因也是一种直接的产品（Apurba Krishna Deb，and C. Emdad Haque，2011）。不同的作者将脆弱性从风险—中心和权利—中心角度进行描述，涵盖许多话题，像粮食不安全、社会—政治权利、公平、政策、市场条件、性别和环境（Pritchett L.；Suryahadi A.；Sumarto S.，2000）。

（一）邓肯（Dercon）的风险与脆弱性分析框架

许多实践者和研究者已经长期以来认为个人、家庭和社区面临着大量的风险，相关的例如气候、健康或冲突。邓肯（Dercon）发展了一种风险与脆弱性分析框架（陈传波和丁士军，2005）。框架具体内容如表2－1所示。

表2－1　　　邓肯（Dercon）的风险与脆弱性分析框架

风险类型	风险来源	风险例子
资产	人力资本、物质资本 社会资本、公共物品 金融资本	疾病导致的技术损失 气候导致资产损失 公共物品获得的不确定性

续表

风险类型	风险来源	风险例子
收入	活动回报、资产回报 信贷、投资、转移、汇款 储蓄	气候等冲击引起的产量损失 违约造成的工资损失 生产不确定性造成的现金损失
福利或能力	获得的能力、消费 健康、教育、营养	粮食的可获得性以及粮食价格风险 健康和教育的公共提供不确定质量 关于如何获得良好的健康和应用的不完备信息

资料来源：陈佳波，丁士军：《中国小农户的风险及风险管理研究》，中国财政经济出版社，2005 年。

农户在生产生活过程中，是一个从资产、收入到福利的周而复始的循环过程。每个家庭拥有的各种资产，例如，劳动力、机械设备以及土地，从事一些农业和非农业生产进而获得一定的收入，而所获得的收入会通过消费、健康、教育等方面的福利状况表现出来。但是，家庭在这个不断循环的过程中，每一个阶段都将会面临着诸多方面的风险。首先，个人和家庭往往会暴露在多种多样的风险环境之中，包括动植物疾病、气候变化等。资产本身遭受风险。家庭资产的丢失，自然灾害引起的资产的损失。收入获取过程中往往会遭到因气候变化、干旱、家庭成员疾病等造成的收入薄弱或者负增长的负面影响。表现出的生产和生活结果的福利也同样会面临各种风险，例如，粮食价格的上升会造成家庭的消费能力被削弱。邓肯（Dercon）的风险及脆弱性分析框架内涵旨在能够减少家庭脆弱性的政策更应该专注风险的减少和福利的结果，可以通过社会福利政策来帮助农户降低风险。

类似于邓肯（Dercon）的风险及脆弱性分析框架，海茨曼和赛格尔（Heitzmann and Seigel，2002）也强调了在减少贫困脆弱性且通过一个“风险链”范式方面资产的重要性，其建立的框架包括三个方面，即风险、风险管理方式的选择（或者称为风险的反应）以及结果（福利损失）。

（二）DFID 的生计脆弱性分析框架

英国国际发展署（DFID）于 2000 年由斯库恩斯（Scoones，1998）的四种生计资本类型发展为五种生计资本，即自然资本、金融资本、物质资本、人力资本和社会资本，并形成了一种新的可持续生计分析框架，该框架得到许多学者及组织的采纳，并实践于许多发展中国家。可持续生计理论主要强调的是生计脆弱性，即生计压力发生的概率。人类的脆弱性来源于外部和内部两个方面。脆弱性的外部是指风险、冲击和压力的大小，脆弱性的内部是指人类的无防卫性，即缺少在不蒙受损失的情况下的转移和处理外部冲击的手段。

DFID 的生计脆弱性分析框架是构建于人类的外部环境和生计资本配置状态的研究基础之上的。外部环境包括冲击、趋势、季节性等，生计资本配置包括自然资本、金融资本、物质资本、人力资本和社会资本五种生计资本。可持续生计理论强调如何以一种可持续的方式管理各种生计资源来提高家庭的生计能力。而这种可持续的管理方式，可以用适应性生计策略来描述。某些事后响应策略，由于同类风险反复发生，随着时间推移成为一种常态，可能变成一种事先行动（Daveis，1996），例如，消费平滑策略，即为了适应年复一年的饥饿季，家庭可能提前开始减少支出，实现全年的消费平滑。一般，人们对于非正常冲击的短期反应称为应对，而将与常规行为循环一致的经常性反应称为适应。人类脆弱性的恶性循环常常会来源于消极的适应性策略（李丽，2010）。

多兰和沃克（Dolan and Walker，2003）讨论了脆弱性概念以及展示了一种多尺度的、整合的框架来评估脆弱性和适应性能力，包括获得适应性能力的决定因素和健康、技术和信息的分布，风险认知和意识，社会资本和处理气候变化灾害的关键制度框架。这些在个人和社区层面上被识别，适合更大区域、国家和国际环境。当地和传统知识对研究设计和实施是关键的，允许当地相关结果能够在更加遥远的海岸地区在决策制定、计划和管理方面更加有效率。

（三）强调内部处理能力的分析框架

钱伯斯（Chambers）认为，人类脆弱性并不是表现出短缺或者匮乏，而是表现为其面临各种风险、冲击和压力时的抵御能力不足、不安全以及容易受到损失的程度。脆弱性来源于两个方面，外部是指个人或家庭面临的风险、冲击和压力；内部是指没有“事前”预防和“事后”处理各种外部环境的手段。例如，当人们缺乏消费平滑的方法来应对变化的收入，他们总是被陷入贫困状况，通过他们试图引导扫清不可逆转的冲击（Morduch，1994；Barrett，1999）。

莫泽（Moser，1998）提出了敏感性—恢复力脆弱性分析框架，贫困脆弱性来源表现在两个方面：一是敏感性，即系统对外部环境反应的重要程度；二是恢复力，是指系统对外部环境反应的舒适与快捷程度。

（四）世界粮食计划署的农村脆弱性分析框架

世界粮食计划署设计了一个可以通用的农村脆弱性分析框架，这个框架包括了三种大类指标，而每种大类指标中又包含许多具体指标。第一类指标为风险因素，包括面临的粮食安全风险，若地区或人群所面临的食物不足的风险，风险越高，该地区或该类型人群的脆弱性就越高。第二类指标为抵御风险的能力，即地区或人群具有的应对各种风险因素的能力，抵御风险的能力水平与地区或人群的脆弱性程度成反比关系。第三类指标为社会服务体系，该体系反映某地区的整个社会发展程度，发展水平与地区或人群抵御风险能力成正比。将以上三类指标相结合，可以比较全面地反映地区或人群的脆弱性高低，进而帮助研究者和政策实践者找出造成地区或人群脆弱性的直接原因，并给予相应的措施（韩峥，2002）。

第三节　生态移民研究进展

一、生态移民政策实施及其成效研究

在资源缺乏将导致“经济贫困—环境破坏—经济再贫困”的恶性循环的假设前提下，贫困通常被认为是造成环境问题的主要原因，因此短期或长期的迁移通常被认为是打破这种恶性循环的有效手段之一（Bigsten，1996；Haan，1999）。于是许多研究者提出了一个把迁移作为一个多阶段的、对环境反映变化的、人口与环境相互作用的概念框架（Bilsborrow and Ogendo，1992），试图证明在土地被过度利用并退化之后，人口外迁可能是一个缓解贫困、改善环境的有效途径（东梅和王桂芬，2010）。

所谓生态移民，是由生态环境恶化、人类生存条件丧失而导致，以生态环境保护或重建、消除区域贫困、发展经济为目的的人口迁移活动，也是针对迁移人口的生计恢复、社会经济重建活动，其实质是人与自然关系的重新整合（张丽君和王菲，2011）。如为了遏制三江源生态环境的继续恶化，青海省政府在三江源地区实施了生态移民工程（孟向京，2011），生态环境脆弱与经济贫困相叠加所产生的云南怒江傈僳族自治州实施异地开发与生态移民（冯芸和陈幼芳，2009）。

自生态移民政策实施以来，生态移民逐渐成为我国保护和改善生态环境的重要措施（新吉乐图，2005），特别是在西部生态环境脆弱地区被广泛实施（唐宏等，2011）。生态移民政策不仅减轻了草场压力（唐宏等，2011），而且推动了第二、第三产业及城镇化发展，改善了生态移民的生计条件（周华坤等，2010），对民族地区的脱贫工作意义十分重大（李皓，2005）。

（一）生态移民政策推动了地区经济社会发展

三江源生态移民政策的实施推动了特色产业发展，推动了城镇化进程，推动了第二、第三产业发展以及推动了生产生活条件的改善（周华坤等，2010）。梅花（2006）对宁夏生态移民战略研究表明，生态移民具有一定的战略意义，促进农民脱贫致富，妥善解决山区群众的温饱问题，提高了市场竞争优势，培育了一批新的经济增长点，加快了城镇化的步伐。

（二）生态移民政策提高了农牧民福利

高春凤和朱启臻（2009）运用自组织理论对青海省异地扶贫项目调查研究表明，95%的移民认为，新社区中的交往与迁移前相比更加普遍了，表现在交往半径扩大了，交往频率增加，交往对象多样化了。王凯（2012）对世界自然遗产地武陵源风景名胜区生态移民调查研究发现，调查对象对移民搬迁所带来的直接就业机会大都表示认同；分别有73.3%和59.1%的居民认为移民搬迁后商品经济意识增强、商业和投资机会增多；生态移民都安置在城镇社区，75.2%的居民认为移民搬迁后，子女上学较以前更加便利，学校的硬件设施及教学质量都得到了改善；分别有61.5%、72.8%和69.1%的居民认为“移民后文化娱乐机会增多”“参加科教培训机会增多”“接触外界信息机会增多”；有59.2%的居民认为“移民后社交圈层得以扩大”；分别有82.5%、86.7%和78.3%的居民认为移民搬迁后“居住条件得到改善”“交通等基础设施条件得到改善”“医疗、卫生、金融、购物等公共服务设施增加”；65.8%的居民认为“在新的社区得到了尊重”。王旺多（2012）基于国内外关于社会福利概念的理解，解释了生态移民生产生活方式开始从传统向现代转变，住房、学校、卫生所和社区等社会福利设施的建立以及生态移民技能培训取得成效，后续产业发展势头良好。

（三）解决了生态环境与农牧民生计之间的矛盾

生态移民的本质就是调整人口的空间分布，提高局部地区人口的承载能力，从而转移和吸纳劳动力，减轻人口对生态脆弱地区的生态压力，使之能够进行休养生息，从而在空间上协调农牧业生产与土地生态恢复的矛盾冲突（曾德慧和姜凤岐，2006；张力小和刘杰，2009）。唐宏等（2011）对三工河谷生态移民研究发现，搬迁后由于居住地与草场间距离发生了变化，从事畜牧业的农户有所减少。从牧民主观感受看，搬迁后牧草质量有所下降，但由于牲畜数量减少，牧草反而比搬迁前更为充裕。由于饲养条件的改变，牲畜饲养方式也发生了变化，搬迁后牲畜放养率大幅下降，因冬季草场利用率下降，牲畜圈养时间也显著延长。草场超载情况得到明显改善，草场超载户数显著下降，超载农户的牲畜超载量也较搬迁前大幅减少。梅花（2006）对宁夏生态移民战略研究表明，生态移民政策促进生态循环、促进沙漠与黄土高原之间国土资源的合理开发利用，建设“绿色生态屏障”、实现贫困地区人口合理再分布。

（四）顺利实现了生计转型

阿拉腾图雅和宝音（2012）对内蒙古锡林郭勒盟蒙古族生态移民进行调查研究表明，生态移民在多个方面进行了生计转型。第一，从事产业的转型：蒙古族生态移民从事的产业已发生根本性的变化，虽然仍有61.4%的移民从事畜牧业，但养殖的已经不是自己所熟悉的五种牲畜，同时经营方式也从自然放牧、轮牧型转型到专业化饲养型，24.2%的移民从第一产业跨入第二、第三产业，还有14.4%的移民进入牧民工行列中。第二，经营方式的转型：3/4的移民仍然从事畜牧业，养殖经营方式从搬迁前的全年放牧、轮牧转到搬迁后全年放牧的占24.2%。第三，劳动力资源的转型：产业结构发生很大的变化，走向专业化道路后劳动者一定程度上从繁重的超强度的重体力活中得到解放，同时其经济生活节奏也进一步加快。张丽君和吴俊瑶（2012）对阿拉善盟生态移民后续产业发展现状进行研究发现，移民在后续产业发展项目中的排序由高到低依次为：特色农产品开发、化工基地产业、小商品经营及民族特色产品生产和特色旅游开发。这说明在生态移民中期，大部分移民在产业发展中愿意选择的仍然是他们最熟悉的传统产业。按产业项目构成看，第一产业主要是特色农产品开发，第二产业包括化工基地工业和民族特色产品生产产业，第三产业为旅游业和小商品流通。从移民投票的重要程度看，第一、第二、第三产业比例分别为48%、35%和27%。

二、生态移民政策实施存在的问题研究

生态移民政策的实施除了能够缓解生态环境与农牧民生计之间的突出矛盾之外，因多种因素的影响，除积极作用外，迁移战略还具有消极的方面（Alexandra Winkels and W. Neil Adger，2002），生态移民政策在实施过程中也存在着诸多不如意的现象。

（一）生态移民生计转型面临诸多困境

1. 生态移民生计资源比较缺乏

如人力资本发展不足（孟向京，2011；周华坤等，2011）、水资源匮乏（杨龙等，2004）、农地紧缺（王龙，2009）、金融资本匮乏（张力小和刘杰，2009）。王旺多（2012）对三江源生态移民的研究表明生态移民存在生活水平较低的社会福利问题。

2. 生态移民对新安置区适应性比较差

张丽君（2011）考察了内蒙古阿拉善、鄂尔多斯和青海格尔木、海南藏族自治州同德县等近千户移民，研究发现，牧民在自愿情况下的被动选择，移民后续生计难以为继，潜在社会矛盾比较突出；移民适应城镇生活能力较

差，回迁现象时有发生。包智明和任国英（2011）对额济纳旗生态移民进行调查研究中总结出，生态移民家庭生计转型之后试着采取了多种生计策略来维持生计，例如，采取了舍饲圈养的生计策略，包括全年舍饲或季节性舍饲两种方式。如果没有从饲草料地得到足够的饲草料，舍饲圈养的成本将会提高很多。而生态移民更偏向于坚持原来劳动强度低、资本投入少、市场风险低、收入有保障的草场放牧的生计活动。出现了这样的情况，当地政府暂时也没有更好的办法解决舍饲圈养的困境，因此，允许牧民继续返迁从事放牧生计活动成为一种默许。生态移民生计适应性差，生态移民生计转型失败（荀丽丽和包智明，2007；张丽君和王菲，2011），出现生态移民满意度不高（唐宏等，2011）、移民“空村”（荀丽丽和包智明，2007）等现象。

3. 民族语言、文化以及风俗等流失

语言、生活、文化和宗教习俗等适应难度大（冯芸和陈幼芳，2009；周华坤等，2011）。王凯（2012）对世界自然遗产地武陵源风景名胜区生态移民研究发现，有66.2%的居民认为“移民使得邻里关系不如以前和谐”；分别有57.2%、56.7%的居民认为“传统价值观受到冲击”“道德水准下降，社会风气变差”。

（二）生态移民贫困问题

在非单纯人口增长情况下，移民可能不会对环境产生什么改善作用（Curran，2002）。由于高昂的迁移成本及不可预知风险的存在，真正的穷人是不可能将移民作为提高家庭收入的策略的（Du，Park，and Wang，2005）。更糟糕的是，由于环境而造成被迫迁移时，还可能出现移民及移民家庭贫困加剧的现象（Kothari，2002）。田朝晖等（2012）在研究三江源生态移民贫困问题时发现，移民贫困现象严重：移民主要靠国家补助，衣食消费不如以前，失去获得收入的机会，转产失败，从牧业到无，移民返迁意愿高。田朝晖和解安（2012）研究了三江源生态移民工程贫困治理的实际效果：失去土地、工作、家园、社会关系网络、食品保障、健康水平、返贫；贫富差距大、贫困户家庭陈设简陋、勉强维持生计，占比例比较大；大多数移民家庭收入来源单一，工资性收入缺乏；收入少，决定了消费水平降低。无力消费肉类食品，所以只能以消费米面和蔬菜为主。由于移民家庭收入低，所以许多生态移民抗风险能力弱，可持续发展能力较低，衍化为迁入地新生弱势群体。产业和企业失败，打工经验不足等，移民靠国家贫困救助，生活难以为继。

（三）生态移民后续产业发展障碍

张丽君和吴俊瑶（2012）对阿拉善盟生态移民后续产业发展研究发现，水资源状况限制了生态移民后续产业发展；以沙产业为代表的生态移民后续产业中龙头企业发展的制约因素较多；生态移民后续产业中第二、第三产业就业难度大；缺乏针对生态移民后续产业的专项扶持政策以及资金投入。任善英和朱广印（2012）在对三江源生态移民后续产业发展机制研究发现，社会发育程度比较低，后续产业发展条件较差；主导产业经营水平较低；传统文化观念的束缚；教育发展滞后、缺乏深层次技能培训。赵宏利等（2009）对三江源地区生态移民的后续产业发展模式进行了研究，研究发现，所面临的是生产资料与可利用资源贫乏、生态持续退化、贫困人口迅速增加、发展生产建设资金不足等一系列问题。具体包括安置区自然生态系统脆弱，移民后续产业发展空间不足；安置区经济基础薄弱，产业化进程缓慢，移民就地转产乏力；教育滞后，商品经济意识淡薄，移民劳动力就地、异地转移狭窄；草原生态、藏文化旅游产业发展相对滞后，制约移民产业拓展。

（四）生态移民工程投入存在的问题

王凯（2012）对世界自然遗产地武陵源风景名胜区生态移民研究发现，

48.3%的居民认为移民搬迁后社区不安定因素增多，社区犯罪现象增加，社区偷盗现象时有发生，城镇移民安置点的治安状况有待加强。42.3%的居民表示“对未来发展出路和生活保障比较担忧”，分别有89.4%、87.1%的调查对象认为“移民社会保障体系和支持体系不够完善”“对移民后期生产扶持的措施不够深入”。另外，分别有65.8%、60.2%的被调查者认为“移民政策对社区居民利益考虑太少”“移民搬迁只使少数人受益”；更有高达79.5%、84.4%和81.8%的调查对象认为“居民对移民政策的知情度低”“政策实施过程中缺乏有效的监督机制”“安置地政府给予的帮扶政策落实不到位”。冯芸和陈幼芳（2009）对云南怒江傈僳族自治州实施异地开发与生态移民进行了调查研究发现，资金投入不足，投入需求矛盾大；移民外迁安置环境容量有限，安置压力大；移民面临迁入地拉力缺失和自身承受力较弱的双重困境；当地特有的少数民族文化实施易地移民搬迁后存在被同化和异化的可能。梅花（2006）对宁夏生态移民战略研究表明，部分投资项目效果不太理想、移民资金不足，制约扶贫力度、有些地方移民管理混乱、迁移人口与迁入地群众之间矛盾时有发生。

（五）生态移民存在着诸多生计风险

李锦（2008）对四川横断山区生态移民生计风险研究表明，生态移民的风险同时表现在生态环境和移民生活两个方面。生态环境风险主要体现在移民对迁入地的生态压力上，包括由于人口急剧增加导致土地、水源、林地资源的滥用，直接引起生态恶化。生态移民的生活风险主要表现为生活贫困和文化流失，具体表现在土地不足、住房建设消耗了所有积累、没有资金用于生产发展、丧失公共资源的使用权、失去生产技能。文化丢失的风险包括面临宗教礼仪变化的挑战；面临原有社会结构消失的难题；面临原有寺庙宗教信仰功能丧失和传统物质文化消失的危险。姜冬梅等（2011）考察了内蒙古苏尼特右旗生态移民贫困风险问题，研究表明，生态移民主要面临的风险包括生产方式转变风险、收入减少风险、负债风险、补偿制度风险、原有职业丧失风险、劳动技能失去价值风险、移民文化素质风险、培训教育风险、原有社区解体风险、新的社会支持网络建立、公共产品损失风险、边缘化风险、丧失草地、失业、失去房屋、边缘化、食物无保障、发病率和死亡率增加、失去享有公共财产和服务的权利、原有社会关系解体。

三、生态移民可持续发展能力提高的政策研究

针对生态移民政策实施过程中存在的诸多问题，学者们基于不同的层面和角度提出了提高生态移民可持续发展能力的政策建议。

（一）发展后续产业的政策研究

张力小和刘杰（2009）对北方沙漠地区生态移民进行了研究，研究指出，生产方式的转变是移民成败的关键。关键是产业的选择，或者是帮助移民找到合适的生存途径，包含两层含义：要找到迁入区资源条件能够承载的产业结构；移民能够接受和适应这种产业方式。任善英和朱广印（2012）提出了三江源生态移民后续产业发展机制：实施产业与生态置换机制、创建区域互动机制、补充生态移民补偿机制和完善利益引导机制。赵宏利等（2009）在对三江源地区生态移民研究时指出，如选产有误，很可能会引起社会不稳定及二次移民。移民后续产业发展包括四个阶段：第一阶段：生态移民转产期—选择维持基本生存型产业模式；第二阶段：生态移民发展期—选择温饱或脱贫型产业发展模式；第三阶段：生态移民稳定发展期—选择小康型产业模式；第四阶段：生态移民可持续协调发展期—选择富裕型产业发展模式。张丽君和吴俊瑶（2012）对阿拉善盟生态移民后续产业发展研究时提出，因地制宜培育和发展生态移民后续产业向绿色产业发展、引导和加快生态移民后续产业中沙产业的发展；加快建立和完善生态移民后续产业中

第二、第三产业的专项扶持机制；加强生态移民后续产业的择业培训，积极拓宽生态移民后续产业中的就业领域。

（二）促进生态移民生计转型适应能力提高的政策研究

田朝晖等（2012）在研究三江源生态移民贫困问题时提出，对有劳动能力的贫困人口给予救助，核心就是给予就业援助，重建其就业能力和机会。首先，开展教育和技能培训；其次，促进特色产业发展和经济增长，增大移民就业空间；再次，建立健全就业帮扶政策体系，通过市场机制与非市场机制促进就业；最后，成立各类以摆脱贫困为目标的经济合作组织。

（三）加强生态移民工程管理的政策研究

1. 关注生态移民的管理政策研究

张丽君和王菲（2011）关注生态移民与文化迁徙的互动发展，保护民族传统文化以促进西部牧区生态移民可持续发展。冯芸和陈幼芳（2009）提出依据怒江州少数民族移民的实际情况，把移民安置与民族文化的保护传承进行有效结合。

2. 关注生态移民的宏观管理政策研究

皮海峰（2004）提出生态移民实施要与城镇化建设、国家扶贫攻坚计划、西部大开发战略、移民经济发展、移民科学文化素质提高以及国家的民族、宗教政策相结合。盖志毅（2005）认为政府要从全国着眼、协调、组织和统筹安排，打破行政界限，从整个国土视角宏观指导。

3. 构建生态移民管理机制的研究

周华坤等（2010）提出了建立完善的多元化生态补偿机制，适当调整生态移民补助标准；加大培训力度，制定合理的培训方案，加强移民子女基础教育；构建一套适合于三江源区的特殊生态移民支持政策，建立新的生态移民管理机制。桑敏兰（2004）强调政府在生态移民政策实施中必须建立政策引导、项目带动、社会参与、企业介入、移民开发等运行机制，创新生态移民的政策机制、投入机制和管理机制。梅花（2006）提出生态移民的战略措施，如提高认识，加强领导、加强工程配套，严把工程质量，做好移民安置、提高移民管理水平，做好稳定工作、坚持统筹安排，抓好搬迁工作、坚持综合治理，加强生态保护。

4. 关注生态移民政策评估研究

李锦（2008）对在四川横断山区生态移民生计风险研究时提出了降低生态移民的生计风险的指导思想—创造发展机遇。创造发展机遇的前提是对生态移民的过程有一个清醒的认识。生态移民是一个过程，它应该包括评估迁出地和迁入地、确定移民生产方式并创造基本条件、迁移、生产和生活重建四个阶段。任何一个阶段的缺失，都会导致生态移民变成一场灾难。要建立移民和社区代表参与生态移民的民主机制，尊重移民自己的意见。需要得到资金支持保障迁移和生活水平恢复。生态移民的资金支持，应该是围绕生态移民的四个阶段来安排。建立对全过程全面负责的机构责任制。张力小和刘杰（2009）基于生态移民高代价现实提出，必须加强生态移民项目的评估与监控，降低农牧民生态移民的投资风险，避免出现生态问题与社会问题耦合所引起的一系列问题。评估应该包括移民规模、产业选择、文化适应于环境等方面，但现有的生态移民项目大都缺乏有效的评估与论证。因此，当前最紧迫的任务是做好生态移民项目的评估与监控工作，降低生态移民的经济、生态甚至社会风险。

另外，学者们还提出了具体政策建议，如创新生态移民开发模式（梁福庆，2007；Crow T. R.，Host G. E. and Mladenoff D. J，1999；De Knoing G. H. J. and Verburg P. H. and Veldkamp A.，et al.，1999），建立生态移民可持续发展评价体系（杨龙和贾春光，2004），建立生态移民基金，提供优惠贷款，建立生态补偿机制（崔献勇和海鹰，2004）以及增加生态移民生计资源（鬼木俊次，2005）等。

第四节　可持续生计研究

自可持续生计概念被广泛使用之后，国内外诸多学者基于某个具体研究对象围绕着农户可持续生计分析框架构建、农户生计资本、生计策略、外力冲击下的农户可持续生计等问题展开研究。

一、关于农户可持续生计分析框架的构建及应用研究

随着国外学者对农户贫困和生计问题研究的深入，发展出一些可持续生计分析方法，多个研究机构和研究者提出了农户生计分析框架（DIFD，1998；Ellis，2000；美国非政府组织 CARE 等），为贫困和发展研究提供了重要工具。这些分析框架包括英国海外发展部（DFID）的可持续生计分析框架、联合国开发计划署（UNDP）的可持续生计途径以及 CARE 的农户生计安全框架，其中，DFID 的可持续生计分析框架是应用最为广泛的一种。

罗伯茨和杨国安（Roberts，M.，杨国安，2003）对可持续生计方法与脆弱性分析方法进行了比较分析，对二者的概念的差异性及相似性进行了分析，同时通过案例比较分析了两种方法的实施情况。研究结果表明，可持续生计分析方法和脆弱性分析方法都是有效以及可持续发展行动的新工具，都是处于应用的初级阶段。在可持续生计分析框架内对脆弱性的角色透彻的理解可以保证对群体过去和未来可持续性的全面认知。唐丽霞等（2010）在对社会排斥、脆弱性和可持续生计三种贫困分析框架及比较中指出，可持续生计分析框架将贫困家庭对其所拥有的资产禀赋的认识看作是家庭进行各种行动选择的根本，因此各种各样的缓贫政策必须关注贫困家庭的资产状态的改善，或者是他们能够充分利用其现有的资产。同时强调可持续生计分析框

架从家庭所拥有的各种资产出发，强调的是内在要素在贫困过程中的主导作用。

国内学者基于 DFID 的农户可持续生计分析框架，根据特定的研究对象发展了农户可持续生计分析框架。李树茁等（2010）在可持续生计分析框架下引入农户的家庭结构，并以此为基础运用农户模型具体分析了退耕还林政策对农户生计的影响，并利用陕西省周至县的农户调查数据进行实证研究。谢旭轩等（2010）基于可持续生计方法和可持续生计框架，构建了退耕还林可持续生计框架新的分析框架。退耕还林作为生态保护和地区发展项目（转化结构与过程范畴）在四个方面影响农户的可持续生计：资产、生计产出、脆弱性、生计策略和活动。黄建伟等（2009）基于 DFID 的农户可持续生计模型重新构建了失地农民可持续生计概念模型和图示模型。李聪（2010）将劳动力流动的视角引入到可持续生计框架中，构建了用于分析劳动力迁移背景下农户生计状况的框架。

二、农户生计资本研究

农户生计资本是农户可持续生计分析框架的核心内容，围绕生计资本学者们主要从农户生计资本指标设定和测度以及农户生计资本与生计策略关系等展开研究。

（一）农户生计资本指标设定与测量

夏普（Sharp，2003）在对埃塞俄比亚农村居民利用定性和定量方法测度贫困时，对农户的生计资本进行了指标设定和量化研究。

李小云等（2007）利用福建沙县、广西马山县分别选取的两个行政村的调研数据，将农户生计资产指标化，测量出农户各个生计资产的指标数值，勾画出农户的生计资产以及总体资产的水平。将农户按照生计资产划分为人力资产缺乏型、自然资源缺乏型、金融资产缺乏型、社会资产缺乏型、多种资产缺乏型、资产搭配合理型。最为脆弱的农户就是多种资产缺乏型农户。由于生计资产积累很低，不足以通过各种资产的替代转换来解决生计风险。因此，这些类型的农户都属于脆弱性群体。

谢东梅（2009）通过构建农户生计资产指标体系，以福建省 9 个设区市调研的 137 份有效问卷为实证研究对象，对低收入农户生计资产进行量化分析。实证结果表明，农户生计资产量化分析可以直观地显示农户生计资产的组合及其配置状况，可用来判断农户整体生活状况，并可对低收入农户进行准确排序，可以提高制度瞄准效率。

蔡志海（2010）以汶川地震灾区贫困村农户为研究对象，对贫困农户生计资本指标进行了设定和测量。研究发现，灾区贫困农户人力资本、自然资本、金融资本、物质资本、社会资本极不平衡，生计策略受到影响和制约，地震后农户的生计脆弱性十分突出。

杨云彦和赵锋（2009）对南水北调中线库区 3 145 户农户生计资本指标进行设定与测量。研究认为，农户生计资本既是农户开展生计活动的重要基础，也是农户抵御各种生计风险的重要屏障。研究结果表明，库区农户生计资本整体脆弱性，生计资本的社会融合程度低，在南水北调工程的外力冲击作用下，库区农户必须借助移民开发政策与生态补偿机制实现生计资本的优化和转型；同时，应重点着眼于以人力资本为主线的生计可持续发展能力培育，为生计模式向可持续转化创造条件。

苏芳等（2009）以张掖市甘州区 7 个乡镇的农户为研究对象，以可持续生计框架为研究基础，农户生计资产为框架核心，建立可持续生计评价指标体系，并研究设计了适用于张掖市测量农户生计资本的问卷、指标量化数值以及指标设定公式。应用 AHP 测定五种指标的指标权重，根据各指标的相对影响值和标准化得分计算综合得分，然后画出雷达图。最后分析五种资本大小及相互决定关系。

赵雪雁等（2011）采用参与性农户评估方法对甘南高原纯牧区、半农半牧区和农区115户农户生计资本现状进行了分析，研究采用专家咨询法确定了指标的权重，对农牧民生计资本指标进行了设定及测量并比较了不同类型农牧民的生计资本，研究结果表明，甘南高原农户的生计资本非常有限，而且资本转化能力比较低，同时，农户生计资本具有明显的区域差异性特点，即纯牧区农户的生计资本总值最高、农区次之、半农半牧区最低，且纯牧区农户缺乏金融资本、半农半牧区农户缺乏物质资本、农区农户缺乏自然资本。

（二）生计资本与生计策略关系研究

在可持续生计分析框架中，在给定的脆弱性环境以及转化结构与过程下，农户的生计策略主要凭借其所拥有的生计资本来实现可持续生计。

唐丽霞等（2010）在对社会排斥、脆弱性和可持续生计三种贫困分析框架及比较中指出，将贫困家庭对其所拥有的资产禀赋的认识看作是家庭进行各种行动选择的根本，贫困的结果归因于贫困家庭的资产积累总量的不足或者是资产组合不能维持家庭可持续生计策略的需求。

梁义成等（2010）基于陕西省周至山区的农户调查数据，在可持续生计分析框架下（SLF），通过构建一个农户模型，探讨生计资本对农户生计策略选择的影响，实证研究表明，农户人力资本和社会关系资本等能够解释不同的非农兼业行为，如高的人力资本水平是外地打工兼业的关键决定因素，而本地非农经营兼业要求农户具备比较高的物质资本和社会关系资本等。

熊吉峰和丁士军（2010）基于四川阆中、富顺两个县6个乡镇5 910个患病农村居民为研究对象，研究了农户应对疾病冲击的生计策略。分析结果表明，农户应对疾病的生计策略主要是通过运用生计资产来实现的，且5种资产所起作用不同。农户在面对诸如疾病之类的灾难时，更多使用的生计策略主要是金融、人力和物质资产。

苏芳等（2009）以张掖市甘州区7个乡镇的农户为研究对象，通过建立可持续生计评价指标体系，对农户的生计资产状况和由此决定的资产配置方式即生计策略及二者之间的关系进行初步的研究探讨。将五种生计资本作为回归自变量，两种生计策略作为回归因变量（以农业为主，赋值为0，以非农为主，赋值为1）进行了二项式logistic回归模型分析。研究结果表明，农户生计策略是动态的，并随着外界环境条件的变化而调整，改变着对资产利用的配置和经营活动种类及比例的构成。在不同的资产状况下，生计活动呈现多样性，并且相互结合起来呈现出不同的生计策略。

赵雪雁等（2011）采用参与性农户评估方法对甘南高原115户农牧民家庭进行调查研究。研究结果表明，农户的生计资本影响着生计活动的选择，自然资本缺乏迫使农户寻求其他谋生方式，但受教育程度低、物质资本与金融资本缺乏以及封闭而狭窄的亲缘与地缘关系限制了农户生计多样化。

李琳一和李小云（2007）基于宁夏某县某乡的调研研究表明，农户生计状况是五种生计资本（自然、金融、人力、物质、社会）综合作用的结果，农户采取各种生计策略的能力取决于其所拥有的资产状况，在不同的资产状况下，生计活动呈现多样性，并且相互结合起来以实现生计策略。研究还指出，对农户生计资本的研究只是探讨农户生计资产配置的起点，为支持一个可持续的生计方式，不同资本之间的组合方式非常重要。另外，对农户生计资本的研究，还需要综合考量影响农户生计资本的其他一些因素，如脆弱性背景与环境（包括冲击、季节性等）、变革中的组织（包括各级政府部门、私有部门、非政府组织等）和程序（包括政策、法律、文化等）。

（三）生计资本与农户可持续生计研究

徐鹏等（2008）以绵阳市游仙镇长明村为例，对农户生计资本状况进行了剖析，并分析指出农户生计的可持续性在很大程度上取决于各种生计资本的整合运用和生计策略的选择。

王慧博（2008）针对社会资本缺失对失地农民的可持续生计影响进行了

分析。研究结果发现，社会资本缺乏必然导致人力资本再生产困难，而人力资本再生产困难又使失地农民的下一代缺少生存竞争的技能和手段，导致下一代经济资本、社会资本、人际关系资本的缺乏，这些因素形成相互复制、相互强化的恶性循环系统。

三、农户生计策略研究

熊吉峰和丁士军（2010）基于四川阆中、富顺两县 5 910 个患病农村居民的调查数据，检验了新型农村合作医疗对农户生计策略的有效性。结果发现，新农合并没有显著地改善农户生计策略，分析其原因主要是新农合的补偿率偏低、农户大量的门诊费用没有得到补偿、农业人口流动性较强、医药服务价格上涨快等。同时，生计策略还表现出比较强的层次性。农户生计调整频率体现了疾病对农户生计的影响程度，频率越低，说明该生计策略对农户的珍贵性程度越高。

黎洁等（2009）基于可持续生计分析框架，以陕西省周至县退耕山区农户为研究对象，从分析收入来源和消费状况角度研究生计策略，考察了农户的风险应对策略。家庭在遇到自然灾害或经济困难时所采取的应对方法，如出售资产、减少消费、外出务工、借钱等。而且兼业户的生计策略更加多样化，抵抗风险的能力也更强。另外，黎洁等（2010）以西安周至县南部 4 个山区乡镇 20 个行政村 1 074 个农户为例，研究了山区农户林业相关生计活动类型及影响因素，研究采用 Multinomial logit 模型对农户林业相关生计活动类型选择的影响因素分析发现，家庭劳动力数量、女性比例、是否参与退耕、土地林地面积、家庭社会网络等对农户选择不同的林业生计类型有着显著影响。

李聪等（2010）将劳动力迁移视角引入可持续生计框架，结合西部山区的实际情况和数据分析了外出务工对流出地家庭生计策略的影响。研究发现，外地打工有利于家庭生计资本积累，但是会阻碍流出地非农生计活动的参与和劳动力的供给，而本地打工在促进生计资本积累的同时，对参与农作物种植、养殖等生计活动有着显著的促进作用，但是，劳动力过多的外出务工会造成本地其他活动的收入水平的下降。赵雪雁等（2011）对甘南高原115户农牧民家庭进行调查研究时发现，纯牧区农户从事农业的比例高于半农半牧区和农区，而且生计活动多样化指数比较低。

四、外力冲击下的农户可持续生计研究

农户可持续生计不仅受到农户生计资本的影响，而且外界的脆弱性环境以及转化结构与过程影响着农户生计。

（一）转化结构与过程对农户可持续生计的影响

黎洁等（2009）基于可持续生计分析框架分析陕西省周至县退耕山区农户生计状况，生态保护政策对研究地区的农户生计资本积累及家庭收入产生了较大的影响。研究侧重于考察现有的生态保护政策体系下农业户和兼业户不同的生计状况。兼业户有着比农业户更好的生计资本禀赋，更加多样化的生计活动，更高的抵抗风险能力，更低的贫困发生率以及更小地对自然环境的依赖。

谢旭轩等（2010）构建了退耕还林可持续生计分析框架，并以宁夏固原地区和贵州省毕节地区286户农户为研究对象。采用匹配倍差法等计量经济模型，识别退耕还林工程实施对农户可持续生计的净影响。短期收入分析表明，退耕还林对农户的种植业收入产生显著的负面影响；林业和养殖业短期内难以成为替代性收入来源；外出务工收入明显增加，但退耕还林在其中发挥的直接促进作用不显著。从长期来看，资产积累是决定农户生计状况和发展最重要的指标。但目前中国西部贫困地区人力、物质、自然、社会和资金

5 种生计资产较低，制约了生计能力的提高。因此，为了促使农户可持续生计的获得及发展，保障政策的实施效果和可持续性，新一轮的退耕还林政策除了实施直接补助外，需要更加关注农户资产和生计能力的加强。

李斌（2005）博士论文《生态家园富民工程“三位一体”项目对宁夏盐池县农户生计影响的研究》基于宁夏回族自治区南部盐池县 96 户农户的调查研究表明，“三位一体”项目对农户自然资本没有造成影响，但是增加了农户的物质资本、金融资本和社会资本。

（二）冲击、趋势和季节性环境对农户可持续生计影响研究

张克云等（2010）基于全国 9 个省 30 个村展开的关于国际金融危机对农户生计影响的实证研究。研究结果表明，金融危机降低了农户收入，进而又减少了农户的生计资本（金融资本、物质资本、人力资本等），进一步又削弱了他们的生产和消费能力，极大地限制了他们维持乃至扩大生产规模、提高生活水平。从长远看，国际金融危机使得农户延缓或减少了必要的生产、教育以及卫生保健等方面的投入，生计脆弱性增强。

武艳娟和李玉娥（2009）关于气候变化对生计影响进行了研究，气候变化对生计影响的实质是对人们生计资本的组成部分及活动的影响。干旱对于资本的影响在五种资本形式方面均有涉及。对自然资本的影响包括造成作物减产、草地退化、生物产量降低、生态系统分布和动植物种类分布范围变化、水资源短缺、土地退化和环境恶化等；对其他资本形式的影响主要是通过干旱对自然资本的直接影响来作用的。干旱对其他四种资本形式主要是间接影响，例如，干旱造成放牧区域草地严重退化，减弱牧场的再生能力，降低了牧场为家畜提供充足草料的能力，家畜会因此造成损失；干旱造成粮食减产或绝收，发生粮食安全危机，人力资本受到威胁，相应的农业收入这一金融资本也受到影响，农民没有资金投入基础设施等物质资本，政府的大力支持和帮助就成为解决农民所面临困难的重要的社会资本。

李聪等（2010）对陕西周至南部山区的1 074户贫困农户进行了研究，将农户生计资本量化为五个指标，采用一般线性模型（GLM）探索是否迁移和迁移特征对农户生计资本的影响，研究结果表明，劳动力迁移在一定程度上增加了农户生计资本，而且农户的迁移方式和特征影响着生计资本的取得和利用，但这种过程是片面和不均衡的。劳动力迁移并未对农户的物质资本产生影响，而直接影响自然、人力、金融和社会资本。

第五节　脆弱性研究进展

自20世纪90年代以来，随着全球环境变化和区域可持续发展研究的进一步深化，脆弱性研究逐渐成为重要的研究议题之一，特别是受到如国际全球环境变化人文因素计划（IHDP）、政府间气候变化专门委员会（IPCC）、国际地圈生物圈计划（IGBP）等国际机构的广泛关注，同时，国内外不同学科领域学者将脆弱性理论应用到生态学、灾害管理、土地利用、气候变化、可持续性科学、公共健康等研究领域，对脆弱性的研究在概念界定、测度方法、分析框架等方面取得了很大的进展（李鹤和张平宇，2011）。阿尔旺、西格尔和约根森（Alwang，Siegl and Jorgensen，2001）从几种学科述评了各种学科如何定义和测量脆弱性。借鉴阿尔旺（Alwang，2001）的研究成果，本书分别从脆弱性在自然灾害管理、环境管理、粮食安全、社会学、人类学以及贫困研究中的应用研究进行文献回顾。

一、脆弱性在自然灾害管理中的应用研究

关于脆弱性概念的提出首先来自人类面临各种灾害的重视。类似于这样的文献，主要关注的是强调人类脆弱性和自然灾害之间的关系。在自然灾害

管理研究中，学者将脆弱性界定为人口、家庭或者社区对于来自一个自然灾害时是脆弱的（Kreimer and Arnold，2000）。

但是，面临同样的自然灾害，有些人、家庭或者社区因居住地点、生计资源等差异，有可能比其他个体、家庭或者社区更加脆弱。这归因于在面临自然灾害时影响人类脆弱性的因素，包括家庭、社区、地区等的脆弱性程度以及风险和对风险作出响应能力的要素（Blakie et al.，1994）。也就是说，在自然灾害发生的驱动下，由于个人、家庭或者社区系统对外部冲击的反应所造成的一种灾难，从这个角度来说，脆弱性可以被定义为个体或者群体从一个自然灾害的影响中有关他们预测、处理、抵制和恢复特征（Blakie et al.，1994）。例如，韦特萨和克瑞姆果尔德（Vatsa and Krimgold，2000）认为，家庭资本和获得决定自然灾害脆弱性的机会（如社区和高水平的资本）的作用。

如何识别和测度自然灾害冲击下的脆弱性程度，国际研究机构以及学者们对此作出了不懈的努力。国际开发银行（IDB，2000）认为，脆弱性地图能够帮助评价自然灾害的整个风险，评价不同地区自然灾害的概率，识别那些具有高风险地区的脆弱性程度。同样，还可以通过采纳贫困地区来帮助提高灾后重建和帮扶的瞄准度。马克卡（Makoka，2008）应用马拉维259户农村家庭的两阶段面板数据分析了干旱对家庭脆弱性的影响。研究表明，经常发生的干旱使得那些在两个时期被影响的家庭脆弱性程度是那些仅在一个时期被影响的家庭的两倍。因此，旨在构建贫困家庭反复发生干旱的恢复能力的政策需要持有更多的能够使得家庭处理这种生计威胁灾害的承诺。布兰特（Brant，2007）对巴西东北部家庭干旱脆弱性进行了评估，应用probit和因子分析方法相结合成功识别了在过去时期哪些家庭更倾向于从事防御工作。一些关键变量，包括农业生产、非农收入特别是救济，灌溉和耕地面积等对于干旱脆弱性的决定在统计意义上具有显著性（Simone Brant，2007）。德雷萨、哈桑和林格勒（Deressa，Hassan and Ringler，2009）基于埃塞俄比亚尼罗河地区的家庭层次的调查数据，运用期望贫困的脆弱性方法分析由于气候冲击（干旱、洪涝以及冰雹）导致的家庭落入一个给定消费（收入）水平之下的概率。研究表明，农户的脆弱性对于他们最低日消费需求（贫困线）以及农业生态环境下是具有高度敏感性的。随着农户收入的增加，特别是在科拉农业生态地区的农户，能够让他们满足日常最低的需求将会减少他们对气候极端事件的脆弱性。因此，政策干预应该关注加强家庭和公共层次的气候风险管理。

二、脆弱性在环境管理中的应用研究

此方面的研究诸多见于环境经济学家的研究成果。这类文献重点关注生计与环境相结合。艾哈迈德和利普顿（Ahmed and Lipton，1999）将脆弱性界定为个人或组织暴露于作为环境变化的一种结果的生计压力。这些环境变化包括气候变暖、关联的气候和生态变化，如干旱少雨、潮水的洪涝等（Dinar et al.，1998）。

关于环境管理方面脆弱性的分析和评估问题，环境经济学家主要考虑灾害和暴露两个要素。高（低）脆弱性家庭是那些面临最高（最低）灾害暴露以及有最低（最高）处理能力。因此，甚至当暴露于同样的时间，影响将是不同的，依赖于实体处理能力（Sharma et al.，2000）。

李鹤和张平宇（2011）在其《全球变化背景下脆弱性研究进展与应用展望》中综述了国内外有关脆弱性研究，并指出，脆弱性作为全球环境变化和可持续性科学领域的一种新的研究视角，已经得到了地理学以及相关学科的广泛关注，呈现出跨学科、综合集成的研究趋势，并在概念体系、分析框架和评价方法等方面得到了丰富的发展。

赵锋和杨云彦（2009）研究认为，水库移民是指因水利水电资源开发建设或大江大河治理而引起的非自愿人口迁移过程以及由此引起的经济社会系统的重建。人口迁移是总会带来很大破坏的痛苦过程，具有比较大的风险，脆弱性程度比较高，具体表现为人均收入低、贫困发生率高、生计方式单一、收入不稳定、农业生产和生计结果风险暴露程度高以及生计具有刚性的路径依赖等特征，同时将水库移民的生计脆弱性分解为结构性脆弱和冲击性脆弱。

三、脆弱性在粮食安全中的应用研究

粮食安全研究中的脆弱性是作为一种“粮食不安全”的状态（World Bank，1986）。马克斯韦尔等（Maxwell et al.，2000）在对粮食安全研究时，将脆弱性定义为个人或者家庭处理这些风险以及从一种冲击或者当前的恶化状况中恢复的能力相结合的一种影响。从这个定义中可以看出，粮食安全是一种因各种风险所引致的负面结果发生的概率。

那么，对于粮食安全问题的脆弱性程度如何来分析呢？巴瑞特（Barrett，1999b）以及克里斯蒂安森和布瓦韦尔（Christiaensen and Boisvert，2000）发展了粮食安全的概念框架，主要考虑了整个风险—反应—结果链条。巴瑞特（Barrett，1999b）延伸了粮食安全的概念到考虑内部—家庭动态性的结果和结合、资产的作用、行为如何影响暴露性和反应、风险的独立作用、不可逆转性的重要性和“门槛”效应。

粮食安全的关注和研究目的是准确瞄准需要帮助和监控粮食不安全。因此，粮食安全与脆弱性评价指标以及测度方法的选择就成为国际机构和研究者重点关注的领域。常等（Chung et al.，1997）指出，选择如孩子营养不良、消费等指标，与事先确定的基准做比较进行评价。还有一个使用比较广泛的方法是脆弱性地图的绘制。该方法主要是应用大量的集中技术（主成分分析、聚类分析等）来检查利益概念（粮食安全与不安全）和指标之间的一致性程度（Vella and Vichi，1997；FEWS，1996；Eilerts，1994；Keogh，

1997)。在实践中，一些技术应用地理信息系统（GIS）软件覆盖环境数据（降雨模式、土壤特征和坡度、地面覆盖、土地利用和产量预测等），基础设施数据（道路、市场、健康和教育设施等），结果数据（例如，接受注射的百分率、健康状况——通常来源于行政管理数据）和家庭数据来创造一个脆弱性相关的空间参照式的图片（Carter and May，1999）。

四、脆弱性在社会学和人类学中的应用研究

许多社会学家指出，采用消费或者收入变量来测度人类贫困的方法并没有真正或者足够的描述贫困，因为，贫困还受到类似于能力、谋生的前途以及社会排斥等诸多因素的影响（Moser and Holland，1998；Bebbington，1999）。因此，社会学家开始逐渐探索采用脆弱性概念和方法来描述和研究贫困问题。

不同于经济学家对于个人或者家庭脆弱性的研究方法，社会学家通常会采用更为广泛的如家庭特征来识别脆弱性个体或者群体（Loughhead and Mittai，2000）。例如，莫泽和霍兰（Moser and Holland，1998）将脆弱性定义为个体或者家庭或者团体在面临一个不断变化的环境下福利的不安全性。因此，与贫困的静态性考察相比，脆弱性更加强调了人们福利的动态性。

与其他方面脆弱性的应用研究相同，对脆弱性的分析同样包括威胁本身以及家庭的依赖性，而这里的依赖性就是事前和事后风险反应以及识别风险管理中资产的作用。这些资产超越了物质和金融领域，包括社会资本和家庭关系的优势等（Putnam，1993；Moser，1998）。当然，资产在应对外部风险冲击有时也是有限的，因为非正式风险管理的有限优势，共同风险不能很好地通过应用非正式机制来进行管理（Siegel and Alwang，1999）。薄弱的非正式机构同时能够将异质风险转变为同质风险（Dilley，2000；Morrow，1999）。一个家庭可能在一个给定的期限缓解或处理一种或者一套风险，但是这个过

程可能导致在一个随后的时期管理风险的有限能力，特别是当资产被降低（Holzmann and Jorgensen，2000；Siegel and Alwang，1999）。

五、脆弱性在贫困中的应用研究

普里切特等（Pritchett et al.，2000）在对有关贫困动态性研究中强调，脆弱性是在风险冲击下个体或者家庭在未来若干年度将陷入贫困至少一次的概率。对脆弱性的测量应该是一种概率，运用对家庭所面临的风险以及他们的风险反应因素对脆弱性进行分解。

同样在对贫困动态性进行研究的过程中，曼苏里和希利（Mansuri and Healy，2000）将脆弱性定义为一种事前和具有前瞻性的概率测度。他们使用了横截面数据和其他时间序列数据可能被用来产生一种概率性的前瞻性的测量。拉瓦雷（Ravallion，1998）描述脆弱性不能简单地由贫困的随机性特征来解释。逻辑结果需要测量概率，这个概率与计算当前脆弱性的未来状态有关。

采用克鲁尔（Kühl，2003）的方法，章元和万广华（2006）分析了中国农村贫困的脆弱性，认为非农活动的多样化对农户的脆弱性没有影响，而教育是重要的决定因素。

钱伯斯（Chaudhuri，2002）将脆弱性定义在贫困缓解框架下，作为一种家庭落入贫困的概率，提供了概念框架来思考贫困脆弱性的不同角度，然后提出了一个简单的方法用横截面数据来经验性地估计了家庭层面的脆弱性。

郭劲光（2006）探讨了我国脆弱性贫困的根源及态势，即结构、经济和文化，具体包括经济增长并没有给减贫带来预期的绩效、国际结构的脆弱边缘、城乡二元经济结构中的边缘震荡、农民增收的政策空间不容乐观、自然灾害、突发事件发生的周期变短、危害加大，贫困文化的刚性逐渐凸显。从贫困研究中得出了一些启示，即扶贫战略与政策不能只以低于贫困线为标准作为衡量贫困的唯一标准，更为准确的合理的标准应该是脆弱性指标，该指标综合了潜在贫困、实际贫困、长期贫困、短期贫困，进而进一步拓展了反贫困、扶贫的视野，在更深层次上挖掘了贫困的内涵，从而寻找到防范和消除贫困的突破口。

沈小波和林擎国（2005）在其贫困范式的演变及其理论和政策意义研究中强调，脆弱性范式强调了贫困人群容易暴露于冲击、压力和风险下，以及缺乏相应的防御能力。

黄承伟等（2010）通过文献述评介绍了国内外有关贫困脆弱性的概念框架和测量方法，提出减贫战略中应该建立风险、脆弱性预警机制，需要将脆弱性纳入贫困检测和分析的范畴，及时准确地监测贫困的动态变化，同时政策干预要从减少风险和建立家庭的风险抵御能力两方面入手。

邓肯（Dercon，2001）在脆弱性评估研究中提出了一个描述和分析贫困、风险和脆弱性的分析框架。讨论了采用一种强调定量技术方法测度贫困脆弱性的可能性以及提出了减少脆弱性的政策建议。

丁士军和陈传波（2005）在对中国老年人保障问题研究中提出，农村老年人保障问题显然是可以预期但是在当前经济转型时期家庭难以处理的事件。需要设计和建立一定的农村老年保障体系，需要在充分认识当前农村老年人社会经济特征的基础上深入理解他们对家庭和社会的依赖性，以及他们由于依赖而导致的脆弱性及最终陷入贫困的可能性。农村老年人的脆弱性包括老年人的个体特征、家庭特征以及社会经济转型期特征。

郃秀军等（2009）基于陕西省周至县山区农户的调查数据，借鉴钱伯斯（Chaudhuri，2002）的脆弱性实证研究方法，对家庭外出务工收入和贫困脆弱性关系进行了实证研究。研究结果表明，家庭外出务工收入能够降低家庭因作物损失而导致的贫困脆弱性，但不能降低因家庭成员疾病所导致的贫困脆弱性。从长远看，政府应该仍然需要加大职业培训，鼓励农户多样化收入的生计模式，增强农户抵御风险的能力。未来的重点更应该鼓励农户开展自愿性的合作，在风险防范混合化解上应该加强非正式社会网络作用的发挥。

万广华和章元（2009）在《我们能够在多大程度上准确预测贫困脆弱性?》文献中，基于1989年、1991年和1993年的CHNS面板数据，利用前两年的数据预测家庭贫困脆弱性，然后将此与1993年观察到的实际贫困进行比较。研究表明，脆弱性预测的精确性依赖于脆弱线的选取、未来收入期望的计算方法以及贫困线选择，在该研究中，选择了50%作为脆弱线，用过去收入的加权平均计算的永久性收入作为未来收入的期望。

白永秀和马小勇（2008）在对农户脆弱性与贫困关系以及农户脆弱性影响因素的理论分析基础上，研究探讨了我国经济落后地区农户的脆弱性，研究结果表明，我国落后地区农户面临着发生频率较高的风险，包括自然风险、疾病风险和市场风险，市场化进程中社会资本的不断弱化，家庭资产积累水平低，面临着较为严重的流动性约束以及正规风险应对制度安排发展不足等。因此，需要从多个方面构建农村社会安全体系，如现代社会保障制度、盘活借贷市场、增强农户社会资本、帮助农户积累金融资本以及完善制度和提供基础设施等。

李小云等（2007）基于夏普（Sharp，2003）的研究方法，设计了农户生计资产量化研究方法，对农户脆弱性进行了定量分析。研究结果表明，不同农户的脆弱性表现具有一定的差异性，生计资产单一缺乏或者多元缺乏都是导致农户脆弱性的直接原因。那些多种资产缺乏的农户就是最为脆弱的。研究认为，农户生计资产量化指标体系以及测算方法的构建，能够在扶贫领域和农村最低生活保障制度方面发挥重要作用。农户脆弱性的量化分析方法的具体应用将有助于提高对贫困农户的目标瞄准。

韩峥（2004）在对脆弱性概念及脆弱性与贫困之间关系的讨论基础上，分析了我国目前农村人口脆弱性较高的特征：农村人口虽然正逐渐摆脱贫困，但是仍然处于脆弱性较高的阶段，在自然灾害、疾病、生态危机以及价格波动等冲击下，农户仍然无力应对，极其容易重新陷入贫困。因此，通过脆弱性来认识贫困的动态性，是今后扶贫和农村发展工作可持续性的重要体现。

黎洁和邰秀军（2009）基于分层模型的实证研究方法，对西部山区1 074户农户贫困脆弱性的影响因素进行了实证研究，研究结果表明，社区因素与家庭资产相互影响形成了类似于长期贫困的低消费均值特征，社会因素与家庭人口特征相互影响形成了类似风险波动的脆弱性特征。

第六节　文献述评

国内外学者关于生态移民、可持续生计以及生计脆弱性等问题都进行了较为深入的研究，为针对生态移民生计脆弱性研究提供了十分宝贵的借鉴。从目前的研究来看，以下几个方面还需要深入分析。

第一，可持续生计分析框架与脆弱性分析框架相结合。基于可持续生计理论和脆弱性理论回顾与文献综述，本书对生态移民的研究尝试将可持续生计分析框架与脆弱性分析框架进行整合来系统分析。对农户可持续生计研究已经形成了一些较为成熟的分析框架并在我国得到了一些应用，但对生态移民可持续生计的研究并未见相关成果，需要进一步研究来丰富和发展适合我国牧区的生态移民可持续生计分析指标和框架，检验和修正相关度量指标，并在实践中贡献于我国牧区的生态移民可持续生计及经济发展。农户脆弱性分析在中国的应用还比较少，其分析框架尚处于探索阶段，相关度量的指标需要进一步检验和修正，应用脆弱性分析框架来研究少数民族生态移民问题是农户脆弱性分析框架进一步的应用及理论丰富。脆弱性分析是农户生计分析框架的有益补充，加强了农户可持续性生计分析的动态研究。通过对生计脆弱性内容的检验，农户生计分析框架中加入了脆弱性的动态属性处理，改善了生计分析框架中的“结构和过程转变”的成分（Roberts和杨国安，2003）。

第二，以农户可持续生计框架为理论指导来研究生态移民生计问题。在现有的文献中，绝大多数对生态移民的研究只是从某一个或者某些方面变量或者指标来考察生态移民问题，并没有建立一个以生态移民为中心的整合框架来研究生态移民的宏观生计背景、生计风险、生计模式与策略以及生计结果。

第三，基于生态移民微观主体认知视角研究迁移背景下的生计脆弱性。国内外研究中对农户生计脆弱性研究均以微观主体调查数据为依据，选择收入、消费等指标来进行研究。本书在此研究的基础上，通过生态移民访谈，基于被访谈对象的主观认知分析其在迁移背景下面临的生计风险以及生产生活状况满意程度。

第四，以我国边疆牧区生态移民为对象的生计脆弱性研究。从现有的文献来看，关于生计脆弱性的研究均见于以一般农户为考察对象，并没有考察在非自愿迁移背景下生态移民生计脆弱性问题，没有对生态移民生计脆弱性进行分解来分析其在转型背景下的生计状况。

第三章

生态移民生计脆弱性分析框架

生态移民是将生态环境脆弱地区的居民逐步转移出去，缓解人口对脆弱生态环境的压力（王培先，2000）。在西部大开发战略实施过程中，作为各级政府为解决生态环境问题的一种治理政策，生态移民以解决生态环境退化和农牧民可持续发展的两难问题为目标，对民族地区的脱贫工作具有十分重要的战略意义。

第一节　环境、可持续发展与迁移

一、环境与可持续生计

环境问题通常可以被定义为以高于自然恢复率的速度开发自然资源造成的资源耗竭，它会危及人类生活的持续性发展。如果以高于野生动植物再生产的能力捕杀野生动物和采集植物来供养成倍增长的人，以狩猎为基础的原始经济就可能无法持续（速水佑次郎和神门善久，2008）。对于个人或家庭的生计来讲，只有当它能够应对并从压力和打击中恢复，在当前并长远地维持乃至加强其能力与资产，同时不损害自然资源基础才是具有可持续性的（Chambers R. and Conway G.，1992）。在环境脆弱性区域，特别是以农牧业为谋生手段的个人和家庭，所面临的不可持续生计问题往往是以人们所称谓的贫困为表征。

若讨论到环境问题，人们往往会首先想到发展中国家。发展中国家出现严重环境问题的原因是技术和制度的变化滞后于资源禀赋的变化。因此，随之而来的20世纪20年代~30年代的人口大爆炸，导致了资源的稀缺性迅速上升，而相对于稀缺性的提高，保护稀缺自然资源的制度却发展缓慢。根据联合国环境规划署委托合作的全球调查，在1945年以来的50年间，土壤退化80%多发生在非洲、亚洲和拉丁美洲。

环境是人类赖以生存不可或缺的自然物质。那些不具有可持续发展能力的人口，即贫困人口，尤其是在农村地区的贫困人口，其每日的生计取决于当地的环境资源——森林、渔场、牧场、灌溉水等。当地居民所拥有的公共资源也为贫困人口或家庭在收入不佳的年份提供了食物和饲料的来源，从而形成某种保险的机制。但是，随着公共资源的退化，如森林和牧场的缩减、河流和池塘的淤积与酸性的增加、蓄水层的耗竭以及土壤的侵蚀和沙漠化，农村贫困人口的生计变得越来越不安全，即变得不可持续性。例如，在非洲和南亚的许多地区，贫困人口的生计甚至进一步贫困化。在很多国家中，环境资源基础的减少往往对穷人而言成本更加高昂。反过来讲，生计的不可持续性会进一步使人们在绝望中以短期行为开发土地、水，并过度利用资源，从而使得已经非常脆弱和有限的环境基础受到更大的压力，有时候甚至超过了修复和再生的可能性（普兰纳布·巴德汉和克里斯托佛·尤迪，2002）。

因此，很多国内外学者将发展中国家的环境遭到不断恶化的原因归咎于人口压力造成的农村人口的不可持续性或者贫困。也就是在传统的农业技术下，适宜耕作的土地供给随着人口增长变得越来越短缺，穷人为了生计被迫耕种山区脆弱的土地，造成很高的土壤侵蚀发生率。而且，他们被迫砍伐森林以获得木材、薪柴和在草地上放养牲畜，超过了这些自然资源的再生能力。正是在这样一种环境中造成了可怕的贫困的恶性循环。贫困造成了营养不良，削弱了贫困人口的工作能力，妨碍了他们获得工资就业的机会。因而贫困人口被迫更多地依赖开发边际土地上的脆弱的、产权不确定的自然资源（速水佑次郎和神门善久，2008）。

按照传统的观点，贫困人口通常对自然资源的依赖程度更大，因此，贫困和环境之间的关系应该是一种向下的螺旋关系，即贫困会导致环境退化，环境退化又会导致贫困，造成恶性循环。例如，威廉·卡文迪许（William Cavendish，1999）通过对赞比亚南部地区的研究证实了这一规律。丹尼格和明顿（Danig and Minton）基于1991年的农业普查和1990年的人口普查的社会经济数据，以及土地利用、土壤类型和植被覆盖数据，运用两阶段柯布—道格拉斯生产函数，估计了砍伐森林的影响因素，研究发现大规模森林砍伐的主要原因是小农经济对农地的需要。根据联合国环境规划署委托合作的全球调查，在1945年以来的50年间，土壤退化面积约20亿公顷，或约占世界植被总面积的17%。大约30%的退化是由毁林引起的，7%是由于过度采集燃料和饲料引起的，35%是由于过度放牧引起的，28%是由于农业活动引起的，1%是由于工业化引起的。然而，最大的原因是贫困人口的自然资源的开发（速水佑次郎和神门善久，2008）。国内学者郭来喜（1995）通过对中国591个贫困县分布数据，描绘出一幅贫困与环境应对图，将中国的生态环境划分为中部山地高原环境脆弱贫困带、西部沙漠高寒高原环境恶劣贫困带、东北平原山区环境及老革命根据地孤岛型贫困带，所有的贫困县大多处于以上三个生态环境带（东梅和刘算算，2011）。李周（2000）对中国生态敏感地带与经济贫困地区的相关性做了定性研究，结果发现经济贫困地区与生态敏感地带的相关性很强。

二、环境、可持续生计与迁移

发展中国家制度调整的滞后性，往往会因为人民的贫困和对未来消费和收入的贴现率高而变大。即使自然资源稀缺性提高，自然资源和环境仍能通过造林、土壤侵蚀保护和净化其他排放物这样的保护和反污染活动的投资而得到适当的保护。因此，为了制止由农村贫困造成的环境恶化，政府有必要对环境脆弱地区的资源利用进行调控。然而，发展中国家政府的管理能力通常很弱，以至于无法制止大量孤注一掷的非法占地者侵占遥远地区广阔的森林和草地的做法。而且，如果有效地加强调控，穷人的生计就没有了来源。短期的救济措施，如食品、水和医疗服务的公共配给，对营救穷人摆脱贫困的陷阱来说可能是必要的。然而，解决这个问题的根本办法应该是通过改进已投入使用的有限土地的生产率来增加就业和收入。如果不把以资源为基础的传统农业转换成以科学为基础、以绿色革命为标志的现代农业，这个办法就不可能行得通（速水佑次郎和神门善久，2008）。

在资源缺乏将导致经济贫困—环境破坏—经济再贫困的恶性循环的假设前提下，贫困通常被认为是造成环境问题的主要原因，而短期或长期的迁移又通常被认为是打破这种恶性循环的有效手段之一（东梅和刘算算，2011）。

由于人口的大幅度增加导致了人口对于自然环境的超额索取，从而造成环境的破坏，环境的破坏又迫使超载的人口迁移。如果情况果真如此，那么移民就应该是解决贫困问题的有效方法。然而，这需要大量来自实际的证据。因为在全球生态环境继续恶化、气候变暖的情况下，即使没有人为因素作用，生态环境恶化也可能是不可避免的。在中国现有体制下，政府诱导或者协助环境恶劣地区的人口迁移有可能是有效的途径。例如，根据布朗和摩尔（1980）的人口迁移决策模型，人们在决定是否搬迁时首先考虑的是迁入地拉力、迁出地推力和迁出阻力。当前二者的合力大于迁出阻力时，此时政府如果能够帮助提供支持，就会吸引人们产生搬迁，从而减轻生态环境压力（东梅和刘算算，2011）。当然，移民作为脆弱性人口的一种生存策略，需要考虑诸多方面才能作出所谓理性的决定。

三、迁移战略

在国外，一般将环境难民（environmental refugee）、环境移民（environmental migrant）、生态难民（eco-refugee）、气候难民（climate refugee）、环境迁移人（environmental displaced persons）等称为生态移民，即因环境破坏或者为了保护环境而发生的移民。1980～2000 年，全球有 1.4 亿人口因 3 559 起自然灾害失去家园而被迫迁移，其中超过 97% 的人口居住在发展中国家。1994 年召开的一场以“荒漠化与迁移”的联合国座谈会议中有学者指出，因土地沙漠化造成全球的移民数量每年以 300 万人的速度持续增长（税伟等，2012）。

我国的生态环境问题可能更多地来源于不合理地开发利用自然资源所造成的生态环境破坏。20 世纪后半叶开始，内蒙古草原地区处于持续的退化、沙化状态，特别是在 20 世纪 80 年代～90 年代又经历了一次加速的退化。到 90 年代末，内蒙古草原生态危机逐渐暴露并升级，内蒙古各地区连续出现旱灾、蝗灾等自然灾害，迫使草原畜牧业的发展陷入窘境。严重的生态环境危机引起了严重的发展危机，因生态环境恶化而致贫、返贫以及产生的相关社会问题尤其突出。因此，生态环境承载能力的有限性和农牧民生计与发展之间的矛盾，成为政府和学术界共同关注的焦点。为了应对草原生态环境危机，各级政府出台了许多生态治理政策，例如草畜平衡、禁牧、休牧和轮牧以及生态移民等。相比而言，生态移民政策可以说是政府投资力度最大、引起社会争议最多的一种。自生态移民政策实施以来，生态移民在各少数民族地区均有不同程度的开展。各地实施的生态移民模式、内容等方面尽管有一定的差异，但却有共同的特征，即，生态移民是将边疆少数民族牧区的人口迁移出去，对草原进行围封禁牧自然恢复，以便解决草原生态环境问题。在各级政府的扶持下，将少数民族人口安置在符合城镇化要求或者土地和水资源等丰富的农村地区，改变传统的放牧方式，迁移出来从事第一、第二、第三产业，实现脱贫致富，解决当地的经济社会发展问题（包智明和任国英，2011）。

第二节　生态移民政策实施

一、国内生态移民政策实施

按照消除贫困、发展经济和保护生态环境的目的来衡量，我国的生态移民源自异地扶贫。异地扶贫工作开始于20世纪80年代的宁夏西海固地区、甘肃以定西为代表的中部干旱地区和河西走廊地区的农业建设计划，针对当时的宁夏、甘肃部分地区植被破坏、生态环境恶化、人民群众生活困难现状，1983年中国政府开始实施为期10年的农业计划，并且每年专项拨款2亿元，进行区域综合性扶贫开发，试行吊庄移民（色音和张继焦，2009）。

1994年，国家开始实施“八七扶贫攻坚计划”，异地扶贫随之得以展开。大部分地区都推进了以脱贫致富和保护生态环境为目标的生态移民或者称为异地扶贫的试点，重点地区包括宁夏、内蒙古、云南、贵州等自然条件比较差、贫困发生率比较高的省份（自治区）。1996年，广东、江西、湖北、陕西、山西、吉林、辽宁等省份也将生态移民纳入扶贫计划中。

宁夏是我国最早开展生态移民的省份之一。自1983年起至今，宁夏移民实现了由单纯的扶贫移民向扶贫与生态修复并重的转变。2001年，《关于异地扶贫搬迁试点工程的实施意见》中指出：在西部地区开展异地扶贫搬迁试点，是在新形势下探索21世纪扶贫工作的新途径，也是促进西部地区生态环境改善的一个有益尝试。通过试点，在解决部分贫困群众脱贫和恢复改善迁出地生态环境的同时，积极探索、总结开展异地扶贫搬迁工作的主要形式、基本特点、主要方法和经验教训，为今后的推广打好基础。2001年，国家针对宁夏、内蒙古、贵州、云南四个省（自治区）部分生活在条件严酷、资源匮乏、生态恶化地区的贫困人口，实施异地扶贫搬迁，以达到扶贫和生态修复的双重目的。《宁夏中部干旱带县内生态移民规划提要（2007年—2011年)》（2008）指出，截至2006年，在扶贫扬黄灌溉工程红寺堡灌区、固海扬水扩灌区、盐环定扬水灌区、山区库井灌区和农垦国营农场等地共建设移民安置区21处，累计安置移民9.4万人。从2007年开始，政府规划利用5年时间，投入28.42亿元，建设42个移民安置区，开发和调整土地面积35.11万亩，搬迁移民46 382户206 829人，涉及6县（区）520个自然村（李培林，王晓毅，2013)。

《宁夏“十二五”中南部地区生态移民规划》（2011）指出：“十二五”期间，宁夏回族自治区政府决定投资105亿元对中南部地区7.88万户34.6万人实施移民搬迁，涉及原州、西吉、隆德、泾源、彭阳、同心、盐池、海原、沙坡头等9个县（区）91个乡镇684个行政村1 655个自然村。中南部以生态移民和劳务移民为主要形式，规划建设安置区274个，其中，生态移民安置区234个，安置移民5.87万户25.95万人，占移民总规模的75%；劳务移民安置区40个，安置移民2.01万户8.65万人，占25%。坚持县内县外安置相结合，以县外安置为主。根据迁入区条件，综合考虑城市化率、农民人均纯收入、城镇居民人均可支配收入、人均GDP、人均地方财政收入、人均灌溉耕地面积以及第二、第三产业吸纳劳动力能力等七个方面的因素，计划县外安置5.04万户22.49万人，占移民总规模的65%。在考虑耕地资源、扬黄灌区和库井灌区节水改造、新增水源、降水量等因素的基础上，计划县内安置移民2.84万户12.11万人，占移民总规模的35%。

内蒙古自治区从20世纪90年代开始，出现了真正意义上的生态移民。生态移民工程以盟（市）级为基本规划部门，以旗（县）为承办法人实施。"十五"期间，内蒙古自治区计划移民65万人，其中从牧区移民28.3万人。从缺乏生存条件的贫困地区移民40万人，从生态建设项目区搬迁移民25万人（色音和张继焦，2009）。

2001年，内蒙古自治区出台的《关于实施生态移民和异地扶贫移民试点工程的意见》指出：按照统筹规划、因地制宜、实事求是、分类指导、分步实施的方针，坚持迁得出、稳得住原则，制定支撑政策，加快移民工作步伐，实现迁出区绿起来，迁入区富起来的可持续发展战略目标。强调六个结合，即移民工作要与产业结构调整相结合，移民工作要与撤乡并镇和小城镇建设相结合，移民工作要与"五通工程"相结合，移民工作要与社会事业基础建设相结合，移民工作要与小康住房工程相结合，移民工作要与生态建设相结合。

2011年，《国务院关于进一步促进内蒙古经济社会又好又快发展的若干意见》指出，推进草原生态保护与建设，在全国退牧还草工程建设中继续把内蒙古作为重点。全面落实草原生态保护补助奖励政策，严格执行草畜平衡、休牧、轮牧制度，对严重退化、沙化草原实行禁牧。启动实施呼伦贝尔草原草甸、科尔沁草原、阴山草原、阴山北麓草原等重点生态功能区保护与建设工程。推进草原牧区基础设施建设，发展设施畜牧业和人工草场，稳步实施生态移民，培育后续产业。

时任内蒙古自治区人民政府主席巴特尔强调，20世纪90年代开始，大规模的生态建设和生态移民全面铺开。进入21世纪以后，内蒙古的生态文明建设进入新阶段。草场禁牧、休牧、划区轮牧和草畜平衡制度实现了全覆盖，草原平均植被覆盖率已从2001年的30.58%恢复到2013年的43.1%。沙尘天气影响范围、强度、持续时间显著下降。生态总体恶化的趋势已经趋缓，重点治理区明显改善，为建设美丽内蒙古奠定了坚实基础。推进生态移民，为生态修复创造先决条件。牧区人口与牲畜大幅度增长导致过牧超载是造成草原过度利用、生态恶化的重要原因。要从根本上解决生态保护问题，必须按照社会与生态协调的要求，下决心把一部分牧民转移出来。要合理确定广大牧民的草场承包权益及其生态价值，对他们进行足量的经济补偿、稳定的就业保障和充分的就业培训，帮助他们转移到生产生活条件较好的地区就业和生活。要与新型工业化、新型城镇化和新农村、新牧区建设相结合，让更多的转移人口进城镇、进企业，成为城市居民、企业员工，真正使他们“移得出、稳得住、能致富”。要严格禁止新的人口流入并对以往非正常流入人口进行清退或多方式转移，从源头上减轻草原牧区和生态恶劣地区的人口压力。

二、调研牧区生态移民政策实施

（一）达茂旗牧区生态移民政策实施背景

本书所选择的调查地区为内蒙古边疆牧区少数民族聚居区之一，内蒙古包头市达尔罕茂明安联合旗（以下简称达茂旗），是内蒙古自治区 19 个边境旗市和 33 个牧业旗之一。

达茂旗地处内蒙古自治区中部，阴山北麓的乌兰察布高平原，北与蒙古国接壤，东与乌兰察布市的四子王旗相连，南依阴山山脉与呼和浩特市武川县、包头市固阳县交界，西与巴彦淖尔市乌拉特中旗为邻。地理坐标为北纬 41.20°～42.47°，东经 109.16°～111.25°，南北纵深 160 千米，东西跨度 150 千米，总面积 18 177 平方千米（霍擎，2008）。

达茂旗位于干旱、半干旱生态脆弱地区，降水量少，且季节差异比较大，年平均降水量为 256 毫米，蒸发量高达 2 200～2 800 毫米，是降水量的

8～10倍多。全年主要风向为北风和西北风，7～8级大风日数为6～7天，沙尘暴日数为20～25天。自然条件恶劣，生态环境脆弱。由于气候变化异常，年均积温升高，无霜期延长，土壤墒情下降，大风日数增加。大风和沙尘暴等将大量肥土流失，土壤有机成分下降，甚至将牧草连根拔起，使草场严重破坏。近年来，以干旱为主的自然灾害频繁发生，尤其是沙尘暴发生的频率加快、强度越来越大，由此造成严重的土地退化现象。从1990年起，达茂旗风蚀荒漠化面积不断在增加（具体演变见表3－1），2008年土地风蚀荒漠化总面积为143.98万公顷，占全旗总土地面积的79.21%。风蚀荒漠化主要分布在南部低山丘陵农牧林区，它处于阴山北麓丘陵区风蚀沙化带的西端，是内蒙古最严重的风蚀沙化地带之一（霍擎等，2011）。

表3－1　　达茂旗风蚀荒漠化面积变化　　单位：万公顷

年份	风蚀荒漠化面积	轻度风蚀荒漠化	中度风蚀荒漠化	重度风蚀荒漠化
1990	144.17	42.43	98.64	3.10
2000	144.24	42.15	97.98	4.11
2008	143.98	42.58	97.03	4.37

资料来源：霍擎等：《基于RS与GIS的达茂旗土地荒漠化动态监测》，载于《安徽农业科学》2011年第7期。

达茂旗是国家北方重要生态防线，是一个以荒漠草原为主体的天然放牧草场（徐海源，2006）。20世纪60年代初，达茂旗具有优良的牧场。但是，随着人口和牲畜的不断增加，因自然因素和社会因素，同时干旱年份的延长，牧区草场遭到了不断退化的风险。表3－2统计描述了达茂旗自1960年以来草原生态环境演变趋势情况。60年代初，可利用草场面积数量比较多，但是，到了2008年，退化草场面积达到了136.24万公顷。

表 3－2　　达茂旗草原生态演变趋势

时间	人口（万人）	草场面积（万公顷）	可利用草场面积（万公顷）	耕地面积（万公顷）	退化沙化草场面积（万公顷）
1960～1969 年	7.02	167.53	166.28	8.68	—
1970～1979 年	9.16	164.8	150.39	8.91	—
1980～1989 年	10.44	164.26	149.32	8.32	64.43
1990～1999 年	11.08	165.73	143.00	8.30	80.63
2000 年	10.97	165.74	149.32	9.06	129.94
2008 年	12.04	154.97	139.47	7.37	136.24

资料来源：霍擎等：《基于 RS 与 GIS 的达茂旗土地荒漠化动态监测》，载于《安徽农业科学》2011 年第 7 期。

草原是放牧型草原畜牧业生产的物质基础，又具有维系生态平衡的重要功能。达茂旗草场超载过牧现象日益严重（具体见表 3－3）。与草地生产力变化不相吻合的四季放牧利用方式对草原环境产生了极大破坏。致使天然植被无法得到充分地休养生息，生产能力急剧下降，草原生态环境遭到日益恶化和严重退化。当然，造成了草原生态环境日益恶化的另外一个原因是人口的急剧增加，造成了牲畜头数不断增加，耕地面积扩大、盲目开发、无序利用等加快了人类对草原生态环境的破坏（霍擎，2008）。

表 3－3　　春季载畜量对比　　单位：绵羊单位

年度	1995～1996	1996～1997	1997～1998	1998～1999
适宜载畜量	102.3	91.1	89.59	65.4
实际载畜量	102.9	106.4	109.7	109.9
超载率（%）	0.59	16.79	22.57	68.04

资料来源：霍擎：《达茂旗土地荒漠化动态变化及其驱动因子分析》，载于《阴山学刊》2008 年第 1 期。

包头市达茂旗是内蒙古自治区重要的牧业旗县之一。达茂旗位于内蒙古自治区中西部地区，处于半干旱草原向荒漠草原过渡地带，而半干旱草原向荒漠草原过渡地带是荒漠化发展最快的区域，是京津地区的沙源地。属于干旱、半干旱气候条件，自然条件恶劣、生态环境脆弱。在长期的自然和人为因素的综合干扰下，土地退化日趋严重，如风蚀沙化、水土流失、土地盐渍化、草地退化、耕地肥力下降等，致使土地生态系统平衡状况失调，严重地阻碍了农牧业生产和社会经济的发展，对农牧民的生活和生存状况构成了威胁（霍擎等，2011）。为构筑祖国北疆绿色生态屏障，2007 年，内蒙古包头市作出了“收缩转移集中”的战略部署，全面实施了禁牧转移保护北部草原的生态工程。

（二）达茂旗生态移民政策实施内容

在草原生态环境保护政策背景下，达茂旗政府在国家重点生态工程项目区以及自然保护区，严格实行禁牧，确保项目建设的成果。对于严重沙化退化及生态脆弱的地区，严格实行禁牧，确保生态的自然恢复。对草原畜牧业，严格实行草畜平衡制度，全面推行禁牧、休牧和轮牧。对农区和半农半牧区畜牧业，严格实行禁牧，全面推行舍饲圈养。同时，建立农区全面禁牧长效管理机制，立足现有资源，全面发展农区舍饲畜牧业，巩固农区禁牧成果。从 2008 年 1 月 1 日起，达茂旗还对牧区天然草场实施全面围封禁牧，切实加大林草植被的自然恢复力度，对牧区 2 357 万亩草场实行了为期 10 年的全面禁牧。突出抓好牧区封育禁牧转移安置工作，按 1997 年牧区草牧场二轮承包到户的草场面积，连续 10 年给予禁牧区牧户禁牧补贴，并配套实施转移安置、生活、养老保险三项补贴和最低生活保障、合作医疗、助学、就业培训四项制度。加大宣传引导力度，认真落实“三个集中”，坚持向城镇和水源富集区转移集中农牧业人口，收缩生产活动范围，重新构筑草原保护机制和生态建设长效机制，彻底改变靠牺牲生态环境换取经济利益的做法，走可持续发展之路。实施牧区生态移民的具体措施[①]包括以下几个方面。

第一，实施减少牲畜和转移牧民的政策。将1/3的牧民安置在养畜较好的23个生态移民园区和8个饲草料基地，主要鼓励牧民从事牲畜的舍饲圈养和高效精养。将其余牧民转移到城镇地区从事第二、第三产业。按照计划，2008~2010年共转移安置牧民6 620户2万余人。

在2008年，共安置3 092户9 199人，占总户数的46.7%，其中，23个移民园区安置1 361户4 049人，8个饲料基地就地安置，迁往外地常年居住852户2 535人。2008年，根据包头市人民政府《关于实施围封禁牧加强生态建设的决定》《达茂联合旗人民政府关于印发2008年工作要点通知》的要求，达茂旗启动生态移民住宅小区工程。该小区位于达茂旗百灵庙镇河东区A区，共建设1 221套住房，建筑面积达93 000平方米。该项目预计投资1.18亿元，由政府补贴和牧民自筹相结合解决，其中政府出资补贴3 000万元，其余部分由牧民自筹。

在2009年，共安置2 204户6 557人，占总户数的33.3%，其中，百灵庙镇生态移民小区安置1 221户3 633人，白云区生态小区安置261户776人，百灵庙镇及旗外安置722户2 148人。

在2010年，共安置1 324户3 942人，占总户数的20%。希拉穆仁镇依托草原旅游安置350户1 041人；在满都拉镇依托口岸贸易安置300户893人，在巴音花镇依托煤田安置200户595人；在达尔罕苏木依托民俗旅游安置74户217人；在白云区依托工矿企业安置400户1 196人。

第二，全面实施了草场、养老、住房、教育、医疗等一系列补贴政策。每亩草场每年补贴5元。60岁以上的牧民，每人每月享受200元养老补助。对搬迁进入中心镇和建制镇的牧户，政府统一规划建设生态移民小区，牧民

① 资料来源：达茂旗制定的《牧区禁牧工作实施方案》。

以成本价购房，并享受1万~3万元补贴；牧民子女从小学到高中全部实行免费教育；对专科生和本科生每人每年分别补贴2 000元和5 000元。医疗、最低生活保障全覆盖。同时，对进城入镇从事第二、第三产业的牧民，政府组织免费培训，推荐就业、扶持创业。

2013年制定的《包头市达茂联合旗2013年生态脆弱区移民扶贫搬迁工程实施方案》获得批复，该工程项目涉及达茂旗8个苏木（乡镇）26个行政村41个自然村705户2 065名农牧民，占包头市转移安置人口的51.6%。该工程总投资13 691万元，转移安置农牧民的标准为每人1.5万元。主要内容包括移民住房建设、农田水利、劳务产业、特色产业、公共服务和生态建设六个方面。通过实施移民搬迁，移民生产生活明显改善，公共服务能力达到全区平均水平，初步形成以特色种养收入为基础、劳务收入为主体的新格局，实现农牧民自我发展能力、就业和增收水平的提高，确保农牧民生产生活条件明显改善、收入稳定持续增长、支撑产业逐步成形。选择将通过适度集中就近安置、特殊人群敬老院安置、因地制宜插花安置、劳务移民无地安置等安置模式迁移到有水、可集中规模开发的区域，产业基础和发展条件较好且具备小村合并、大村扩容的沿路村庄，以及苏木（乡镇）所在地、产业化园区等10个地点建设新村。

第三节　生态移民生计脆弱性形成机制

通常，一些机构或者学者对贫困进行研究时，会将贫困看作是一种特殊的脆弱性。例如，强调风险的脆弱性可能在遥远的地区更大。这个风险脆弱性类似于冲击脆弱性的概念以及将脆弱性看作是贫困的原因。许多风险的来源——这些风险使得家庭更加可能遭受冲击以及经历一种资产的侵蚀，加深他们未来冲击的脆弱性以及损害他们脱贫的能力（Bird et al.，2002）。这种风险和脆弱性的线性描述（风险—冲击暴露—资产侵蚀—冲击脆弱性增加—转移到或者贫困的持续）蕴含着脆弱性作为贫困成因、构成及征兆的含义。

风险能够被划分为这些影响大量人群由于地理位置或者特殊活动（同时也指共质风险）以及那些对于个体或者家庭的特殊风险（也可以指异质风险）（Devereux，2001；Sinha and Lipton，1999）。这是风险和不确定性的范围，可能包括宏观（国际），中观（国家）以及微观层次（个体）（Devereux，2001）。

风险是脆弱性家庭所面临的各种自然环境和社会环境等外部环境。风险这一名词常出现于人们工作和生活的各个方面，既有客观的属性，同时也表现出人们的主观判断。风险属性的复杂性决定了研究者对风险概念的界定并不统一。一般来说，风险是指某一事件发生的不确定性，包括两方面内容，一是低于预期的结果，即损失；二是高于预期的结果，即收益。风险是事件发生的实际结果与预期结果偏离的可能性，表示为实践的不利结果及其概率的函数：$R=F(Q,\ P)$，其中 Q 为不利结果，P 为不利结果出现的概率（陈传波和丁士军，2005）。

农户所面临的风险是指农户未来可能面临的生产和生活方面的意外变化，这种变化会导致农户收入或支出的意外变化，从而使农户的生活陷于困境。从导致风险的因素来看，农户所面临的风险包括：（1）自然风险，是指各种自然因素（如异常天气、病虫害等）所导致的农户收支变化；（2）市场风险，是指产品市场和要素市场的价格波动所导致的农户收支变化；（3）疾病风险，是指较为严重的疾病给农户带来的收支变化；（4）政策风险，是指政府政策变化可能给农户带来的收支变化（马小勇，2006）。单独从自然灾害风险来看，联合国国际减灾战略（UN/ISDR）给出“灾害风险”的定义，是指自然或者人为灾害与承灾体脆弱性条件之间的相互作用而产生的损失（包括财产、人、生计、受到破坏的环境）的可能性。通常，自然灾害风险可以利用公式来表示：灾害风险 = 致灾因子危险性 × 承灾体脆弱性，在公式中，致灾因子危险性是指造成灾害的自然变异程度（张继权等，2005），主要由灾变活动强度和活动频率决定。如果灾变强度越大，频率越高，那么灾害所造成的破坏损失程度就越严重，灾害的风险也越大。承灾体脆弱性是综合反映承灾体承受致灾因子打击的能力，它与承灾体自身的物质成分、结构以及防灾减灾处理能力大小有关系。脆弱性越低，灾害损失越小，灾害风险越小（邹銘等，2010）。

对于生态移民来说，除了一般农户所呈现出的同质和异质风险，例如自然灾害风险、家庭劳动力疾病等一些风险之外，对于微观生态移民家庭而言，还面临着一种外部冲击，即生态移民政策实施，在实践中包括生态移民补偿机制、生态移民安置地点选择、生态移民安置模式选择、生态移民安置区管理等宏观因素。这些因素会影响着生态移民生计策略以及生计模式选择，进而决定他们获得维持可持续生计的生计资源。

当然，在风险等外部因素的冲击下，家庭尤其是那些贫困家庭出于“安全第一”的原则，呈现出一种风险规避的特征，家庭会充分利用家庭生计资源，以采取各种应对风险的行为来规避和抵御及处理各种风险，进而防止家庭陷入贫困状态，我们将家庭所采取的这些策略称为风险管理或者抵御机制。因此，家庭在风险的冲击下是否容易陷入贫困状态决定于外部风险的特征与暴露程度以及家庭风险管理的有效性，进一步，风险管理的有效性程度决定于家庭是否采取了有效的风险管理策略和机制（郃秀军和李树茁，2012）。简单来说，如果具有比较弱的风险抵御机制的家庭暴露于较强的风险冲击时就比较容易陷入贫困，那么，我们称这种家庭生计是脆弱的，相反，那些具有比较强的风险抵御机制的家庭即使遭遇到很强的风险冲击也不容易陷入贫困，那么该家庭生计不具有脆弱性。

那么这种风险抵御机制又受到何种因素的影响？莫泽（Moser，1998）强调指出：脆弱性分析不仅包括识别威胁，而且在利用机会，抵制或者从一个变化环境负面影响中恢复的弹性或者反应。抵御方法是个人、家庭或者社区在面临困境时能够调动以及管理的资产以及权力。拥有更多资产人群其脆弱性较小，人们的资产侵蚀越多，他们就越不安全。这个也同时集中于承认风险的结果依赖于个人、家庭以及利益组织或者社区如何对风险作出反应。

从这样的分析思路看，脆弱性有两个方面：一个是风险、冲击以及个体所遭受到的压力的外部方面；一个是无防卫性的内在方面，意思是缺少没有损失的处理手段（Chambers，1989）。进一步讲，一个拥有丰裕资产或者收入来源渠道广泛的家庭，在风险冲击下，往往比较容易应对，相反，那些资产匮乏或者收入来源十分单一的家庭，在风险冲击下没有可以利用的资源来应对各种风险，结果往往会陷入贫困状态，具有比较高的脆弱性。因此，家庭的脆弱性决定于家庭的风险抵御能力，而这种能力来自家庭所拥有且可以有效配置的各种资源。正如阿玛蒂亚·森所提出的基本可行能力的剥夺是造成贫困的重要原因。基于此，本书可以利用测度生态移民家庭生计资源存量来衡量生态移民的生计脆弱性程度。

基于以上分析，不难推断，生态移民生计脆弱性的形成来自外部和内部两个层面。外部方面包括生态移民所遭遇到的同质和异质风险冲击、迁移转型过程中所面临的各种困境以及生态移民政策的实施。外部层面所遭遇的各种风险往往会给生态移民带来负面的影响，特别是生计转型方式变革过程中所产生的生计困境，而生态移民政策等相关内容也可能会给生态移民带来负面的影响，例如生产方式的选择失误、技术提供失败以及资金不到位等所带来的生态移民的生产转型失败；生态移民政策等也会给生态移民带来正面的推动帮助作用，例如帮助生态移民进行职业培训、就业指导、生产技术指导以及免息贷款等，都会顺利保障生态移民进行生计转型，但不论是负面影响还是正面影响都是生态移民无法左右的政策实施。内部方面就是适应性能力，而这种能力就是生态移民凭借其所拥有的生计资源如何适应外部环境的变化以朝向家庭的可持续发展方向所采取的各种生计模式和生计策略。例如，有些生态移民家庭可能会采取多样化的生计策略作为维持其生计的主要生计策略，而有的生态移民家庭可能生计策略比较单一。内部方面的本质可以体现出家庭的能力，即如何应对各种外部影响的能力以期维持其生计。生态移民生计脆弱性的形成来自外部的负面冲击以及内部家庭能力的缺乏。

第四节　生态移民生计脆弱性分析框架构建

一、可持续生计分析框架与脆弱性分析框架融合

1997 年 DFID 的白皮书承认社会经济因素在人类的灾害脆弱性中的重要性。白皮书列出了灾后生计重建和保护以及减少未来灾害脆弱性的目标。白皮书的一个关键成分是作为人们特别是贫困人口凭借社会经济因素保障他们的生计条件以促进可持续生计的手段。DFID 已经同时阐明了人道主义政策：第一，拯救生命和减少痛苦；第二，加速恢复，保护和重建生计与社区，减少风险和未来危机脆弱性（Cannon T.，Twigg J.，Rowell J.，2003）。

脆弱性分析能够被包含进许多可持续生计支持政策方面，例如自然灾害脆弱性的减少被包含进正常的“事前”贫困发展活动中，成为一种人道主义工作的整体部分，以至于，这里从灾害减少到灾害预防的变化，灾害预防被很好地整合到发展支持的主流中；通过运用脆弱性分析，在紧急情况预防的操作和贫困减少方面，能够使得 DFID 的人道主义工作更加紧密与 SL 方法整合。所有的脆弱性变量本质上与人们的生计相联系（较低的脆弱性是可能的，当生计是充足和可持续性），与贫困相联系（在大多数灾害中，与其他群众相比，贫困家庭高脆弱的概率更高，因此生计恢复力更低。）（Cannon T.，Twigg J.，Rowell J.，2003）。

农户可持续生计分析框架的目的是减少贫困以及区分贫困是否受到损害

的真正原因，脆弱性分析框架的研究目的是帮助群体识别危害以及强化群体能力以使其免遭损害（而这些群体通常并不是最贫困的）。尽管如此，但是，二者的最终目标是改善那些弱势群体的生计。通过对生计脆弱性内容的检验，可持续生计分析框架加入脆弱性的动态属性的处理且承认了生计的变化属性。我们对某个群体脆弱性的理解，需要理解历史压力以及如何影响群体的生计，同时，需要识别群体脆弱性灾难的来源及成因，以及未来潜在灾难如何影响群体可持续生计（Roberts M. 和杨国安，2003）。

二、生态移民生计脆弱性分析框架的构建

依据生态移民生计脆弱性形成机制以及农户可持续生计分析框架与脆弱性分析框架的可融合性，本书借鉴 DFID（2000）、邓肯（Derncon，2001）、陈传波（2005）以及吴海涛和丁士军（2013）构建的可持续生计与脆弱性分析框架，并结合调研地区生态移民政策实施情况，构建了生态移民生计脆弱性的分析框架，具体形式见图 3－1。

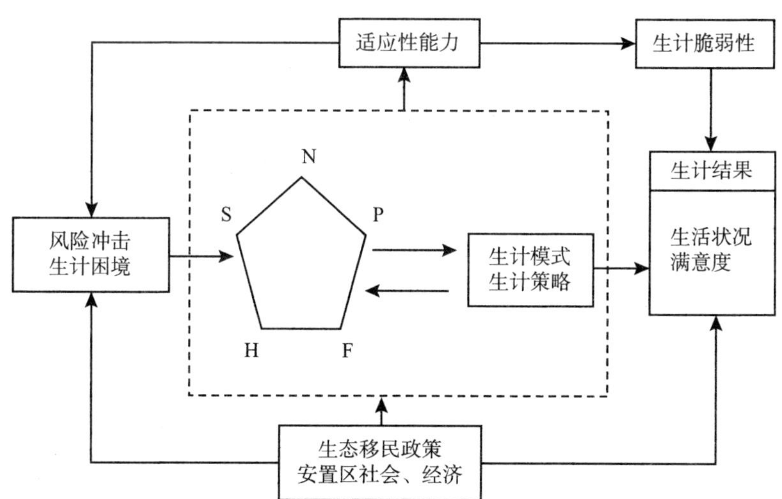

图 3－1　生态移民生计脆弱性的分析框架

图3－1显示了生态移民生计脆弱性形成分析框架，核心思想是以生态移民家庭为考察和研究对象。生计脆弱性程度决定于外部冲击的外部因素和适应性能力的内部因素。外部冲击包括生态移民所遭遇的各种同质风险和异质风险以及生计转型进程中所遇到的困境。生态移民政策包括生态移民草原生态环境保护机制、生态移民安置地点选择、生态移民安置模式以及生态移民安置区社会经济状况等。内部因素是生态移民适应性能力。适应性能力是由生态移民生计模式和生态移民生计策略两部分构成，生态移民会凭借生态移民所拥有的生计资源进行合理的组合，会采取不同的生计策略和生计模式，进而来适应外部因素不确定性对生态移民家庭生计福利的影响。这个生计福利就是生计资本禀赋，包括物质资本（P）、自然资本（N）、人力资本（H）、金融资本（F）以及社会资本（S）。生计资本储备多寡影响着生态移民适应性生计策略的采取。正如本章对生态移民生计脆弱性形成机制的理论分析，例如，图达韦（Tudawe，2002）认为金融资本的缺乏限制了贫困人群管理风险和脆弱性的能力。生态移民生计资本禀赋是衡量生态移民生计脆弱性的重要指标。

第五节　本章小结

本章首先从环境、可持续发展与迁移进行了理论阐述，分析了国内外与环境有关的非自愿移民的动因以及迁移战略的提出和实施。其次，重点分析了我国生态移民政策的实施背景及一系列重要的生态移民政策实施规划与措施，再次，从外部和内部两个方面分析生态移民生计脆弱性的形成。外部方面包括同质和异质风险以及转型困境和生态移民政策实施，内部方面包括生态移民生计转型能力。最后，通过理论和文献述评，讨论可持续生计分析框架与脆弱性分析框架的融合，结合现有研究框架以及生态移民实际状况，本书构建了生态移民生计脆弱性的分析框架。

第四章
生态移民宏观生计背景

依据生态移民生计脆弱性分析框架，生态移民生计资本的获取、生计模式的选择、生计风险应对策略选择以及生计脆弱性程度等都会受到一定的自然、社会和经济等宏观背景的影响。本章主要基于调研数据，从调研地区经济和社会发展状况来考察生态移民的宏观生计背景。

第一节　生态移民安置区经济发展状况

一、经济发展趋势

进入21世纪以来，包头市达茂旗进入快速发展时期。图4－1统计描述了达茂旗2007年到2017年地区生产总值变动情况。地区生产总值从2007年的653 417万元增加到2017年的2 183 640万元，增长了3.3倍，见图4－1。人均GDP从2007年的65 363元增加到2017年的225 324元，增长了3.4倍。

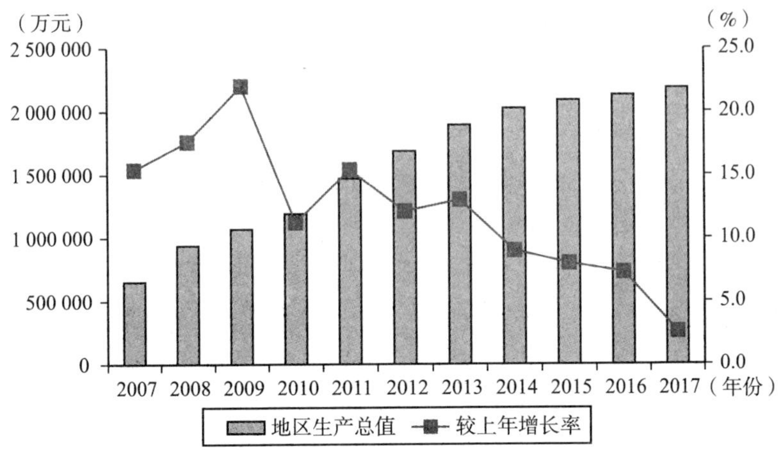

图 4-1　达茂旗地区生产总值及增长率变化趋势

资料来源：2007～2017 年各年的《内蒙古统计年鉴》。

二、产业发展状况

产业发展是地区经济发展重要的衡量指标。在经济发展过程中，达茂旗产业结构在得到不断的调整。三次产业结构见图 4-2，由 2007 年的 11∶65∶24，逐渐演变为 2017 年的 7∶59∶34。

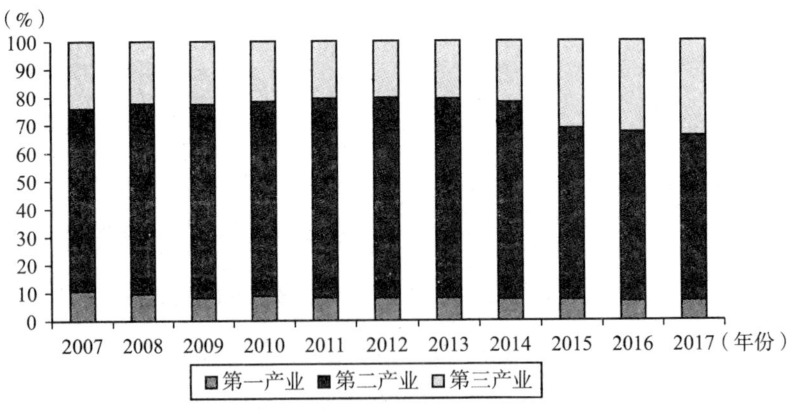

图 4-2　达茂旗三次产业构成演变趋势

资料来源：2007～2017 年各年的《内蒙古统计年鉴》。

在第一产业发展中，长期以来，达茂旗作为边疆少数民族纯牧区之一，重点发展和打造优势特色畜牧业品牌产业，例“达茂草原羊”。表4－1统计描述了达茂旗2007～2017年年末牲畜存栏数量及结构的变化。因生态环境保护以及畜牧业生产方式转变，达茂旗的年末牲畜存栏头数处于下降趋势，从牲畜结构看，大牲畜数量显示出增加的趋势，而羊的饲养数量在趋于下降。畜牧业产业的发展主要采取建立牧业产业化园区，建立新型牲畜棚圈以及青贮窖，鼓励成立农牧业专业合作社。除了发展优势的畜牧业外，利用地理位置优越的农业园区，发展“达茂马铃薯”等优势特色农产品。

表4－1　　达茂旗年末牲畜存栏头数统计

年份	年末牲畜存栏头数（万头只）	大牲畜（万头）	羊（万只）	猪（万头）
2007	77.95	7.15	68.96	1.84
2008	59.25	6.76	50.68	1.81
2009	49.27	5.81	41.70	1.76
2010	58.84	5.72	50.75	2.36
2011	54.73	5.82	46.56	2.35
2012	54.88	6.07	4.66	2.25
2013	57.79	7.78	4.76	2.38
2014	59.44	7.83	4.92	2.39
2015	56.21	7.38	4.66	2.27
2016	52.27	5.68	4.51	1.51
2017	54.64	6.44	4.98	1.41

资料来源：2007～2017年各年的《内蒙古统计年鉴》。

在第二产业发展中，自2007年以来，达茂旗工业总产值在总量上不断增加，较上年增长率呈现出一定波动，但总体上仍处于上升趋势，工业发展趋势具体见图4－3。为了发展地区工业，达茂旗采取各种优惠政策支持各类企业发展，包括政策性补贴、信贷资金。工业发展以钢铁、矿产、风电、太阳能、水泥以及化工等为主要产业。

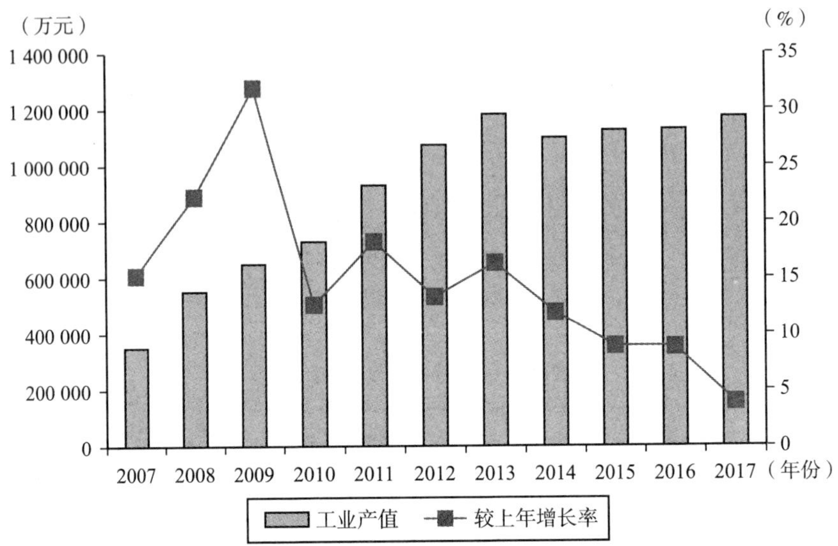

图 4－3　达茂旗工业产值及增长率变化

资料来源：2007～2017 年各年的《内蒙古统计年鉴》。

在第三产业发展中，重点发挥地方丰富的旅游资源禀赋。达茂旗具有丰富的旅游资源，包括希拉穆仁旅游核心区、百灵庙镇红色旅游区、明安镇草原英雄小姐妹爱国主义旅游区、满都拉口岸风情旅游区、达尔罕敖伦苏木古城景教文化和民俗旅游区、白云鄂博（巴润园区）矿山文化旅游区、石宝和乌克忽洞生态农业观光旅游区。图 4－4 统计描述了达茂旗 2007～2017 年第三产业的发展趋势。

三、固定资产投资状况

2007～2017 年，达茂旗固定资产投资总量在不断增加，较上年增长率同步呈现出上升趋势。图 4－5 从固定资产投资总量及较上年增长率两个方面统计描述了达茂旗固定资产投资演变趋势。

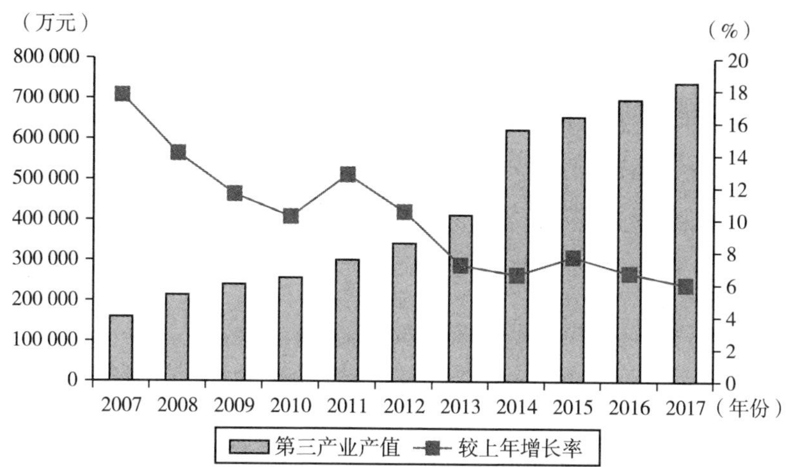

图 4－4　达茂旗第三产业产业及增长率

资料来源：2007～2017 年各年的《内蒙古统计年鉴》。

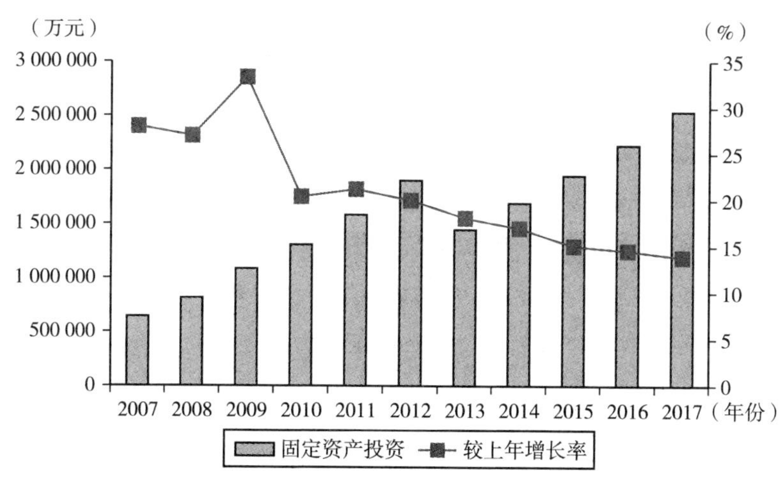

图 4－5　达茂旗固定资产投资及增长速度

资料来源：2007～2017 年各年的《内蒙古统计年鉴》。

四、财政收支状况

达茂旗的财政逐渐稳步增加。2007 年财政收入 8.94 亿元，同比增长 20.1%，财政支出 9.24 亿元。2017 年财政收入 5.5 亿元，较上年同期减少 66.84%，财政支出 19.6 亿元，较上年同期减少 31.2%。

五、人民生活水平

2007 年，城镇居民人均可支配收入为 15 315 元，同比增长 18.3%；农牧民人均纯收入 5 524 元，同比增长 14.9%。城镇居民生活恩格尔系数为 35.2%；农村居民家庭恩格尔系数为 48.5%。在岗职工平均工资 24 771 元。

2017 年城镇居民人均可支配收入为 37 223 元，同比增长 8.3%；农牧民人均纯收入 13 757 元，同比增长 8.4%。城镇居民生活恩格尔系数为 33.2%，农村居民家庭恩格尔系数为 30.1%。在岗职工平均工资 66 263 元，同比增长 -2%。

第二节　生态移民安置区社会发展状况

一、人口状况

2017 年末全旗户籍人口为 11.16 万人，自然增长率为 -0.2%。图 4-6 统计描述了 2007～2017 年达茂旗人口变化趋势。

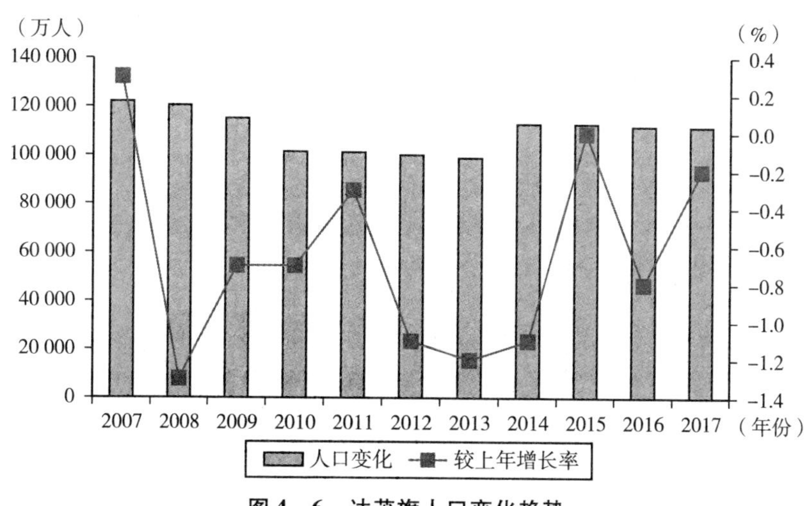

图 4-6 达茂旗人口变化趋势

资料来源：2007~2017 年各年的《内蒙古统计年鉴》。

二、教育和卫生状况

在教育方面，2007 年，达茂旗拥有幼儿园数量为 5 所，小学在校人数为 6 369 人，初中在校人数为 3 246 人，高中在校人数为 1 092 人。图 4-7 统计描述了 2007~2016 年小学教育、初中教育和高中教育在校人数分布趋势。

在医疗卫生建设方面，达茂旗医疗卫生条件在逐年得到加强和改观。2008 年末全旗共有卫生机构 28 个，其中医院、卫生院和门诊部 23 个，妇幼保健所 1 个，疾病预防控制中心 1 个，卫生宣传教所 1 个，合作医疗办 1 个，卫生监督所 1 个。卫生技术人员 299 人（不包括妇幼保健所卫生技术人数），医院、卫生院和门诊部床位 311 张（不包括妇幼保健所床位数）。2017 年，全旗卫生技术人员 533 人，医院、卫生院和门诊部床位 470 张。

为了进一步考察达茂旗教育发展状况，特别是对农牧民子女教育投资方面。本书设计了有关生态移民对于达茂旗学生教育情况的认知问题。表 4-2 统计描述了不同类型生态移民对其搬迁前后子女教育状况的认知情况。

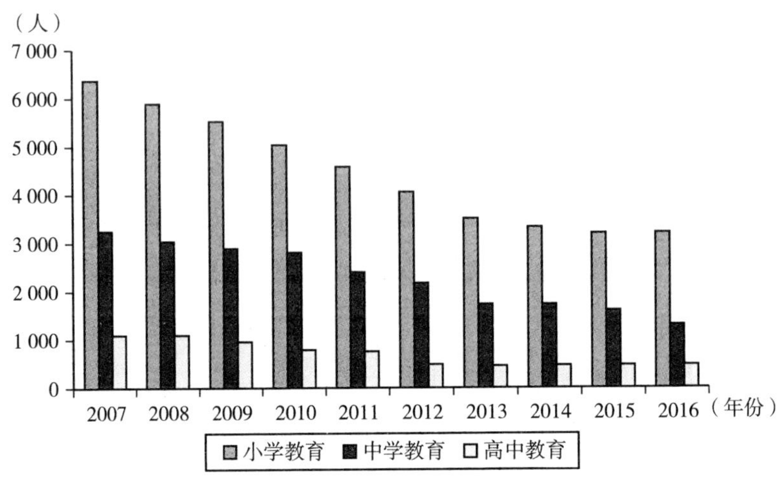

图 4-7 达茂旗各级教育在校生人数

资料来源：2007～2017 年各年的《内蒙古统计年鉴》。

表 4-2 不同类型生态移民关于子女教学条件的认知 单位：%

类型		与搬迁前相比子女教学条件		
		变好了	没有变化	变差了
平均		83.33	14.76	1.90
收入状况	最低收入组	86.79	11.32	1.89
	较低收入组	86.54	13.46	0.00
	较高收入组	77.36	16.98	5.66
	最高收入组	82.69	17.31	0.00
安置模式	农村安置	84.11	14.02	1.87
	城镇安置	82.52	15.53	1.94

从表 4-2 的统计结果看，与搬迁前相比，有 83.33% 的生态移民认为移民安置区的子女教育教学条件变好了，仅有 1.90% 的生态移民认为变差了。从不同经济状况的生态移民来看，以最低收入组生态移民的比例最高，达到了 86.79%，而相反，较高和最高收入组生态移民均较平均水平低一些，可

能的原因是，这类生态移民已经在迁移之前通过其他途径将其子女安排在安置区所在城镇上学。而那些家庭较为贫困的子女很少有这样的经济条件，因此，搬迁之后教学条件将明显改观。从安置模式类型看，城镇安置和农村安置生态移民对子女教学条件的认知差异并不是很大。在对生态移民关于生态移民安置区子女教育条件的访谈中也反映出了许多一致的评价观点，例如，“牧区需要到70多里路上学”（ID111314），“牧区距离学校远，不方便”（ID111605），“以前在这里是租房子供孩子上学，现在不用了”（ID111607），“以前上学还需要到城镇租房陪读，现在学校设施齐全”（ID111612），“镇里的学校挺好，牧区不行”（ID111114）。

在医疗卫生建设方面，达茂旗医疗卫生条件在逐年得到加强和改观。2010年末全旗共有卫生机构28个，其中医院、卫生院和门诊部23个，妇幼保健所1个，疾病预防控制中心1个，卫生宣传教所1个，合作医疗办1个，卫生监督所1个。卫生技术人员418人（不包括妇幼保健所卫生技术人数），医院、卫生院和门诊部床位423张（不包括妇幼保健所床位数）。2011年，全旗共有卫生机构33个，其中医院、卫生院23个，妇幼保健所1个，疾病预防控制中心1个，卫生宣传教所1个，合作医疗办1个，卫生监督所1个。卫生技术人员328人，医院、卫生院和门诊部床位463张。2012年末全旗共有卫生机构87个，其中：医院2个、卫生院21个，妇幼保健所1个，疾病预防控制中心1个，卫生宣教所1个，合作医疗办1个，卫生监督所1个，社区卫生服务中心1个、各类药店、诊所57个。卫生技术人员330人，医院、卫生院、社区和诊所床位数4 633张。

为了进一步考察达茂旗医疗卫生发展状况，特别是对农牧民医疗卫生投资方面。本书设计了有关生态移民对于达茂旗医疗卫生情况的认知问题。表4－3和表4－4分别统计描述了不同类型生态移民对其关于看病方便程度和医疗条件的认知情况。

表 4－3　　不同类型生态移民关于看病方便程度的认知　　单位：%

类型		与搬迁前相比看病方便程度		
		更加方便	一样	不方便
平均		86.67	10.00	3.33
收入状况	最低收入组	83.02	13.21	3.77
	较低收入组	82.69	13.46	3.85
	较高收入组	90.57	7.55	1.89
	最高收入组	90.38	5.77	3.85
安置模式	农村安置	78.50	16.82	4.67
	城镇安置	95.15	2.91	1.94

从表 4－3 的统计结果看，与搬迁前相比，有 86.67% 的生态移民认为移民安置区的看病更加方便了，仅有 3.33% 的移民感觉不方便。随着收入水平的提高，生态移民对移民安置区的看病方便程度的认可度比例提高，其中，较高和最高收入生态移民组的生态移民超过 90% 的比例认为看病更加方便。从安置模式类型看，城镇安置的生态移民认为看病更加方便的比例远远高于农村安置的生态移民。

表 4－4　　不同类型生态移民关于医疗条件的认知　　单位：%

类型		与搬迁前相比医疗条件		
		变好了	没有变化	变差了
平均		85.71	12.38	1.90
收入状况	最低收入组	79.25	16.98	3.77
	较低收入组	80.77	19.23	0.00
	较高收入组	88.68	9.43	1.89
	最高收入组	94.23	3.85	1.92
安置模式	农村安置	77.57	18.69	3.74
	城镇安置	94.17	5.83	0.00

从表4－4的统计结果看，与搬迁前相比，有85.71%的生态移民认为移民安置区的医疗条件变好了，仅有1.90%的移民感觉变差了。随着收入水平的提高，生态移民对移民安置区的医疗条件的认可度的比例相应提高，最高收入组生态移民超过90%的比例认为看病更加方便。从安置模式类型看，城镇安置的生态移民认为医疗条件变好的比例远远高于农村安置的生态移民。

从与生态移民进行深入访谈中也同样反映出了生态移民对移民安置区医疗卫生情况的意见。专栏4－1记录了调查员与生态移民进行深入交谈时的描述。从描述结果看，生态移民对安置区的卫生医疗条件与搬迁前的边远牧区进行了比较，深深地感受到搬迁后医疗卫生条件的优越性。

专栏4－1

生态移民访谈汇总——关于移民安置区医疗卫生条件

ID112144：平时有点感冒可以直接到门诊看，在牧区如果看病得去牧场看。

ID112120：距离城镇非常近，有社区医院，价格低，对牧民小区优惠。

ID112110：牧区如果有病了全靠忍耐着。

ID111603：看病可以到镇上，路近了，条件也好了。

ID111505：这里村子里就有卫生所，在牧区家距离卫生所30里路程。

ID111312：老汉得了冠心病，要是以前在牧区那么远早就不行了。

ID111105：医疗条件好，以前是赤脚医生。

ID111113：牧区的赤脚医生大多技术不高，镇里的医生技术高，以前在牧区距离医院远很不方便。

ID111640：牧区医院非常少，而且距离家很远。

三、基础设施

在基础设施建设方面，达茂旗各级政府主要以农业灌溉设施、乡村公路建设、铁路建设、变电设施、禁牧以及居民危房和农牧民定居工程等为主要工作。图4－8统计描述了2007～2017年达茂旗公路建设里程变化趋势。

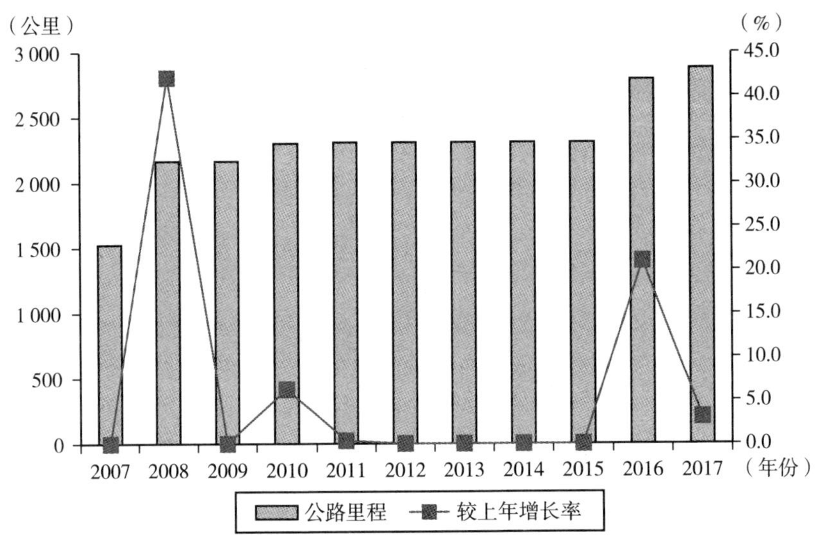

图4－8 达茂旗公路里程变动趋势

资料来源：2007～2017年各年的《内蒙古统计年鉴》。

为了进一步考察达茂旗基础设施发展状况，本书设计了有关生态移民对于达茂旗基础设施建设情况的认知问题。表4－5、表4－6和表4－7分别统计描述了不同类型生态移民对交通状况、取水方便程度以及住房条件方面的认知情况。

表4－5　　不同类型生态移民关于交通状况的认知　　单位：%

类型		与搬迁前相比交通状况		
		更加方便	没有变化	不方便
平均		93.81	4.76	1.43
收入状况	最低收入组	90.57	7.55	1.89
	较低收入组	98.08	1.92	0.00
	较高收入组	94.34	5.66	0.00
	最高收入组	92.31	5.77	1.92
安置模式	农村安置	89.72	8.41	1.87
	城镇安置	98.06	0.97	0.97

从表4－5的统计结果看，与搬迁前相比，有93.81%的生态移民认为移民安置区的交通状况变得更加方便了，仅有1.43%的移民感觉不方便。比较不同收入水平生态移民认知程度，以较低收入组报告的比例最高，比例达到了98.08%，其次为较高收入组和最高收入组均超过了平均水平。从安置模式类型看，城镇安置的生态移民认为交通状况变得更加方便的比例远远高于农村安置的生态移民。在调查研究中，关于生态移民安置区的交通条件的认可程度有不同的声音，如“有公路，路况好了”（ID111104）、“一上公路就可以去百灵庙，更加方便了”（ID111112）、“以前土路，现在是公路”（ID111220）、“这里可以坐班车到城镇，而在牧区只能骑摩托车或者骑马外出”（ID111505）。

表4－6统计描述了不同类型生态移民关于达茂旗取水方便程度的认知，从统计结果看，与搬迁前相比，有82.86%的生态移民认为在移民安置区取水更加方便了，仅有6.19%的生态移民认为不方便。从不同收入水平来看，以较高收入组生态移民对取水更加方便的认知度最高。从不同安置模式来看，城镇安置的生态移民对取水更加方便的认可度最高，达到了89.32%，

远远高于农村安置生态移民。

表 4-6　　不同类型生态移民关于取水方便程度的认知　　单位：%

类型		与搬迁前相比取水方便程度		
		更加方便	没有变化	不方便
平均		82.86	10.95	6.19
收入状况	最低收入组	83.02	9.43	7.55
	较低收入组	82.69	13.46	3.85
	较高收入组	86.79	5.66	7.55
	最高收入组	78.85	15.38	5.77
安置模式	农村安置	76.64	14.95	8.41
	城镇安置	89.32	6.80	3.88

表 4-7 统计描述了不同类型生态移民关于住房条件的认知情况，从统计结果看，与搬迁前相比，有 79.05% 的生态移民认为移民在安置区住房条件较搬迁前变好了，而有 15.71% 的生态移民认为变差了。从不同收入水平的生态移民来看，以最低收入和较低收入组生态移民认为安置区住房条件变得更好的比例均超过了平均水平。从安置模式来看，城镇安置生态移民认为住房条件变好的比例最高，达到了 92.23%，远远高于农村安置生态移民的 66.36%。而相反，有 26.17% 的农村安置生态移民认为住房条件变差了。

表 4-7　　不同类型生态移民关于住房条件的认知　　单位：%

类型		与搬迁前相比住房条件		
		变好了	没有变化	变差了
平均		79.05	5.24	15.71
收入状况	最低收入组	79.25	1.89	18.87
	较低收入组	80.77	5.77	13.46

续表

类型		与搬迁前相比住房条件		
		变好了	没有变化	变差了
收入状况	较高收入组	77.36	7.55	15.09
	最高收入组	78.85	5.77	15.38
安置模式	农村安置	66.36	7.48	26.17
	城镇安置	92.23	2.91	4.85

四、治安状况

治安状况也是反映一个地区社会发展状况的重要指标之一。达茂旗社会治安治理中，着重实施普法工作，开展“缉枪除暴”“护校安园”等专项行动，严厉打击违法犯罪行为，实施“平安达茂”的工程建设。加强市场监管，重点强化学校食堂和药品市场的监管。

为了进一步考察达茂旗治安状况，本书设计了有关生态移民对于安置区的治安状况认知问题。表4－8和专栏4－2分别描述了不同类型生态移民对安置区治安状况的认知。

从表4－8的统计结果看，与搬迁前相比，仅有31.34%的生态移民认为移民安置区的治安条件变好了，而44.76%的生态移民认为安置区的治安条件变差了。从不同收入水平生态移民来看，仅有最低收入和较高收入组生态移民认为安置区的治安条件变好的比例超出平均水平，相反，较低和最高收入组生态移民认为安置区的治安条件变差了的比例超过了平均水平。从不同安置模式来看，农村安置模式生态移民认为安置区治安变好的比例要远远高于城镇安置生态移民，相反，68.93%的城镇安置移民认为治安条件变差了，远远高于21.50%的农村安置生态移民。

表 4-8　　不同类型生态移民关于治安条件的认知　　单位：%

类型		与搬迁前相比治安条件		
		变好了	没有变化	变差了
平均		31.43	23.81	44.76
收入状况	最低收入组	39.62	26.42	33.96
	较低收入组	21.15	23.08	55.77
	较高收入组	33.96	20.75	45.28
	最高收入组	30.77	25.00	44.23
安置模式	农村安置	47.66	30.84	21.50
	城镇安置	14.56	16.50	68.93

专栏 4-2 汇总了不同生态移民对移民安置区的治安状况的认知记录。结果显示，生态移民对安置区的社会治安表现出一些抱怨。

专栏 4-2

生态移民访谈汇总——关于移民安置区治安状况的认知

ID112110：我买了一辆 3 000 元的摩托车丢了，在牧区串门不用锁门。

ID112105：经常有人家被偷东西，没有保安。

ID112101：丢过葱，楼道里面不敢往出放东西，只要放出去肯定要丢。

ID111614：给公司开的车不敢放在小区里，楼道里丢过水表、暖气电子表、水开关、电表、门把手。

ID111612：丢摩托车、自行车、油、电瓶，在牧区家里放着钱不锁门也没有关系。

ID111112：邻居家一台 37 英寸的电视机被偷了。

表 4-9 统计描述了不同类型生态移民与村民关系的认知情况，从统计

结果看，与搬迁前相比，仅有26.19%的生态移民认为移民在安置区内与村民之间的关系变好了，47.14%的生态移民认为没有变化，主要原因是一个安置区内集中安置原有迁出地居民，但是，也有一些其他迁出地的生态移民，因此，有26.67%的生态移民认为与村民之间的关系变差了。从不同收入水平的生态移民来看，以最高收入组生态移民认为村民之间的关系变好为最高比例，达到了36.54%。从不同安置模式来看，农村安置模式生态移民认为安置区村民之间关系变好的比例要高于城镇安置生态移民，相反，40.78%的城镇安置移民认为安置区中生态移民之间的关系变得更差了，远远高于13.08%的农村安置生态移民。

表4-9　不同类型生态移民与村民关系的认知　　单位：%

类型		与搬迁前相比村民之间的关系		
		变好了	没有变化	变差了
平均		26.19	47.14	26.67
收入状况	最低收入组	24.53	43.40	32.08
	较低收入组	23.08	53.85	23.08
	较高收入组	20.75	52.83	26.42
	最高收入组	36.54	38.46	25.00
安置模式	农村安置	36.45	50.47	13.08
	城镇安置	15.53	43.69	40.78

五、生态移民政策实施效果

从宏观数据可以看出，达茂旗政府在生态移民政策实施过程中投入大量的资源，保障了从偏远牧区转移出来的牧民的生产和生活。除了宏观层面的实施效果外，另外一个非常重要的视角就是基于微观参与主体生态移民对于生态移民政策实施效果的评价。表4-10统计描述了不同类型生态移民关于移民政策影响的认知情况。从统计结果看，与搬迁前相比，有64.29%的生态移民认为移民政策对移民生计有利好的影响。从不同收入水平的生态移民来看，最低收入组和最高收入组生态移民认为生态移民政策利好的影响的认知比例超过了平均水平。从安置模式来看，78.64%城镇安置生态移民认为生态移民政策对生态移民生计具有利好的影响，高于50.47%的农村安置生态移民。

表4-10　　不同类型生态移民关于移民政策影响的认知　　单位：%

类型		生态移民政策影响	
		趋利	趋弊
平均		64.29	35.71
收入状况	最低收入组	69.81	30.19
	较低收入组	55.77	44.23
	较高收入组	62.26	37.74
	最高收入组	69.23	30.77
安置模式	农村安置	50.47	49.53
	城镇安置	78.64	21.36

第三节　本章小结

据生态移民生计脆弱性分析框架，本章基于调查地区一手和二手数据分别考察达茂旗经济、社会等方面的发展状况。

首先，从经济发展状况考察生态移民生计背景。达茂旗地区生产总值和人均国民生产总值以及财政收入和固定资产投资在逐年增加，三次产业结构中第一产业比重逐年下降，大牲畜数量逐年显著增加，并逐渐向现代畜牧业方向发展。工业总产值处于上升趋势，重点发展以丰富的旅游资源禀赋为主导的旅游业的第三产业。城镇居民和农牧民的收入稳步增加，家庭恩格尔系数在不断下降。

其次，从社会发展状况考察生态移民生计背景。从宏观统计数据分析可以看出，达茂旗在基础教育、医疗卫生、交通、水利以及治安等建设方面的投入不断增加，功能逐渐完善。从微观生态移民调查数据分析得知，与搬迁前牧区相比，有83.33%的生态移民认为移民安置区的子女教育教学条件变好了；86.67%的生态移民认为移民安置区的看病更加方便了；85.71%的生态移民认为移民安置区的医疗条件变好了；93.81%的生态移民认为移民安置区的交通状况变得更加方便了，82.86%的生态移民认为在移民安置区取水更加方便了；79.05%的生态移民认为移民在安置区住房条件较搬迁前变好了。以上认知情况除了基础教育外，随着收入水平的提高，生态移民对以上方面的认知比重在增加。而考察生态移民对安置区的治安和邻里之间的交往情况却相反，仅31.43%的生态移民认为移民安置区的治安条件变好了，仅26.19%的生态移民认为移民在安置区内与村民之间的关系变好了。

最后，本章基于生态移民认知视角，考察生态移民对政府实施的生态移民政策效果的认知情况表明，有64.29%的生态移民认为移民政策对移民生计有利好的影响，且随着生态移民收入水平的提高，认可的比例在增加。

总之，无论从宏观方面还是微观评价方面，达茂旗的经济、社会发展为生态移民发展提供了坚实的保障，为生态移民实现顺利转型提供了很好的发展基础。

第五章
生态移民生计风险

第一节　生态移民生计风险分析框架

当牧户迁移到比较陌生的生存环境当中，对于他们来说，任何一种外在环境都将是脆弱性的，或者面临着不同种类的风险。而这些风险可能是会影响到整个移民安置区的生态移民家庭的共有风险，也有的可能只是影响到单个生态移民家庭的异质风险。频繁发生的风险造成了地方财政压力以及直接影响着生态移民的生计。世界银行在《2000/2001 年世界发展报告：与贫困作斗争》中提出了一种风险来源分析框架（见表 5－1）。在该框架中，将人类所面临的风险划分为六种类型，即自然风险、健康风险、社会风险、经济风险、政治风险和环境风险。在每一种风险类型中，根据风险影响的范围又将风险划分为特有风险和共有风险，其中，特有风险是那些影响范围只涉及微观居民户的风险，例如疾病，除了流行病以外，其他疾病种类并不是所有居民都会遭遇；共有风险是指那些影响波及中观和宏观层面的一类风险，这类风险的影响范围比较广，例如火山喷发，该风险只是影响到周边地带居民的生产生活，干旱是自然灾害中影响范围最广泛的一种风险。

表5－1　世界银行风险来源分析框架

风险类型	特有情况	共有情况	
	影响单个或居民户（微观）	影响多个居民户或社区（中观）	影响地区或国家（宏观）
自然		暴雨 滑坡 火山喷发	地震 洪水 干旱 暴风
健康	疾病 受伤 残疾 老龄 死亡	流行病	
社会	犯罪 家庭暴力	恐怖主义 帮派活动	市民冲突 战争 社会动荡
经济		失业 重新安置 歉收	粮食价格波动 增长滑坡 恶性通货膨胀 国际收支、金融或货币危机 技术冲击 贸易条件冲击 经济改革的转轨成本
政治		暴乱	
环境		污染 森林砍伐 核灾难	

资料来源：《2000/2001年世界发展报告》翻译组译：《2000/2001年世界发展报告：与贫困作斗争》，中国财政经济出版社2001年版，第136页。

本书所采用的生态移民风险类型分析思路是基于世界银行的风险来源分析框架，并结合生态移民面临生疏的环境遭受到的主要风险，包括自然灾害、农业生产损失、劳动力损失、经济风险和财产损失五种类型风险，在每一种风险中按照对生态移民造成的负面影响的范围等特征又划分为同质风险和异质风险，具体类型见表5－2。自然灾害主要以同质风险为表现形式，包括干旱、暴雨和洪涝、沙尘暴和雪灾等。农业生产损失主要表现为异质风险，尽管干旱和雪灾往往会造成生态移民的牲畜疾病或者死亡，但是，不同地区和类型生态移民造成的损失因生态移民的自身家庭生计禀赋及能力的差异而不同。劳动力损失和财产损失均表现为异质风险，而经济风险中的价格波动以同质风险为主。

表5－2　　生态移民面临的风险来源分析框架

风险类型	异质风险	同质风险
	影响单个或居民户（微观）	影响地区或国家（中观或宏观）
自然灾害		干旱 暴雨 冷冻 冰雹 沙尘暴 雪灾
农业生产	牲畜疾病 牲畜丢失 耕地质量变差 灌溉条件变差 虫害与疾病 作物储存失败	
劳动力损失	成年劳动力丧失 家庭成年劳动力疾病 家庭其他成员疾病	

续表

风险类型	异质风险	同质风险
	影响单个或居民户（微观）	影响地区或国家（中观或宏观）
经济	生意经营失败 无法找到非农工作	食品价格上升 作物价格下跌 农业投入价格上升
财产损失	房屋破坏 财产丢失 生产设备损失	

资料来源：《2000/2001 年世界发展报告》翻译组译：《2000/2001 年世界发展报告：与贫困作斗争》，中国财政经济出版社 2001 年版，第 136 页。

第二节　生态移民生计风险识别

一、生态移民生计风险识别方法

风险识别是人们通过日常生产生活的感性认识和经验来判断，同时可以通过先前发生过的风险记录资料的归纳和总结，发现其中的规律。风险识别是风险管理的首要步骤，是风险管理的基础，人们只有能够正确地判断出自己所处的各种类型的风险，才能够采取有效的措施来应对，以此来消除未来的种种不确定性对其自身的破坏。

国内外学者关于农户风险识别提出了诸多方法。凯文（Kevin，2000）在对牧民风险展开调查研究时，提出了一种参与式的风险地图分析方法，该方法能够以较低成本而且较快速地识别和评估牧民的风险。陈传波（2004）年基于凯文（2000）的识别方法，提出了基于农户认知的风险识别方法，该方法主要是通过开放式访谈，农户自己描述他们所面临的风险以及对风险冲击的排序，将这些数据整理之后进行风险归类，以排序为权重进行统计分析，得到一张风险地图。

本书主要是基于生态移民风险类别分析框架，并借鉴陈传波（2004）的农户风险识别方法，设计生态移民可能面临的风险调查问卷（如："在过去五年中，您是否遇到过如下风险冲击?"并且让被访问者举例列出问卷中没有的选项），通过入户访谈，让被访问者根据自身经历及经验，判断搬迁到安置区近几年当中各类风险发生的频率、影响的严重程度以及排序，最后，对收集到的数据进行整理和统计分析。对生态移民风险识别的考察，本节从两个方面着手，一方面总体考察生态移民所面临的风险类型特征，另一方面比较分析不同类型生态移民的风险特征差异。

二、生态移民生计风险特征

基于生态移民风险类别分析框架及识别方法，本书分别从生态移民风险的总体特征和不同类型生态移民两个层面分析生态移民对风险的识别。

（一）生态移民生计风险总体特征

表5－3显示的是生态移民报告的自搬迁以来发生过的风险及风险排序指标测算的统计描述。

表5－3　生态移民报告的搬迁以来风险发生情况　单位：%

风险类型		自然灾害	农业生产	劳动力受损	经济	财产损失
平均		47.14	24.29	53.81	90.48	55.71
城镇安置	平均	16.50	2.91	61.17	96.12	56.31
	最低收入组	6.25	0.00	62.50	87.50	43.75
	较低收入组	7.41	0.00	40.74	92.59	51.85
	较高收入组	28.57	3.57	60.71	100.00	50.00
	最高收入组	18.75	6.25	78.13	100.00	71.88

续表

风险类型		自然灾害	农业生产	劳动力受损	经济	财产损失
农村安置	平均	76.64	44.86	46.73	85.05	55.14
	最低收入组	78.38	37.84	37.84	89.19	45.95
	较低收入组	76.00	44.00	64.00	84.00	68.00
	较高收入组	72.00	44.00	44.00	80.00	48.00
	最高收入组	80.00	60.00	45.00	85.05	65.00

从表5-3生态移民风险的识别结果看，呈现出以下一些特征。总体来看，生态移民以经济风险为首位风险，报告比例达到了90.48%，其次为财产损失风险和劳动力损失风险，然后为自然风险，农业生产风险报告比例最低，仅为24.29%。比较不同安置模式的生态移民的风险结果，农村安置生态移民报告自然灾害和农业生产风险的比例远远高于城镇安置模式生态移民，相反，报告劳动力受损和经济风险比例远低于城镇安置模式生态移民，两种安置模式生态移民在报告财产损失风险的差异性不大。

按照生态移民的风险来源分析框架，需要进一步对上述五种风险类型进行细化分析，即将每一种风险进行分类来研究生态移民所面临的具体风险情况（具体见图5-1和表5-4）。

从生态移民报告近年来所发生的风险的统计描述来看，生态移民的风险类型呈现出以下特征。

第一，自然灾害风险。从生态移民报告自然灾害风险发生的情况看，仅有37.62%的生态移民报告移民安置区有干旱风险，其次有8.57%的生态移民报告会有沙尘暴的发生，其余报告的比例均较低。从不同收入水平来看，仅有雪灾风险的报告比例随着收入水平的降低而有所增加，其余风险主要以最低收入组生态移民的报告比例为主。从不同安置模式看，所有报告的自然灾害风险主要集中在农村安置模式生态移民中，例如，71.03%的农村安置模式生态移民报告有干旱风险的发生，而城镇安置模式生态移民报告的比例非常小。

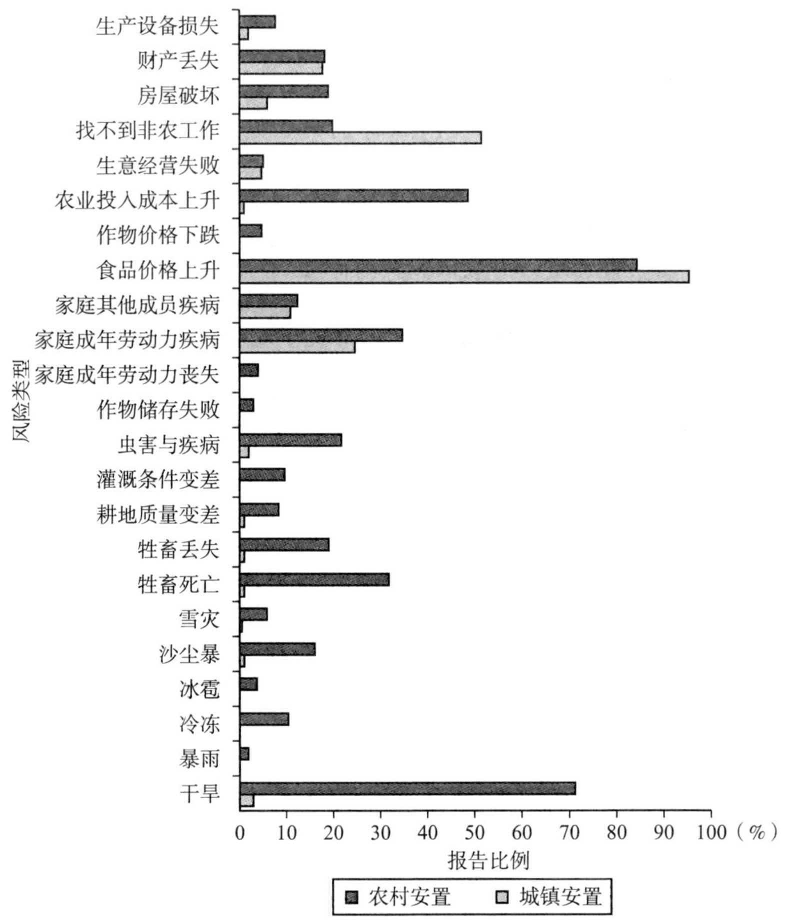

图 5-1　不同安置模式生态移民报告搬迁以来发生的具体风险

表 5-4　不同生计脆弱性生态移民报告发生的具体风险　单位：%

风险类型	平均	最低收入组	较低收入组	较高收入组	最高收入组
(1) 自然灾害					
干旱	37.62	50.94	34.62	32.08	32.69
暴雨	0.95	1.89	1.92	0.00	0.00
冷冻	5.24	11.32	1.92	3.77	3.85
冰雹	1.90	3.77	0.00	0.00	3.85

续表

风险类型	平均	最低收入组	较低收入组	较高收入组	最高收入组
沙尘暴	8.57	11.32	7.69	9.43	5.77
雪灾	3.33	1.89	0.00	3.77	7.69
(2) 农业生产					
牲畜死亡	16.67	18.87	9.62	16.98	21.15
牲畜丢失	10.00	9.43	5.77	11.32	13.46
耕地质量变差	4.76	3.77	7.69	3.77	3.85
灌溉条件变差	4.76	7.55	7.69	3.77	0.00
虫害与疾病	11.90	13.21	9.62	13.21	11.54
作物储存失败	1.43	0.00	1.92	3.77	0.00
(3) 劳动力受损					
家庭成年劳动力丧失	1.93	1.89	1.92	3.77	0.00
家庭成年劳动力疾病	29.67	41.51	19.23	37.74	19.23
家庭其他成员疾病	11.00	7.55	13.46	16.98	7.69
(4) 经济					
食品价格上升	89.52	84.91	88.46	90.57	94.23
作物价格下跌	2.38	3.77	1.92	1.89	1.92
农业投入成本上升	25.24	28.30	25.00	22.64	25.00
生意经营失败	4.76	1.89	1.92	5.66	9.62
找不到非农工作	35.24	18.87	34.62	43.40	44.23
(5) 财产损失					
房屋破坏	12.38	20.75	11.54	11.32	5.77
财产丢失	17.62	15.09	11.54	18.87	25.00
生产设备损失	4.76	3.77	3.85	7.55	3.85

注："%"表示报告有某种风险类型生态移民占总样本生态移民的比重。

第二，农业生产风险。从生态移民报告的情况看，农业生产风险中以牲畜死亡、牲畜丢失以及虫害与疾病为主要风险，报告比例分别达到16.67%、

10.00%和11.90%，而其余风险报告的比例均未达到5%。从不同收入水平生态移民的风险报告情况来看，牲畜死亡和牲畜丢失以及虫害与疾病等风险主要集中在最高收入组和最低收入组生态移民中，农业灌溉条件和耕地质量变差以较低收入组生态移民报告比例最高，以最高收入组生态移民报告比例最低。而作物储存失败以较高收入组和最高收入组生态移民报告为主。从不同安置模式生态移民看，仍然以农村安置模式生态移民报告比例最高。

第三，劳动力损失风险。家庭成年劳动力疾病和家庭其他成员疾病构成生态移民劳动力损失主要风险，报告比例分别达到29.67%和11.00%。其中，随着收入水平的提高，报告家庭成年劳动力疾病的比例在降低，而家庭其他成员疾病报告比例以中等收入组为最高。农村安置模式生态移民报告劳动力损失的三种具体风险的比例均高于城镇安置模式生态移民。

第四，经济风险。生态移民报告的经济风险中以食品价格上涨比例最高，达到了89.52%，其次为“找不到非农工作”比例达到了35.24%，再次为“农业投入成本上升”比例为25.24%，其他比例均比较小。比较不同收入水平的生态移民，食品价格上升、生意经营失败以及找不到非农工作风险类型的报告比例随着收入水平的提高在增加，作物价格下跌以及农业投入成本上升的报告比例以最高收入组为最高。从不同安置模式看，食品价格上升、生意经营失败以及找不到非农工作风险类型的报告比例均以城镇安置模式为最高，其中，找不到非农工作的报告比例差异最大，其余风险的报告比例以农村安置模式生态移民为主。

第五，财产损失风险。生态移民报告的财产损失主要体现在财产丢失、房屋破坏以及生产设备损失，报告比例分别为17.62%、12.38%和4.76%。其中，房屋破坏的报告比例以最低收入组生态移民为最高，财产丢失和生产设备损失随着收入水平的提高报告比例在增加。从比较不同安置模式来看，房屋破坏和生产设备损失风险以农村安置模式的生态移民为主，财产丢失的比例在两种安置模式中的差异不大。

（二）生态移民焦点小组的风险识别

为了进一步考察生态移民自搬迁以来所遇到的风险冲击，本书设计了焦点小组访谈，分别针对农村安置模式和城镇安置模式生态移民进行焦点小组访谈，进而考察生态移民所面临的各种风险冲击类型、严重程度、风险发生频率等特征。

专栏5－1描述了调查者与搬迁到饲料园区的生态移民的关于遇到的风险冲击的访谈记录。从描述结果看，生态移民反映的风险冲击类型比较多，饲料园区安置生态移民主要反映的是园区内的农业生产方式的不适应性、食品等物价高等，而且面临的困境比较严重。

专栏5－1

焦点小组讨论——搬迁到饲料园区遇到的风险冲击

A：饲草料越来越贵了，好像每年都在涨，牛奶卖不上价钱，没钱花。

B：地里面没有水，草长得不好。

C：只能种草，不能种其他作物，挣不上钱。

D：不能将羊放出去，只能在圈里面待着，这里养羊尽赔了。

E：什么都需要买，东西越来越贵。

F：不好找工作，人家不要牧民，嫌牧民笨，懒，在一个地方打几天工，挣一点钱，花完了，就没有钱了。

G：第一年住进来，房顶就漏雨了，花了大概500块钱雇人又修好了。

专栏5－2描述了调查者与搬迁到移民园区生态移民关于遇到的风险冲击的访谈记录。从描述结果看，生态移民反映的风险冲击类型比较多，主要集中在日常消费物价高、生活方式不适应、找不到工作等，而且反映也比较严重。

专栏5-2

焦点小组讨论——搬迁到生态移民园区遇到的风险冲击

A：很多人都没有事情做，收入减少了。

B：尽花钱了，一出门就花钱。

C：菜、肉每年都在涨，肉根本吃不起，以前在牧区经常吃肉，现在很少吃了，感觉孩子营养跟不上去。

D：家里面两个老人都病了，不好治，每年花掉2万多元医疗费，每月需要打一次针。

E：什么都需要买，东西越来越贵。

F：小区卫生环境不好，有些时候垃圾乱扔，没有人管理，丢东西也比较严重，每年都听说有丢东西的，电动车电瓶、自行车、油。

G：我的几个亲戚做买卖，听说不是赔了，就是被人给骗了，牧民来这里根本不懂做生意，只会放牧。

第三节　生态移民生计风险认知

安置区各种风险冲击的主要对象是生态移民自身，因此，基于他们对其所面临的各种生计风险的认知应该可以更清晰掌握和了解生态移民安置区各种生计风险的严重程度。生态移民的风险认知及生计能力将影响其脆弱性和适应性能力。生态移民对生计风险的认知可能不仅基于他们所面临的客观风险，而且基于他们对风险的主观评价。生态移民和移民安置区面临的这些风险的脆弱性可能不同，而且影响他们对风险所作出的反应的方式也是不同的。因此，本书同样访问了生态移民更为宽泛的问题，例如在他们的生活中所面临的更多担心的问题，观察到他们对这些担心的认知，能够帮助我们对其脆弱性的深入理解。

一、生态移民对生计风险的认知方法

人们的认知是基于他们个人的经验、知识和特征（Raden - Fessenden and Heath，1987）。认知心理学家已经发现外行人对风险的估计与精确计算的风险没有一致性（Slovic，1987）。大部分人依赖直觉风险判断，被称为"风险认知"（Slovic，1987）。单个家庭成员可能对于他们所面临的风险有不同的看法。风险认知不仅基于个体面临的客观风险，例如变化的降雨量，而且基于他们对风险的主观评价，他们的主观评价将其有关自己处理未来事件的能力与可能事件的经历相结合。他们面临这些风险的脆弱性不同，结果，他们的福利和行为可能也不同。风险认知研究的重要性依赖于这样的假设，即政策制定者需要一种政策对被瞄准的个人风险认知的基本理解（Slovic，1987），这个允许政策制定者有一个基础来预期反应以及提高他们与个人之间有关风险的交流（Slovic，1987），通过理解这些风险的主观认知，我们能够很好地设计政策，强调风险客观来源的同时帮助个体和家庭发展处理风险的更好方法。

生态移民对生计风险的认知是指他们对生计风险的了解和反应程度。生态移民对风险的认知不仅是基于其所面临的客观风险，而且是基于其对风险的主观评价。人们对风险的真实性认识是以个人认知为基础的，生态移民对于生计风险的感知可以说是最为真切的。生态移民可以从不同角度依据其经验描绘出各种生计风险的特征以及演变趋势，当地人能够描绘出比较标准的气象学所忽视或者是无法监测到的气候变化的参数特征，这对于减少不确定性和增强适应性具有十分重要的意义（Marin A，2010）。

关于农户对风险认知的方法已有众多研究，凯文（Kevin，2000）采取了一种参与式风险地图分析方法，以此降低成本，而且能够快速地对牧民所面临的风险进行识别和评价。陈传波和丁士军（2005）借鉴并改进了凯文（Kevin）的研究方法，采取了开放式的农户访谈，让农户自己描述所面临的风险以及对风险的排序等，之后，研究者会在当地居民的协助下理解农户对风险的描述，并对这些描述进行归类，以农户的排序为权重进行统计分析，最后形成一张风险地图。研究者发现收集有关风险和利益的数据是很难的（Slovic，2000），这激起斯洛维克（Slovic，1987）发展了一种比较容易的方法来收集关于风险认知的数据，即通过应用调查问卷直接询问个人关于他们的风险认知（Slovic，2000），这种方法是基于被调查者现有认知的数据的收集而发展起来的。斯洛维克（2000）进一步发展了斯塔尔（Starr，1969）的方法，即假设对一种灾害的个人观点将影响他的认知，个人的风险认知是“系统的和可预言的”。

二、生态移民对生计风险的认知特征

本书通过对生态移民的入户调查，基于生态移民对生计风险多方面的认知，通过设置风险认知选项和生态移民的开放式的语言描述，从而收集到调研地区生态移民对生计风险的各种表现形式及其影响等方面的微观数据。

（一）生态移民生计困境的认知特征

在生态移民访谈中，生态移民共计提出了15项困难，具体包括收入来源（例如收入少了、无收入来源、只依靠补贴等）、劳动力缺乏、农业生产困难（不好搞养殖、不让养牛羊、牛羊圈养成本太高、不会种地、禁牧、牧草不够用、生产扩大不起来、缺养奶牛技术、自然灾害如干旱、耕地少以及质量差等）、资金短缺（缺钱、借钱困难）、住房（住房面积小、缺住房）、生活困难（没有钱买吃的、生活条件现在越来越不好了、无法生活、日常开销问题）、水资源（冬天水管冻了没有水、需要用车拉水）、非农就业（什么活都不好找、打工难找、打工不方便，丈夫上班太远，常年不能回家、工作方面比较不理想、收入来源不稳定、无手艺、缺技术）、劳动力疾病及看病（看病不方便）、人际交往（互相不认识、不好办事、与陌生人打交道困难、人情味太淡）、安置区社会经济管理问题（路边有偷盗现象、物业不好、治安问题、供暖不行、卫生差、水电不足、政府不支持、克扣补贴款、交通不便）、子女教育问题、子女成家问题、做生意不好做、生活不适应问题（不习惯和不自由等）。

图 5-2 统计描述了生态移民报告的 15 项生计困境。生态移民所报告的困难类型按照报告的比例以资金短缺为主要类型，报告比例达到了 46.21%，其次为非农就业困难问题，报告比例为 22.76%，接着是收入来源和农业生产困难，报告比例均为 20.69%，15.86% 的生态移民报告生活困难，11.03% 的生态移民报告生态移民安置区的社会经济管理方面的困难，其他困难的报告比例都比较小，均小于 10%。

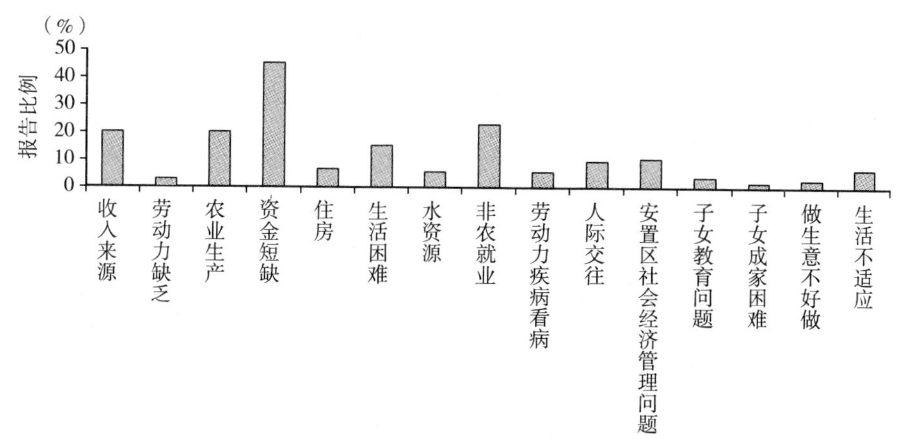

图 5-2　生态移民报告迁移以来面临的具体困难

注：在所有样本中，有 145 户生态移民对其所面临的困难作出了回答。

除了入户调查访谈所获得的生态移民报告搬迁以来遇到的种种生计困境认知统计描述分析外，本书设计并在相关移民负责管理部门工作人员的帮助下召集部分移民进行了访谈。专栏 5 - 3 讨论了生态移民“关于自搬迁以来遇到的主要困难”的焦点小组记录。从记录的生态移民讨论有关面临的生计困境结果看，大多数仍将问题锁定在生活来源上。

专栏 5 - 3

焦点小组讨论——搬迁到这里遇到的主要困难

A：找工作很难，人很苦，很累，工资压得很低，牧民到这里没有手艺，早 5 点起，晚 8 点回来，没有节假日，但挣的还是不够花。

B：无财产抵押，借款困难。

C：退牧补贴的少，没有多少钱，几口人家都用不够，又供养一名大学生，生活相当困难，以前在牧区很好，困难就能卖几只羊、牛就方便很多，现在什么都没有了，收入太少了。

D：挣不上钱，成本太高，养活不了。

E：草场不多，补贴少，生活费劲，不如养牧。

F：禁牧后牧民的生活很苦。

G：人们都失业了，收入来源减少了。

H：不能放牧了，就没有工作了。

I：禁牧后，牧民没有经济来源，打工也挣不上钱，补贴也因住楼房被扣掉了。

J：对上了岁数的可以，老人没有负担，就是吃穿，对年轻人不行，打工找不上，打工不给钱。

（二）不同安置模式生态移民生计困境认知特征

比较不同安置模式生态移民所报告的困难情况看，图 5 - 3 统计结果显示，二者在报告收入来源、劳动力缺乏、农业生产、非农就业、安置区社会经济管理问题、子女成家困难、生意不好做以及生活不适应方面存在着显著差异。其中，城镇安置生态移民报告收入来源的困难比例远远高于农村安置模式生态移民的报告比例，分别为26.32%和17.05%；有31.82%的农村安置生态移民报告面临着农业生产困难，仅有3.51%的城镇安置生态移民报告有农业生产困难；报告有非农就业困难的主要集中在城镇安置模式生态移民中，达到了29.82%，而农村安置模式生态移民的报告比例为18.18%；安置区社会经济管理问题主要以城镇安置模式生态移民为主，报告比例达到了19.3%，而农村安置模式生态移民的报告比例仅为5.68%；城镇安置模式生态移民没有报告有劳动力缺乏和子女成家等困难，相反，农村安置模式生态移民没有报告有生意不好做的困难；对于生活不适应困难仍然以城镇安置模式生态移民的报告比例为最高，达到了7.02%，而农村安置模式仅为3.04%。对于其他困难类型，两种安置模式生态移民所报告面临的困难类型比例差异并不大。

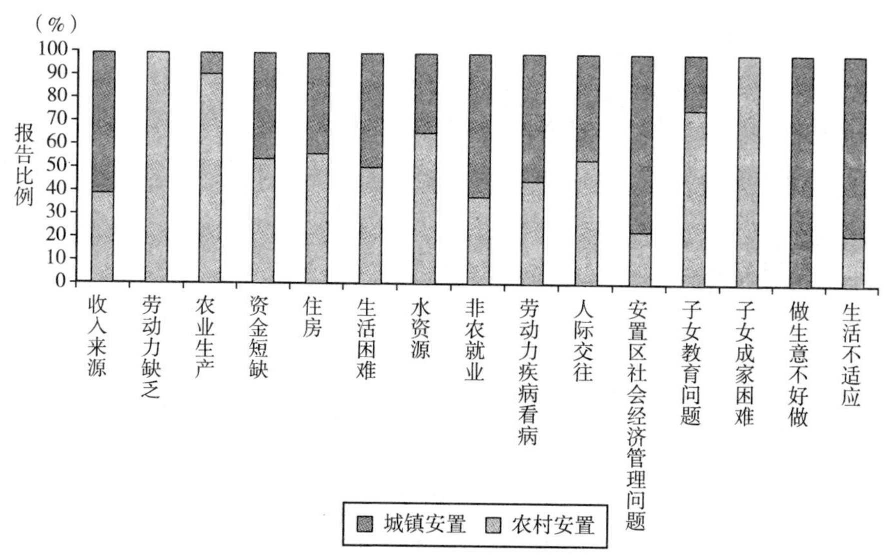

图5－3 生态移民报告迁移以来面临的具体困难

（三）不同经济状况生态移民生计困境认知特征

表5－5统计描述了不同经济状况生态移民所报告面临的困难情况。除了个别困难在有些收入组中没有出现报告现象，其余均有一定的报告比例。其中，收入来源、劳动力缺乏、资金短缺、住房问题、水资源问题、人际交往、子女成家问题以及生活不适应问题均以最低收入组和较低收入组生态移民为主要报告比例，而在农业生产、生活困难、非农就业、劳动力疾病看病、安置区社会经济管理问题、子女教育问题以及做生意困难主要集中在较高收入和最高收入组生态移民中。

表5－5　不同经济状况生态移民对具体生计困难的认知情况　单位：%

风险类型	平均	最低收入组	较低收入组	较高收入组	最高收入组
收入来源	20.69	19.51	22.50	22.86	17.24
劳动力缺乏	2.76	4.88	2.50	0.00	3.45
农业生产	20.69	17.07	20.00	20.00	27.59
资金短缺	46.21	39.02	52.50	45.71	48.28
住房	6.21	7.32	7.50	2.86	6.90
生活困难	15.86	17.07	12.50	20.00	13.79
水资源	5.52	4.88	7.50	5.71	3.45
非农就业	22.76	17.07	20.00	31.43	24.14
劳动力疾病看病	6.21	4.88	5.00	11.43	3.45
人际交往	9.66	14.63	10.00	2.86	10.34
安置区社会经济管理问题	11.03	17.07	2.50	11.43	13.79
子女教育问题	4.14	2.44	2.50	8.57	3.45
子女成家困难	2.07	2.44	2.50	2.86	0.00
做生意困难	2.76	0.00	0.00	5.71	6.90
生活不适应	6.90	4.88	10.00	8.57	3.45

（四）生态移民关于今后担心问题的认知特征

除了报告他们搬迁以来所遇到的各种困境，生态移民也反映了他们今后可能担心的一些生计问题。在关于未来担心的问题的访谈中，生态移民列出了各种各样的问题，将这些问题进行归类为11种，即收入来源、农业生产、移民区建设与移民政策、生活开支、自己养老问题、非农工作、补贴中断、子女教育、子女成家问题、健康问题以及生活质量下降（见表5-6）。总体来看，收入来源是生态移民最为担心的问题类型，报告比例达到了36.00%，其次为非农工作问题，比例为22.00%，10.67%的生态移民报告担心农业生产以及9.33%的生态移民担心生活开支以及补贴中断，其余所报告的类型均比较低。从不同安置模式看，首先，城镇安置模式生态移民报告对收入来源担心的比例高于农村安置模式，而相反，担心农业生产的报告比例低于农村安置模式。其次，城镇安置生态移民担心非农工作、补贴中断、子女教育和生活质量下降的报告比例远远高于农村安置模式，而在移民区建设与移民政策、生活开支担心比例低于农村安置生态移民。无论是城镇安置还是农村安置模式，生活质量下降、健康问题、自己养老问题、生活开支、移民区建设与政策、农业生产均以较低收入组和最低收入生态移民组为主要报告比例。而收入来源、非农工作、子女成家问题主要以城镇安置模式生态移民报告比例较高。关于担心补贴中断问题中，农村安置模式中以较低收入组和较高收入组为主要报告比例，而在城镇安置模式中，以较高收入组为主要报告比例，以最高收入组为最低报告比例。关于子女教育问题，城镇安置模式中以最高收入组报告比例最高，在农村安置中以最低收入组报告比例最高。

表 5－6　生态移民报告今后所担心问题的统计描述　单位：%

担心的问题	平均	农村安置					城镇安置				
		平均	最低收入组	较低收入组	较高收入组	最高收入组	平均	最低收入组	较低收入组	较高收入组	最高收入组
收入来源	36.00	32.10	40.74	17.65	30.00	35.29	40.58	9.09	30.43	72.22	41.18
农业生产	10.67	18.52	14.81	29.41	10.00	23.53	1.45	0.00	4.35	0.00	0.00
移民区建设与移民政策	7.33	8.64	7.41	11.76	10.00	5.88	5.80	18.18	4.35	5.56	0.00
生活开支	9.33	13.58	14.81	11.76	15.00	11.76	4.35	9.09	8.70	0.00	0.00
自己养老	7.33	8.64	18.52	5.88	5.00	0.00	8.70	27.27	8.70	0.00	5.88
非农工作	22.00	17.28	11.11	11.76	20.00	29.41	24.64	18.18	30.43	11.11	35.29
补贴中断	9.33	2.47	0.00	5.88	5.00	0.00	17.39	18.18	13.04	27.78	11.76
子女教育	7.33	3.70	7.41	0.00	5.00	0.00	11.59	0.00	13.04	5.56	23.53
子女成家	4.00	4.94	3.70	0.00	5.00	11.76	2.90	0.00	0.00	5.56	5.88
健康	3.33	4.94	7.41	5.88	5.00	0.00	1.45	0.00	4.35	0.00	0.00
生活质量下降	5.33	1.23	3.70	0.00	0.00	0.00	10.14	9.09	21.74	0.00	5.88

注：在所有样本中，有 150 户生态移民对其所面临的困难作出了回答。

（五）生态移民关于期望获得帮助的认知特征

作为一类较为特殊的群体，生态移民在面临错综复杂的不确定外界环境下，他们往往会有不同的期望从政府或者其他主体获得一些帮助。本书基于生态移民的认知方法所获得的数据，对生态移民报告期望政府给予帮助的各种问题归类为 15 种类型，即寻找非农工作、从事畜牧业生产、成家立业、提高补贴、继续放牧、子女教育、老年人照顾、医疗、投资、贷款、培训、低保、移民区治安、生活问题以及分地。表 5－7 统计描述了生态移民所报告的期望获得帮助的认知情况。生态移民最希望政府能够提高草场补贴，报告比例达到了 55.19%，其次是希望政府能够帮助寻找非农工作，报告比例为 22.08%，然后有 16.23% 的生态移民希望政府能够帮助生态移民在移民安置区从事畜牧业生产，8.44%的生态移民希望能够获得贷款，还有7.14%的生态移民希望返回牧区继续放牧，6.49%的生态移民希望移民安置区的治安方面获得帮助，另外还有5.84%的生态移民希望在医疗和子女教育方面得到更多的帮助，其余所报告类型的比例均比较低。考察不同安置模式生态移民期望获得帮助的认知情况，城镇安置模式在寻找非农工作、提高补贴、子女教育、医疗、贷款、培训、低保、移民治安等方面报告的比例均高于农村安置模式，而在从事畜牧业生产、成家立业、继续放牧、老年人照顾、投资、生活问题以及分地等方面的报告比例低于农村安置模式生态移民。

表5－7　　生态移民期望获得帮助的认知情况　　单位：%

担心的问题	平均	农村安置	城镇安置
寻找非农工作	22.08	15.96	31.67
从事畜牧业生产	16.23	22.34	6.67
成家立业	0.65	1.06	0.00
提高补贴	55.19	53.19	58.33
继续放牧	7.14	9.57	3.33
子女教育	5.84	5.32	6.67
老年人照顾	4.55	5.32	3.33
医疗	5.84	5.32	6.67
投资	2.60	3.19	1.67
贷款	8.44	7.45	10.00
培训	3.90	2.13	6.67
低保	1.30	1.06	1.67
移民区治安	6.49	5.32	8.33
生活问题	2.60	3.19	1.67
分地	1.30	2.13	0.00

注：在所有样本中，有154户生态移民对其所面临的困难作出了回答。

考察不同经济状况生态移民所期望帮助问题的统计描述，从事畜牧业生产、成家立业、继续放牧、老年人照顾、医疗、投资、移民区治安、生活问题报告方面主要集中在收入水平较低的生态移民中。相反，寻找非农工作、提高补贴、子女教育、贷款、培训、低保以及分地报告比例主要集中在收入水平较高的生态移民中（见表5-8）。

表5-8　不同经济状况生态移民期望帮助情况的认知　单位：%

担心的问题	最低收入组	较低收入组	较高收入组	最高收入组
寻找非农工作	20.93	16.28	36.11	15.63
从事畜牧业生产	23.26	16.67	12.50	11.63
成家立业	0.00	2.33	0.00	0.00
提高补贴	46.51	51.16	63.89	62.50
继续放牧	4.65	13.95	2.78	6.25
子女教育	2.33	6.98	8.33	6.25
老年人照顾	9.30	2.33	2.78	3.13
医疗	9.30	6.98	5.56	0.00
投资	2.33	4.65	0.00	3.13
贷款	11.63	4.65	5.56	12.50
培训	2.33	0.00	8.33	6.25
低保	2.33	0.00	2.78	0.00
移民区治安	0.00	13.95	8.33	3.13
生活问题	2.33	6.98	0.00	0.00
分地	0.00	0.00	0.00	6.25

在讨论关于生态移民生计困境方面，同样采取焦点小组讨论的方法获得有关生态移民期望获得帮助的讨论。专栏5-4讨论生态移民“关于所期望获得帮助的方面”的焦点小组记录。从讨论记录分析看，需要得到未来收入保障是最为关键的需求，围绕此话题，移民会讨论重新返回牧区选择新的放

牧方式从事畜牧业、继续保留草场补贴、帮助需要寻找非农就业等。

专栏5-4

焦点小组讨论——期望今后获得的帮助

A：希望别全部禁牧，部分禁牧，实行轮牧，希望继续实行轮牧这种传统，轮牧的草营养高，因为有粪便，不能不让羊一直不吃，否则草质会下降。

B：不种经济作物生活不成；政府不让种经济作物，整天来查，但移民种了牧草没有人收，卖不上价钱，生活不了，牧民有自己的草场，偷牧，将房子卖给其他人，移民村是个形象工程。

C：有人在移民小区买了楼房，然后在牧区偷牧；住在小区里感觉没有收入来源，但开支很大，甚至有交不起供暖费的，因为省钱，很多东西总是买最便宜的。禁牧时，牛羊价格严重下降，但强迫牧民卖掉牛羊，否则扣补贴；养羊很难有存款，因为养羊需要资金周转，所以存款比较频繁；能理解禁牧，生态移民，能够缓解草场退化，但是移民生计问题没有解决的彻底。

D：补贴钱多涨一点，政府在买药方面多补贴一点，今年中央政府说要涨到6元的草场补贴，但是我们这里还没有执行；禁牧款有拖欠现象，一直推迟20多天。

E：政府找些工作，两个人干点活，至少有一个人有稳定工作就好了，别人说政府说以后帮助牧民找工作，但是现在没有找，还想回去放牧，如果年景好的话还有一些收入。

F：可以搞一些贷款养殖要比打工挣钱，在打工方面，有政府出面比牧民自己强，与企业协商好解决。

G：希望回去养牧，可以少养些。

H：增加就业机会，增加补贴。

J：希望政府能够组织一些培训，学一些技术，介绍一些工作。

K：能够安排能做的工作，稳定的收入，没有稳定的工作，治安乱，说明有穷人。

第四节　本章小结

基于生态移民生计脆弱性分析框架，本章主要分析生态移民所面临的生计风险及困境。

第一，本章基于世界银行构建的风险来源分析框架，结合生态移民实际情况，构建生态移民生计风险分析框架。

第二，采用风险识别与风险认知方法，基于生态移民访谈数据，考察生态移民所面临的各种生计风险情况。按照对生态移民的冲击由强到弱，包括经济风险、财产损失风险、劳动力受损风险、自然灾害风险以及农业生产风险。随着经济状况的趋好，生态移民报告劳动力受损、经济及财产损失的风险的比例在增加。进一步对生态移民面临的生计风险进行考察。移民报告的自然灾害风险主要是干旱风险和沙尘暴风险，其中干旱风险以较低和最低收入组生态移民报告比例最高。生态移民报告农业生产风险中以牲畜死亡、牲畜丢失以及虫害与疾病为主要风险，牲畜死亡和牲畜丢失以及虫害与疾病等风险主要集中在最低收入组和最高收入组生态移民组中。生态移民报告劳动力受损风险中以家庭成年劳动力疾病和家庭其他成员疾病构成生态移民劳动力损失主要风险，随着收入水平的提高，报告家庭成年劳动力疾病的比例在降低。生态移民报告的经济风险中以食品价格上涨、寻找非农工作困难以及农业投入成本上升为主要面临的经济风险，随着收入水平的提高，报告食品价格上升、生意经营失败以及找不到非农工作风险类型的报告比例在增加，且城镇安置模式的报告比例远高于农村安置模式。生态移民报告财产损失风险中以财产丢失、房屋破坏以及生产设备损失为主要风险，随着收入水平的提高，报告财产丢失和生产设备损失的比例增加，而房屋破坏的报告比例以最低收入生态移民组为最高。

第三，考察生态移民关于生计困难的认知。按照报告的比例由高到低为资金短缺、非农就业困难、收入来源、农业生产困难、生活困难、生态移民安置区的社会经济管理等。收入来源、劳动力缺乏、资金短缺、住房问题、水资源问题、人际交往、子女成家问题以及生活不适应问题均以较低收入和最高收入生态移民组为主要报告比例，而在农业生产、生活困难、非农就业、劳动力疾病看病、安置区社会经济管理问题、子女教育问题以及做生意困难主要集中在较高收入和最高收入生态移民组中。

第四，考察生态移民关于今后担心问题的认知。担心比例较高的问题有收入来源、非农工作、农业生产、生活开支以及补贴中断。无论是城镇安置还是农村安置模式，生活质量下降、健康问题、自己养老问题、生活开支、移民区建设与政策、农业生产均以较低收入和最低收入组生态移民为主要报告比例。

第五，进一步考察期望获得帮助的认知。按照报告比例依次为提高草场补贴、寻找非农工作、从事畜牧业生产、获得贷款、返回牧区继续放牧、安置区的治安、医疗和子女教育方面得到更多的帮助。从事畜牧业生产、成家立业、继续放牧、老年人照顾、医疗、投资、移民区治安、生活问题报告方面主要集中在较低收入组的生态移民中，相反，寻找非农工作、提高补贴、子女教育、贷款、培训、低保以及分地报告比例主要集中在较高收入组的生态移民中。

第六章
生态移民生计模式与策略

第一节 生态移民生计模式

一、生计模式理论分析

生计模式是物质资料生产的重要内容，也是人类适应自然与社会的一种生存方式，在微观层面上，一个社会的生计模式影响或决定着当地的家庭经济状况（岳小国，2011）。生计模式是人们凭借其赖以谋生的基本手段，也就是人们收入的主要途径。

生计模式是近年来经济学、社会学以及文化人类学比较关注的一个重要研究领域。多种学科学者基于本学科视角从不同角度研究了生计模式的基本形态及其影响因素。自然环境在家庭生计模式方面具有一定的稳定作用，而社会环境对生计模式具有一定的决定作用（罗康隆，2004）。人口和土地与家庭生计模式具有很强的关联关系，即生计模式与土地的适应性问题往往会通过人口变量反映，若某地区超过一定数量的人口将会破坏该地区家庭依赖的生存基础，结果资源匮乏，因此，需要通过抑制生育力和人口迁移等措施来降低人口（何国强，2002）。一个地区，特别是少数民族地区的文化结构与民族的生计模式具有一定相关性（周建新和张勇华，2008），例如，从耕作技术角度可以分析出作物、生计与文化的共变规则（秦红增和唐剑玲，2006），台湾东县阿美族 1920～1930 年还存在的小米种植形式以小米周期仪式为核心的阿美族的年度周期仪式（罗素玫，2005）。

一个村落的生计模式是对特定的生存环境适应的结果，生计模式必然会随着环境的变化逐渐变迁。生计模式遵循了这样一条发展规律：调试—整合—变迁—重构—再调试（马海寿，2010）。同样，家庭成员的生计方式并不是一种固定的模式，而是总是处于一种不断变迁的过程中，往往与特定的生态环境、社会结构（规则与资源）以及族群文化相适应（吕俊彪，2003）。与自然环境相比，一个民族的社会历史背景对其民族生计方式的形成和发展制约更直接，地区自然环境对民族生计方式的影响具有一定的基础性，但不是决定性（罗康隆，2004）。从独龙族家庭的生计发展轨道看，独龙族的传统文化对家庭生计模式的变迁产生了显著影响（周云水，2009），新农村建设对客家古村的乡村生计转型产生了显著影响（周建新和张勇华 2008），现代化建设对西陲新城“新月社区”家庭生计产生了积极影响（马海寿，2008）。

二、生态移民生计模式类型

按照家庭从业人员主要劳动的投入方向为标准，将农户划分为四种类型，即纯农业户（家庭劳动力以经营农业为主的纯农业户）、农业兼业户（更多劳动力投入农业）、非农业兼业户（更多劳动力投入到非农产业）和非农业户（家庭劳动力全部是以非农产业为主）（欧阳进良等，2004）。牧区生态移民是将牧区牧户迁移到条件较好的农村地区和城镇，从事专业性养殖和种植以及从事第二、第三产业的非农活动，而且，移民并不像移民之前的家庭经营性生产，其家庭收入来源渠道更加多样化，与我们通常所讲的农户或牧户还有所区别，同样，仍然是介于农村居民和城镇居民中间的一种过渡类型的家庭。

因此，依据生计模式基本内涵以及牧区生态移民所从事的多样化的生计活动的类型，即移民维持生计的渠道类型，本书将生态移民生计模式划分为四种类型，即农业经营型（生态移民家庭生产性经营中农业经营占据绝对比重）、补贴型（生态移民家庭没有任何农业与非农业经营收入以及农业打工收入，而只能从政府的退牧还草补贴中获得补贴收入维持家庭生计）、农业经营与非农混合型（生态移民家庭维持生计的渠道主要来源于农业经营性生产和非农业收入）和非农型（生态移民家庭维持生计的渠道主要来源于非农业收入）四种类型。

对调查样本进行统计分析，图 6 - 1 统计描述了生态移民四种生计模式的分布情况，平均来看，生态移民以非农型为主，占总样本的 53. 33%，其次为农业经营与非农混合型，占总样本的 22. 86%，然后为农业经营型生计模式，比例为 14. 76%，比例最小的为补贴型生计模式，占到 9. 05%。

（一）不同类型生态移民生计模式比较分析

因生计资源以及外部资源的差异，不同类型生态移民所采取的生计模式会存在一定的差异。表 6 - 1 统计描述了不同类型生态移民的生计模式状况。从不同安置模式来看，城镇安置模式生态移民有 77. 67% 的生态移民选择非农型生计模式，其次为补贴型生计模式，比例为 14. 56%，而选择其他生计模式的比例均比较小。而农村安置模式生态移民则以农业经营与非农混合型

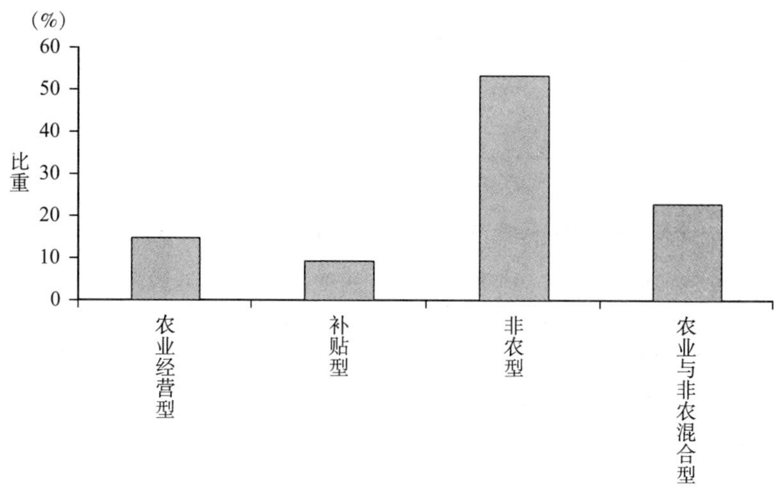

图 6－1　生态移民生计模式类型分布情况

为最高比例，达到了 39.25%，其次为非农型和农业经营型，比例分别为 29.91% 和 27.10%。总体来看，农村安置模式生态移民的生计模式更加多样化，而城镇安置模式生态移民相对来说比较单一。同样，城镇安置模式生态移民有比较高的比例的补贴型生计模式，而在农村安置模式中的生态移民比较少。

表 6－1　　不同类型生态移民生计模式　　单位：%

安置模式	经济状况	农业经营型	补贴型	非农型	农业经营与非农混合型
平均		14.76	9.05	53.33	22.86
城镇安置	平均	1.94	14.56	77.67	5.83
	最低收入组	0.00	56.25	37.50	6.25
	较低收入组	0.00	14.81	81.48	3.70
	较高收入组	3.57	7.14	85.71	3.57
	最高收入组	3.13	0.00	87.50	9.38

续表

安置模式	经济状况	农业经营型	补贴型	非农型	农业经营与非农混合型
农村安置	平均	27.10	3.74	29.91	39.25
	最低收入组	29.73	5.41	40.54	24.32
	较低收入组	28.00	4.00	36.00	32.00
	较高收入组	24.00	4.00	24.00	48.00
	最高收入组	25.00	0.00	10.00	65.00

从不同经济状况看，在城镇安置区中，随着收入水平的提高，生态移民选择补贴型生计模式的在所有的生计模式中的比重在降低，相反，选择以非农型为主要生计模式的比例在增加。在农村安置模式中，与城镇安置模式相同的一点是，随着经济状况的趋好，生态移民选择补贴型的生计模式的比例减少，而正好与城镇安置模式相反的一点是，随着收入水平的提高，选择非农型生计模式的比例在下降，而选择农业经营与非农混合型生计模式在不断提高。

（二）不同民族生态移民生计模式比较分析

不同民族生态移民因生计资源、文化、语言等差异，在生计模式选择上总会有一定的差异。表 6 – 2 统计描述了不同民族生态移民的生计模式的选择，结果表明，汉族生态移民选择农业经营型的比例要远远高于蒙古族生态移民，同样，汉族生态移民选择补贴型的生计模式也稍高于蒙古族。相反，蒙古族生态移民选择非农型和农业经营与非农混合型生计模式的比例高于汉族生态移民。

表 6－2　不同民族生态移民生计模式　单位：%

生计模式	平均	汉族	蒙古族
纯农业经营型	14.76	19.77	11.48
纯补贴型	9.05	10.47	8.20
纯打工型	53.33	50.00	55.74
农业经营与打工混合型	22.86	19.77	24.59
合计	100	100	100

三、生态移民生计模式变迁

生计模式遵循了这样一条发展规律：调试—整合—变迁—重构—再调试（马海寿，2010）。本书设计了关于生态移民自搬迁以来所采取的各种生计活动的访谈。

（一）生态移民生计模式变迁总体特征

生态移民在搬迁前后，通常会因生计资源、安置模式以及安置地区经济社会发展的差异，而采取不同的生计活动来维持其生计。图 6－2 统计描述了生态移民搬迁前后各项收入来源的构成。从统计结果看，在搬迁前，养殖业经营收入比例为 82.21%，其次为非农收入，然后为种植业经营收入和转移性收入，生态移民搬迁前的生计来源非常单一，只能依赖于养殖业经营活动。而在搬迁后，生态移民的生计来源变化差异大，其中，以非农收入为最主要的收入来源，比例为 40.53%，而这一项收入在搬迁前仅为 6.44%，搬迁后的另一项重要收入来源是转移性收入（这里主要是草场补贴收入），比例达到了 38.91%，然后为养殖业经营收入和种植业经营收入。相对于搬迁前来说，搬迁后的生计来源更加多样化。

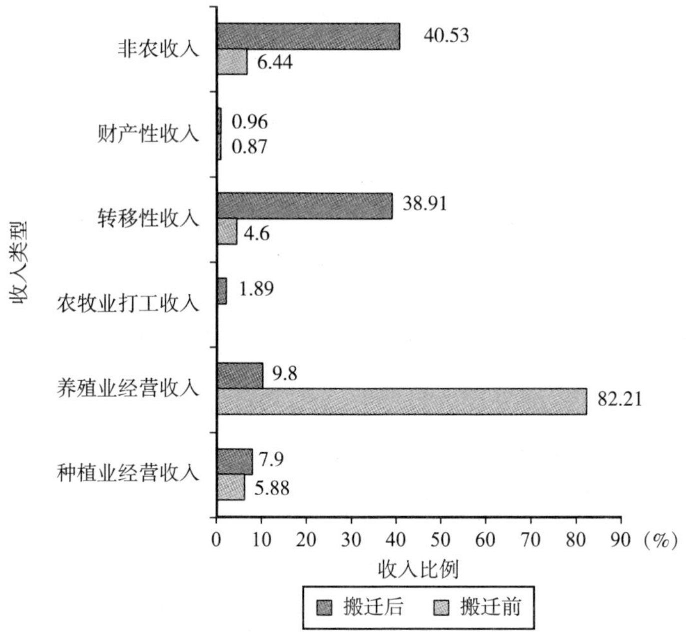

图 6 - 2 搬迁前后生态移民收入来源的构成情况

进一步考察生态移民搬迁前后生计模式的演变过程。为了能够说明生态移民搬迁前后的生计模式的演变，仍然将生态移民搬迁前的生计模式按照搬迁后的生计模式的划分标准进行统计。图 6 - 3 统计描述了生态移民搬迁前后生计模式的变化情况。从统计结果看，搬迁前，以农业经营为生计模式的家庭比例最高，比例达到了 86. 47% ，其次为农业与非农混合型生计模式，比例仅为 9. 66% ，其余比例均非常低。而在搬迁后，生态移民以非农型生计模式为主，比例为 53. 33% ，其次为农业与非农混合型，然后为农业经营型，补贴型生计模式比例也达到了 9. 05% 。

图 6 - 2 和图 6 - 3 分别统计描述了生态移民搬迁前后收入来源的构成以及生计模式演变情况。总体来看，生态移民生计模式演变呈现出突变特征，即由完全单一的农牧业经营型生计模式完全转变为以非农型生计模式为主的生计模式，这种转变会给生态移民带来不可预测的生计方式演变风险或者

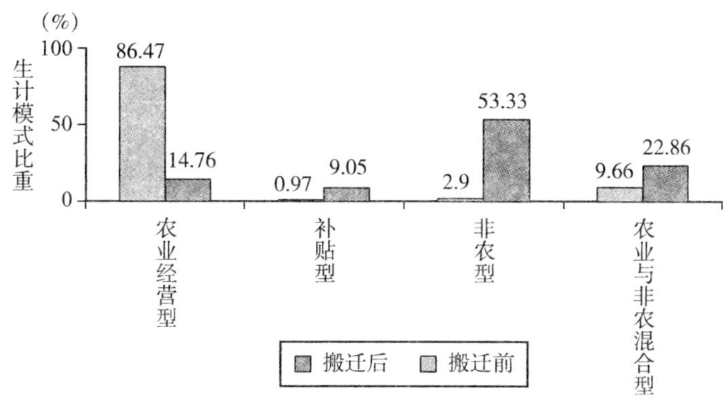

图6－3　生态移民搬迁前后生计模式演变

困境。为了考察生态移民在生计模式演变过程中的生计困境，本书设计了一些生态移民对生计模式认知的深入访谈的案例分析。

（二）城镇安置模式生态移民生计模式的变迁

依据前面的研究发现，77.67%的城镇安置模式生态移民主要选择非农型生计模式。因此，运用案例分析方法考察城镇安置生态移民的非农活动更能说明生态移民的生计模式变迁现象。

生态移民访谈个案1

总是想着不断变换工作

萨某某，女主人，58岁，文盲，蒙古族。2009年底搬迁到达茂旗生态移民园区。“家里面现在只剩下我们老两口了，老伴去年冬天得了急病差点离开，现在已经瘫痪，全靠我伺候”。

女主人告诉项目负责人，她家有一个儿子和一个女儿，均已成家。全家从牧区搬迁过来，儿子一家在达茂旗石宝镇的铁矿厂给人家开车，女主人说矿上不景气，开车有一天挣一天的钱，不好挣，儿媳也是在铁矿厂干一些苦力活，也是干半个月，歇半个月，孙子在石宝镇小学上学。

女儿和女婿与老两口都居住在移民安置楼。自搬迁到这里以来，女儿时有工作，时没有工作，别人忙了就会用人，不忙就不用，一开始，来到这里主要是到饭馆洗碗、擦桌子等，后来工资比较少，没有更多时间照看孩子，所以又找了其他工作，又去了药店帮忙卖药，大概干了两三个月，又不干了，后来闲了几个月，之后，又到一家超市给人家摆货架。女婿一直没有找工作，而是将牧区搬迁时处理的牲畜等资金进行了投资，可是到现在欠了人家一屁股债，蒙古人尽上当受骗了。一开始，和其他生态移民合资开蒙餐馆，开了不到半年，没有能支撑下去，亏了很多；接着，开始做其他生意，与其他人合伙倒卖草料，主要是从锡林郭勒盟或者本地农村地区运来的饲草料销售到饲料园区，结果，第一年就赔了；之后，又和山东、河北等地的生意人做纸盒收购，刚开始投入了 2 万元，结果，其他合伙人都撤走了，又失败了。这样，自 2010 年初开始做生意，一直到 2012 年的前半年，都没有好的收获。

这个生态移民的访谈尽管属于个案，但是，项目负责人以及调查员通过问卷调查走访了多户生态移民发现，不断在试图寻找非农活动，不断在变换非农工作类型是我们听到的最多的声音。

（三）农村安置模式生态移民生计模式变迁

依据前面的研究发现，分别有 27.10% 和 39.25% 的农村安置模式生态移民选择农业经营型和农业经营与非农混合型，即有超过 60% 的农村安置模式生态移民会选择农业经营的生计模式。因此，运用案例分析方法考察农村安置生态移民的农业经营活动更能说明生态移民的生计模式变迁现象。这些案例是项目负责人与被访问者进行深入访谈并且连续跟踪调查的资料。

生态移民访谈个案2

不断尝试新的生产项目

郝某，户主，男，46岁，蒙古族。2009年12月搬迁至饲料园区，六口人，夫妇俩，一个老母亲，一个儿子和一个女儿。项目负责人深入到达茂旗某生态移民村进行调研时，刚好碰到男户主正在邻居的帮助下，杀一只羊，羊看起来比较瘦小，进入房间里面，已经摆了一些羊的副产品，询问后，得知这些副产品准备自己吃，整只羊需要一点不留的卖掉，这只羊比较瘦，已经得病快20天了，感觉不行了，不能继续喂养。

最初，响应生态移民安置区的饲料园区规划，银行贷款购买奶牛，“1只牛自己拿出2 000元，银行贷款1只牛15 000元，我买了2只澳牛，奶价不行，人们喂不起了，后来奶站也撤了，没有办法把两只奶牛卖了，卖价8 000元一头，赔了”。

“你们去看看我们的耕地，尽是空地，不连续种，没有水。”“有‘翅膀’的人都离开了”，户主边说边指着窗户外东南方向，那是当地政府为生态移民建立的饲料基地，专门用来帮助生态移民从事舍饲圈养。

后来，该户试图通过种植牧草，养了20只羊，但是，牧草根本不够羊吃。正在我们调查访谈时，户主的妻子赶着羊群回来了，这时大约是9点半左右，户主的妻子了解清楚我们的来意，开始和户主交谈，“禁牧办的又下来了”，这才了解到，该户需要起早贪黑将自己的20几只羊进行放养，否则不够吃，要不羊一直待在圈里面容易生病。在牧区已经习惯放牧技术，舍饲圈养对于该户生态移民是比较新的饲养技术，所以风险比较大，因此选择偷牧。户主说，若被抓住了，他们就扣羊，或者罚款。

“这个岁数，出去打工也没有人要”“打工也不好挣钱，听一起从牧区来的人说经常被扣工钱”。该户生态移民并没有选择外出打工来补贴和维持家计，原因是年龄大和没有技能，而选择了自己比较熟悉的传统的农牧业，尽管搬迁后的农牧业生产方式已经改变很多。

（四）非生态移民知情人眼中的生态移民

为了能够进一步考察生态移民搬迁以来的生计状况，项目负责人除了在深入到生态移民家中进行访谈外，还有针对性地找到两位非生态移民，他们已经在生态移民村居住多年，对生态移民的生产生活的总体状况有一个较为深刻的了解。

非生态移民户个案访谈 1

与一对退休的工作人员的谈话

老两口退休之后，在移民村购买了生态移民的房子来养老，目的是来这里可以在院子里面种植一些蔬菜，空气好一些，距离县城比较近，自己有机动车，所以生活方面比较方便。现在牧区全部都是开稀土矿等，污染特别严重，羊都变黑了。比牧民养羊破坏草场更为严重。但是政府看不出来，只让开矿，不让放牧。给牧民每亩补贴 6 元补贴款。该移民村居住 49 户，现在只有牧民大概 20 多户。

非生态移民户个案访谈 2

与一个来移民村干活并且租移民户房子的大爷的谈话

租房子一个月 100 元，现在移民户的房子市场价格 12 万元到 13 万元，牧民很多时候就卖了，原来政府卖给牧民 2.4 万元到 2.5 万元。牧民返回牧区，或回到旗里面，靠卖房费、草场费、卖牲畜费生活，蒙古族牧民不会种地。村子中流动人口比较多。粮店老板盖起粮仓，放面用；山东包工头盖楼房，来这里买房子，做库房和住房；搅拌站老板，包头市的，12 万元买下移民房，用来住房和办公，以及工人用房。一些移民把羊放在牧区偷放。一个人喝死了，50多岁，从牧区搬来的蒙古族牧民，天天喝酒。女人也喝酒，抽烟。不谋生活就靠政府救济，什么也不做。寡妇很多，离婚的。就靠国家补贴，喜欢大吃大喝。

从生态移民搬迁前后的生态移民生计模式演变来看，生态移民的生计模式已经发生了非常大的变化，从单一依赖于草原畜牧业生产为主的生计模式，逐渐演变为非农生计模式为主，农业经营以及农业经营和非农混合型为辅的多样化的生计模式。生计模式的这种演变验证了经典的农户的风险规避型假定，生态移民面临经济社会以及生态环境等外界冲击的不确定性，他们往往会采取不同的生计策略组合来维持生计，其本质是尽可能减少不确定性带来的损失。

从生态移民搬迁之后的生态移民生计模式演变的生态移民访谈的案例分析看，无论是农村安置模式还是城镇安置模式，自搬迁以来，生态移民会不断更换工作，更换工作的本质是不断利用自己的生计资源调适自己的行为，以不断寻找到适应新环境的生计模式，以减少摩擦，降低生计风险，这种生计模式的演变直到他们寻找到较为合适和稳定的生计模式为止。

第二节　生态移民生计策略

一、生计策略理论分析

生计策略是由家庭成员实现的活动（农业生产、非农活动、迁移等），最终产生结果例如粮食或者收入安全（Ellis et al.，2003）。这些活动是以不同的配置为特征的，自然（土地面积、灌溉、土壤生产力），物质（工作工具、拖拉机、牲畜），金融（获得信贷）、公用的（道路、学校、公共服务）、社会（民间组织、移民网络）以及人力（教育、家庭规模和培训）资产的集合为特征（Winters et al.，2002）。一个生计是指获得一种生计的途径，包括利用技术、无形资产和有形资产（Chambers，1995）。家庭所从事的活动帮助识别不同的生计策略。生计策略可以被定义为资产（自然、物质、金融、公共、社会和人力），活动（农业、非农业），结果（粮食、收入、安全）和有权利一起决定一个人或家庭所获得的生计（Chambers，1995；Winters et al.，2002；Ellis et al.，2003）。像自然（土地）、物质（牲畜）或者人力（劳动力）资本的资产将提供给家庭不同的回报。资产回报在家庭和社区之间是不同的（Barret and Reardon，2000）。

大部分贫困农村家庭将他们的生计策略建立在管理风险事件的多种活动之上，进而获得可持续的收入流。例如，贫穷的马拉维农村居民面对几种限制，而这些限制只有通过某种结合才能解决，如提高农业生产力和多样化农业产出转向高价值产出，为了提高福利包括高利润活动像非农企业（Ellis et al.，2003）。

家庭风险管理策略是一系列计划过程中的一部分（Deveruex，1993），这个过程是风险预防、风险缓减和处理的一个组合，这个实践是对风险事件和结果的预料与反应。按照风险的损失是否发生可以将风险管理策略分为“事前”策略和“事后”策略（Pandey et al.，2000；丁士军和陈传波，2001），陈传波（2005）基于此种分类方法将风险管理策略分为两种，即收入平滑策略和消费平滑策略。收入平滑策略在大多数情况下是一个事前的风险减少策略。消费平滑是一个包含风险缓减和处理活动的事后策略（Morduch，1995）。根据默多克（Morduch，1995）的理论，一个人不能简单地看待消费平滑以及知道哪一种平滑机制在运作，在实际中，这两种类型能够彼此替换。“事前”生计策略的目的是避免风险的发生（风险预防），或者减少他们的影响（风险减轻）。如果风险预防和减轻不能运作，这会使得家庭将剩余的选择留给冲击实际发生时进行处理（事后）。事前风险减少能够减少风险或者降低风险的暴露。牧户应对干旱风险的“事前”生计策略是指那些在干旱发生之前以及干旱发生过程中，但是还没有对牧户造成实质性损失时，牧户为了避免或者减少损失的发生而采取的一系列措施。

不同资本禀赋家庭所采取的“事前”生计策略的形式及后果截然不同。农户采取的各种“事前”生计策略依赖于时间、资本禀赋、家庭生计资本组合的多样性，如大部分作物、作物和牲畜、仅有或者大部分牲畜或者农业生产的工作能力。保罗・B・西格尔和阿尔旺（Paul B. Siegel and Alwang，1999）认为脆弱性家庭应用不同的风险减少、缓减和处理策略来对风险作出反应可能降低短期脆弱性，但是增加了长期家庭脆弱性。另外，不完善的风险管理策略会导致更低的预期收入，而且可能仅对于某几种异质风险有效。当家庭采取了不完善的风险管理策略，资产经常被耗尽（有时有负外部性），资产积累偏向于预防性储蓄。霍尔登和宾斯万格（Holden and Binswanger，1998）指出富裕家庭可能有更多的任由他们利用的风险管理工具（例如，通过担保获得信贷）或者一些家庭可能由于有区别的实践被排除在外（例如，在撒哈拉沙漠，女性农民比男性农民容易应用更加少的投入）。

生计是一种谋生方式，而这种谋生方式是农户对其生计资源的综合利用，是通过建立在不同的行为和资产组合进而提高生活水平（Ellis，1998）。而农户对其生计多样化策略的选择同样是建立在农户生计资源禀赋以及外界环境的变化。在巨大的风险存在的地区，家庭策略被期望更加多样化作为一种途径来减少负面的气候事件带来的可能的冲击，特别是当损失管理策略有限的时候（Dunn et al.，1996）。在诸多不确定性信息条件下，风险规避型小农户将会通过个人的多样化策略来获得真正最优的自我保障（Bromley and Chavas，1989；陈传波和丁士军，2005）。家庭的一套活动的选择又由不同资产、资源和资本形式—自然、人力、生产、社会的结合所限制（Bebbington，1999）。

因此，生计多样化是发展中国家农户采取的一种生存策略（Ellis，2000）。

多样化是农户收入平滑中最为重要的选择之一（陈传波，2007）。生计多样化并不能减轻农户每一种生计策略本身的风险，但是，随着多样化水平的增加，农户的生计活动风险将被分散。小农户行为的典型特征之一是习惯采取多样化的生计策略来维持生计。如在种植业生产决策中，农户一般会倾向于采取混合作物，如经济作物和粮食作物的混合种植，而不是采取单一种植（Netting，1993），同样，农户也会采取饲养多种品种的牲畜。

农户会凭借其生计资源禀赋程度采取不同的多样化策略。其中，农户采取的多样化策略最为普遍的一种是收入来源多样化策略。农户在从事农业生产过程中风险随时相伴，农户为了规避风险以及积累实现生产方式上的转变所需要的资本，他们将重新组织其拥有的各种资源禀赋，使其收入来源多样化（陈传波，2007）。依靠农业维持的生计面临着多重限制，在许多冲击和压力面前是脆弱的，包括土地、资本、劳动力的缺乏、干旱、洪涝、疾病和粮食不安全。因此，家庭可能仅仅依靠农业不能维持生计，结果迫使他们多样化其生计进入其他非农经济活动。尽管收入多样化策略并不一定是牧户用来应对干旱风险的措施，但事实上已经起到了分散风险的作用（陈风波等，2005）。

生态移民采取的多样化策略以及采取程度受到诸多因素的影响。我国农村地区一直以来存在着农户经营方式多样化的现象，其生计策略多样化的需求是由其多样化的自我经营来获得满足的，形成了闭合的循环圈（陈传波，2007）。小农户很高的多样化水平与他们面临的市场缺陷有直接的关系（Kurosaki，1995）。许多研究记载着发展中国家的各个家庭是如何使他们的收入来源多样化，使他们的收入在一段时期内保持稳定的（Dercon，1999），然而，这些努力的净效应很有限，如旱灾既减少农业收入，也减少非农收入，因为作物歉收会使收入普遍下降，从而减少对非农服务的需求（Fachamps et al.，1998）。另一个制约因素是可供农户选择的收入方案的范围非常有限，对本可以使农户收入多样化的许多活动有着不少限制，其中包括缺少营运资金、技能和投入等（Reardon，1997）。农户采取的多样化策略并不局限于非农兼业或者非农活动的多样化，农户的多样化策略与当地农村的自然资源的开发利用程度等高度相关。农户的各种生计资本影响着农户农业多样化策略的采纳（梁义成等，2011）。如果家庭知道他们不能获得保险，那么他们更可能将应用收入平滑策略在风险发生之前来管理风险，这个可能通过非农收入来多样化一个家庭的组合（Morduch，1995）。

在生态移民安置区，生态移民通过复杂的社会和经济机制来应对周期性的损失，其中，收入来源多样化是一种运用比较广泛的风险管理策略。通常对农户的收入来源多样化的研究考察主要是对农户的各种收入进行细分，即养殖业收入、种植业收入、转移性收入、财产性收入、农业打工收入和非农收入，其中，种植业收入、养殖业收入、农业打工收入和非农收入是牧户采取的多样化收入创造活动的主要表现，即本书考察的是农户上述收入的构成比例，可以通过计算农户的收入多样化指数来考察生态移民的收入多样化行为。其中，辛普森（Simpson）多样化指数（SDI）是用来测度农户收入多样化程度较为普遍的一种方法，即：

$$SDI = 1 - \sum_{i=1}^{n} (M_i/M)^2$$

其中，M_i 表示生态移民某一个生产活动创造的收入，M 表示生态移民全年纯收入，n 代表生态移民生产活动的种类。

除了收入多样化之外，农户通常会采取作物种植多样化、牲畜饲养多样化以及资产拥有多样化等策略来应对其生计风险。尽管生态移民生计方式已经改变，但是，他们仍然沿袭以往牧区的多样化生计活动来应变因生计转型冲击所带来的可能损失。

二、生态移民生计策略特征

生态移民的生计活动是动态变化的，生态移民随时会根据家庭生计资本、外界环境、政策等因素而改变，进而不断追求其更高的家庭福利水平。从调研数据整理并分析出，生态移民一般的生计活动包括畜牧业生产、种植业生产、农业打工和非农业生产四种类型。对生态移民生计活动类型的考察，本书主要从生态移民收入来源的构成以及收入多样化指数两个指标来进行分析。图 6 - 4 统计描述了生态移民各种收入来源的构成，即生态移民所采取的生计策略类型。平均来看，生态移民以非农收入为主要收入来源，占到总收入的 40.53%，其次为禁牧补贴等转移性收入和财产性收入，占到总收入的 39.87%，其中以转移性收入为主要成分，仅此一项占到总收入的 38.91%，其次为家庭农牧业经营收入，占到总收入的 17.7%，农牧业打工收入最低，仅为 1.89%，生态移民的收入多样化程度并不高，为 0.379。

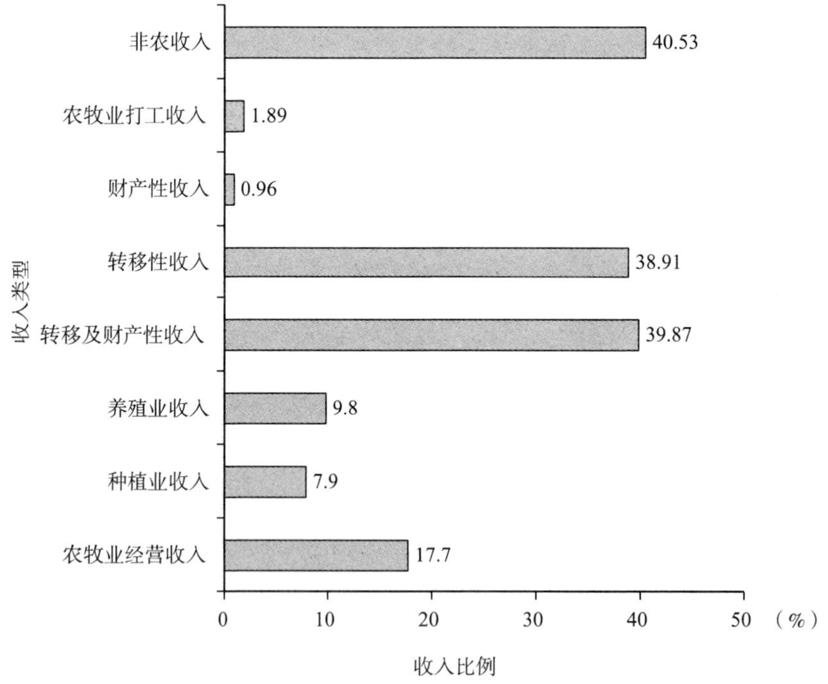

图 6 - 4　生态移民收入来源的构成

表6－3统计描述了不同类型生态移民收入来源的构成情况。通过比较不同安置模式来看，农村安置模式生态移民的家庭农牧业经营收入远远高于城镇安置模式，两种安置模式的转移及财产性收入来源比重有一些差异，以城镇生态移民居多，而农牧业打工收入以农村安置模式生态移民为主，城镇生态移民的非农收入比例要远高于农村安置模式，相比较起来，农村安置模式生态移民的收入多样化程度略高于城镇安置模式。通过比较不同经济状况生态移民情况来看，家庭农牧业收入所占比重以较高收入组及以上生态移民为主，随着收入水平的提高，生态移民的转移性及财产性收入的比重不断在下降，相反，非农打工收入以较高收入组及以上生态移民为主，随着收入水平的提高，生态移民的收入多样化程度在上升。无论是城镇安置模式还是农村安置模式的生态移民，随着收入水平的提高，生态移民的生计多样化指数也在提高。

表6－3　　　　　不同类型生态移民收入来源的构成情况

收入来源构成	平均	农村					城镇				
		平均	最低收入组	较低收入组	较高收入组	最高收入组	平均	最低收入组	较低收入组	较高收入组	最高收入组
家庭农牧业经营收入（%）	17.7	31.05	27.7	26.07	31.07	43.46	3.84	2.04	1.61	4.05	6.44
种植业收入（%）	7.90	14.17	18.92	12.30	12.82	9.40	1.40	0.00	0.00	0.00	4.50
养殖业收入（%）	9.80	16.88	8.78	13.77	18.25	34.06	2.44	2.04	1.61	4.05	1.94
转移及财产性收入（%）	39.87	33.58	33.46	34.58	37.1	28.14	46.43	68.46	43.31	41.21	42.61
转移性收入（%）	38.91	32.24	32.54	33.28	35.19	26.68	45.85	67.31	43.19	40.34	42.19

续表

收入来源构成	平均	农村					城镇				
		平均	最低收入组	较低收入组	较高收入组	最高收入组	平均	最低收入组	较低收入组	较高收入组	最高收入组
财产性收入（%）	0.96	1.34	0.92	1.30	1.91	1.46	0.58	1.15	0.12	0.87	0.42
农牧业打工收入（%）	1.89	3.21	6.64	2.42	1.20	0.37	0.52	0.40	1.43	0.29	0.00
非农收入（%）	40.53	32.16	32.20	36.93	30.63	28.04	49.22	29.11	53.64	54.45	50.96
收入多样化指数	0.38	0.41	0.34	0.38	0.48	0.50	0.35	0.17	0.34	0.37	0.42

三、生态移民生计策略影响因素

（一）模型的选择

本书在调研中对生态移民在搬迁后所采取的各种生计策略划分为三种类型，即继续从事农牧业经营、非农以及失业三种类型。这三种生计策略类型并没有严格的排序关系。对生态移民的三种生计策略的选择可以应用MNL模型（Multinomial Logit model）来估计，即哪些因素决定了生态移民会采取某种生计策略。

MNL模型已经被用来分析作物（Kurukulasuriya and Mendelsohn，2008；Hassan and Nhemachena，2008）和牲畜（Seo and Mendelsohn，2008）作为适应气候变化的负面影响的适应性方法。该模型的优点是它允许分析超过两个类型的决定，允许不同类型选择概率的决定（Madalla，1983；Wooldridge，2002）。对于有 j = 1，2，3，…，J 类的非次序反应变量，那么MNL模型可以通过下面的logit形式来描述：

$$P(y=j\mid x)=\exp(x\beta_j)/[1+\sum_{h=1}^{J}\exp(x\beta_h),\ j=1,2,\cdots,J]$$

式中，B_j 是 K×1，j=1，2，…，J。

在式中，y 代表一个 J 的随机变量，表示生态移民采取的生计策略，分别为农牧业经营、非农活动以及失业，x 代表包含不同的生态移民特征的变量。

在估计该模型之前，需要选择一组策略作为参照组，将其系数标准化为零。本书选择“失业”这一类型为参照组。解释变量的估计系数表示与其他策略相比生态移民分别采取其他两种策略的可能性。如果解释变量的系数为正，那么相对于参照组（失业）而言，该变量对于生态移民采取其他两种类型策略有相对概率为正的影响，即生态移民更有可能采取这样的策略；而如果解释变量的系数为负，那么表示相对于参照组的策略类型而言，该变量对于生态移民采取这种策略有着相对概率为负的影响，即生态移民更不可能采取这种策略。

（二）变量的选择

在某一时点上，劳动者的就业状况往往会取决于劳动者自身的劳动能力和意愿。劳动能力决定于个人的年龄、性别、文化程度、身体健康等，而劳动意愿决定于非农收入等因素的影响。本书结合牧区生态移民的实际情况，分别选择生态移民个体特征、家庭特征和社区特征三个方面的变量来对生态移民生计策略的类型选择影响因素进行分析。

1. 生态移民个体特征

主要包括生态移民的性别、年龄、教育程度以及劳动能力。男性、年龄偏小以及教育程度比较高的生态移民，往往会选择非农活动，尤其是外出打工来维持生计。

2. 家庭特征

除了生态移民个体特征外，生态移民采取什么样的生计策略仍然要受到家庭特征的影响，例如家庭规模或者家庭负担程度。家庭负担程度越大，生态移民并不会选择长期外出打工，而是会选择自己比较熟悉的农牧业生产活动。

3. 社区特征

社区特征同样是重要的影响因素，这里主要选择安置模式这一外部特征来进行衡量。不同的安置模式，因社区各种公共资源的提供而为生态移民提供不同方便程度的重要资源来从事各种生计策略。例如，城镇安置生态移民居住区往往会聚集各种形式的第三产业，因此，生态移民从事第三产业的机会就比较多。

表 6－4　　　　选择变量的特征说明

变量名称	变量定义	均值	方差	最小值	最大值
年龄	连续变量	40.35	11.004	18	60
教育程度	实际接受教育年限连续变量	7.80	3.558	0	13
劳动能力	依据家庭成员人力资本指标值计算的连续变量	4.81	0.798	0	5
性别	1＝男；2＝女	1.46	0.498	1	2
民族	1＝汉族；2＝蒙古族	1.64	0.480	1	2
负担比	0～1 的连续变量	0.22	0.223	0	1
安置模式	1＝农村安置；2＝城镇安置	1.49	0.500	1	2

（三）模型的估计结果分析

本书应用 Stata11.0 软件，收集 210 户 451 位 18～60 岁的生态移民个体的数据分别对生态移民生计策略进行 MNL 模型的回归检验，模型的估计结果见表 6－5。

表 6－5　　生态移民生计策略选择的 MNL 模型回归结果

变量名称	农业经营/失业		非农活动/失业	
	系数	标准差	系数	标准差
年龄	0.010	0.021	−0.071***	0.018
教育程度	0.069	0.059	0.096*	0.052
劳动能力	0.251	0.218	0.613***	0.203
性别	−0.739*	0.390	−1.668***	0.332
民族	0.215	0.399	−0.064	0.335
负担比	0.026	0.837	0.118	0.697
安置模式	−4.469***	0.567	−0.639*	0.370
常数项	4.966	1.873	4.205	1.650
Log likelihood = −292.03703	Pseudo R2 = 0.3331		Prob > chi2 = 0.0000	

注：***、* 分别表示显著性水平为 1%、10%。

1. 生态移民个体特征对生态移民生计策略选择具有显著影响

年龄、教育程度、劳动能力和性别等生态移民的个体特征对其非农活动选择具有显著差异，分别在 1%、10%、1%、1% 的水平上显著。即随着生态移民年龄的增加，生态移民更偏向于选择不就业，随着教育程度的提高，人们更偏向于选择非农活动，同样随着生态移民劳动能力的增强，生态移民更倾向于选择非农策略，相对于女性来讲，男性更偏向于选择非农活动和农业经营，而女性往往选择不就业。

2. 生态移民家庭特征对其生计策略的选择影响不显著

本书选择了民族和负担比两个家庭变量来衡量。负担比越高，生态移民越倾向于选择农业和非农业活动，而蒙古族较汉族生态移民更倾向于选择农业经营活动。但是，两个自变量对三种生计策略选择的影响均不显著。

3. 安置模式的社区特征显著影响生计策略的选择

本书选择的社区特征是安置模式。因为不同的安置模式，生态移民获得的生计资源有很大的差异。农村安置模式生态移民更倾向于选择农业经营活动和非农活动，而城镇安置模式倾向选择不就业。

四、生态移民的农牧业经营活动

（一）生态移民关于农牧业生产从事意愿认知

在生计转型背景下，总会存在多种因素迫使生态移民面临着如何顺利从事其安置区的农牧业生产方式。在总体样本中，有86户生态移民回答了从事农牧业生产意愿情况，表6－6统计描述了生态移民的农业生产意愿。结果显示，有53.49%的生态移民表示愿意从事农牧业生产活动，其中，以最低收入组生态移民报告的比例最高，达到了66.67%，其次为最高收入组生态移民。

表6－6　　不同经济状况生态移民从事农业生产意愿　　单位：%

从事意愿	平均	最低收入组	较低收入组	较高收入组	最高收入组
是	53.49	66.67	40	50	54.55
否	46.51	33.33	60	50	45.45

生计转型的冲击往往会导致生态移民对现行农牧业生产方式产生不情愿从事的认知。表6－7统计了不同经济状况生态移民不愿意从事农业生产的原因情况。在总体样本中，有40户被调查生态移民对本项目关于不愿意从事农业生产的原因进行了回答。统计结果显示（见图6－5），不适应安置区的农业生产的报告比例最高，达到了25%，其次为这个生产方式造成了家庭收入的减少，报告比例为22.5%，然后表示从事这种农业生产方式纯粹属于无奈，报告比例也达到了10%。比较不同经济状况生态移民不愿意从

事农业生产的情况，关于耕地少的原因，报告比例主要集中在较低收入组和最高收入组中，报告比例分别占到一半；考察收入减少原因，以较高收入组为最高报告比例，其次为最高收入组和较低收入组；较高和最低收入组有70%的比例报告对于农业生产的不适应。仅有较高收入组生态移民报告劳动力年龄偏大而不愿意从事农业生产，较低和最低收入组均有50%的比例报告不从事这种农业生产属于无奈情况。

表6－7　　不同经济状况生态移民从事农业生产意愿统计结果　　单位：%

不愿意从事农业生产原因	平均	最低收入组	较低收入组	较高收入组	最高收入组
耕地少	5.00	0.00	50.00	0.00	50.00
收入减少	22.50	11.11	22.22	44.44	22.22
不适应	25.00	10.00	20.00	40.00	30.00
劳动力年龄偏大	2.50	0.00	0.00	100.00	0.00
牲畜减少	5.00	0.00	50.00	0.00	50.00
无奈	10.00	50	50	0.00	0.00

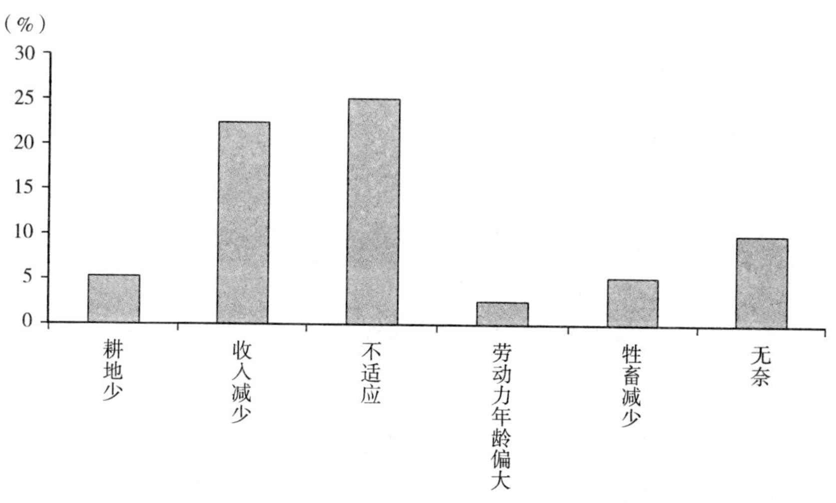

图6－5　生态移民不愿意从事农业生产原因统计

（二）生态移民关于从事农业生产遇到的主要困难的认知

面临农牧业生产方式，耕地、草场以及安置区农牧业产业政策的变化，生态移民在安置区从事较为新鲜的农牧业生产不免会遇到诸多困难。图6－6统计描述了生态移民对其从事农牧业生产中遇到的主要困难的认知情况。从统计结果看，搬迁后，资金短缺是生态移民面临的最主要的困难，报告比例为55.81%，其次为自然灾害，比例为38.37%，然后有32.71%的比例报告缺乏耕地，接着是技术缺乏、劳动力缺乏、知识缺乏、销售市场缺乏、社会关系缺乏以及种地经验缺乏等。

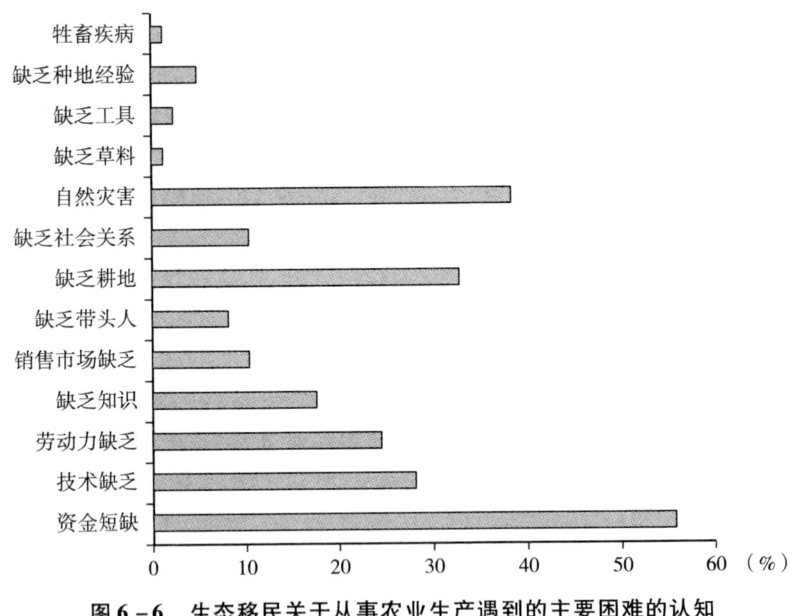

图6－6　生态移民关于从事农业生产遇到的主要困难的认知

进一步考察不同经济状况生态移民在农牧业生产过程中存在的问题。从表6－8的统计描述结果看，在资金短缺方面，以最低和较低收入组为主要报告比例，而较高和最高收入组报告比例相对比较低。在报告技术缺乏困难中，以较高和最高收入组为报告比例最高；有更高比例的较低和最低收入组生态移民报告农业生产中会有劳动力缺乏、知识的缺乏、带头人的缺乏以及自然灾害的困难。在销售市场缺乏、缺乏耕地方面，以较高和最高收入生态移民组为主要报告比例。关于缺乏社会关系方面的困难，主要以最高收入组和最低收入组报告比例为主。缺乏种地经验主要集中在最高收入组生态移民组中，而报告牲畜疾病主要集中在最低收入组中。

表6-8 不同经济状况生态移民从事农业生产困难的认知情况 单位：%

困难类型	平均	最低收入组	较低收入组	较高收入组	最高收入组
资金短缺	55.81	27.45	27.45	25.49	19.61
技术缺乏	27.91	8.00	24.00	36.00	32.00
劳动力缺乏	24.42	38.10	33.33	19.05	9.52
缺乏知识	17.44	25.00	37.50	25.00	12.5
销售市场缺乏	10.47	11.11	22.22	33.33	33.33
缺乏带头人	8.14	57.14	28.57	14.29	0.00
缺乏耕地	32.71	30.30	9.09	36.36	24.24
缺乏社会关系	10.47	33.33	11.11	11.11	44.44
自然灾害	38.37	34.29	20.00	28.57	17.14
缺乏草料	1.16	0.00	100	0.00	0.00
缺乏工具	2.33	50.00	0.00	50.00	0.00
缺乏种地经验	4.65	0.00	0.00	0.00	100
牲畜疾病	1.16	100.00	0.00	0.00	0.00

除了统计描述之外，本书利用深入访谈生态移民关于农牧业从事意愿的认知情况的记录进行了汇总，专栏6-1汇总了与不同生态移民深入交谈的访谈记录。从访谈记录可以反映出，生态移民在生计转型过程中，在安置区从事农牧业生产显然面临着诸多困境，例如，无法适应新的农牧业生产方式，

而是仍然热衷于原有的放牧生产方式，现在的农业生产方式成本高于收益。

专栏6－1

生态移民访谈——从事农牧业活动的困境

ID111407：牧民不放养，没有活干了。

ID111409：不会种地。

ID111511：投入太大，收入太少。

ID111515：成本高，需要会喂，技术，在牧区粗放牧，不用技术。

ID111403：牧民不放牧没有办法生活了。

ID111104：耕地少，不如放牧挣钱多。

ID111106：更喜欢以前那种，自己没有种过地，以前劳动清闲。

ID111116：放牧方便，生活水平高。

ID111217：没有办法，为了生活必须从事，实在是没有办法才种地，不然谁也不会种地的。

ID111314：不适应这种种植，不会种，这是一个过程，慢慢适应了，如果国家允许养羊，还想养羊，不知道浇水、施肥。

（三）生态移民关于农牧业生产活动重要性的认知

同样是从事农牧业生产活动，但是，在生计转型背景下，生态移民会依据多种因素对所从事的农牧业生产活动在其家庭生计中心的作用和重要程度有不同的认知。表6－9统计描述了不同经济状况生态移民关于农牧业生产方式对家庭生计重要性程度的认知情况。统计结果显示，有56.98%的生态移民报告仍然是迁移之前的农牧业生产活动对家庭生计更加重要，仅有22.09%的生态移民的认知正好相反。比较不同经济状况生态移民的认知情况，分别有68.42%、60%、56%的较高收入组、较低收入组和最低收入组生态移民认为迁移前农牧业生产活动更加重要，而最高收入组的比例最低为45.45%，相反，最高收入组有31.82%的生态移民报告迁移后的农牧业生产更加重要。

表6-9　不同经济状况生态移民对农牧业在家庭中的重要性的认知

类别	平均	最低收入组	较低收入组	较高收入组	最高收入组
迁移前	56.98	56.00	60.00	68.42	45.45
一样	20.93	24.00	15.00	21.05	22.73
迁移后	22.09	20.00	25.00	10.53	31.82

（四）生态移民关于语言对农业生产活动影响的认知

90.15%的生态移民报告他们会用蒙汉双语进行交流，本书研究设计了生态移民对于语言交流是否影响其农业活动的调查问题，图6-7统计描述了此问题的调查结果。结果显示，报告比例均比较低，其中，以较高收入组为最高，比例为17.39%，其次为较低收入组，比例为13.04%，比例最小的为最高收入组，比例仅为5.56%。总体来说，对于收入水平较高的蒙古族生态移民而言，语言并不会对其农牧业生产产生不利影响。

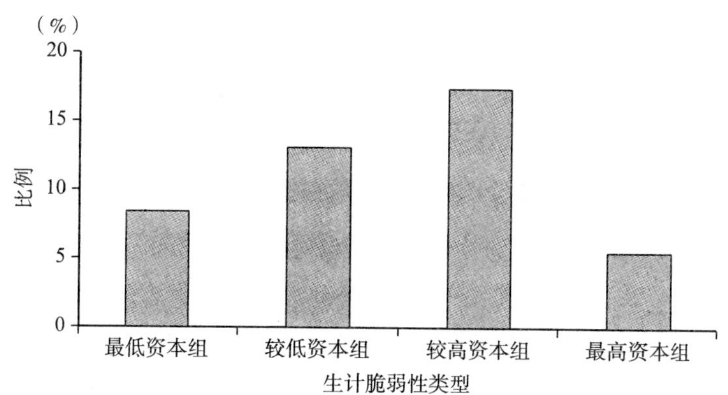

图6-7　不同经济状况生态移民对语言交流影响农业活动的认知

五、生态移民的非农活动

（一）生态移民关于非农活动获得难易程度的认知

在生计转型背景下，生态移民面临的一种棘手的挑战就是寻找非农活动。一方面，由于生计资源的改变，尤其是农牧业生产资源的减少，从事农牧业生产活动的概率会急剧下降；另一方面，生态移民在迁移之前有很大比例家庭成员没有从事非农活动的经历，而转型之后面临着非农活动寻找的挑战。因此，非农活动难易程度高低在一定程度上决定了生态移民的可持续发展。表6－10统计描述了不同经济状况生态移民搬迁后非农活动难易程度的认知统计。在项目调查研究中，有149户生态移民回答了在搬迁后非农工作获得难易程度。统计描述结果显示，有58.39%的生态移民报告比较容易寻找，41.61%的生态移民认为不容易获得非农活动。从不同经济状况看，报告容易找到非农活动的比例主要集中在较低和最低收入生态移民组中。

表6－10　不同经济状况生态移民关于是否容易找到非农工作的认知情况　单位：%

类别	平均	最低收入组	较低收入组	较高收入组	最高收入组
是	58.39	62.50	61.11	53.33	59.09
否	41.61	37.5	38.89	46.67	40.91

（二）生态移民对非农活动中遇到的主要困难的认知

由于生计方式的改变，生态移民在非农活动过程中不免会面临着诸多困境。图6－8统计描述了生态移民所报告的在非农活动中遇到的各种困难的统计。统计结果表明，以报告工资少为最高比例，报告比例达到了55.07%，其次为缺技术，比例为45.66%，然后为打工机会，比例为44.20%，接着有知识缺乏、资金短缺、社会关系缺乏、语言沟通困难、缺乏带头人以及缺乏企业等。

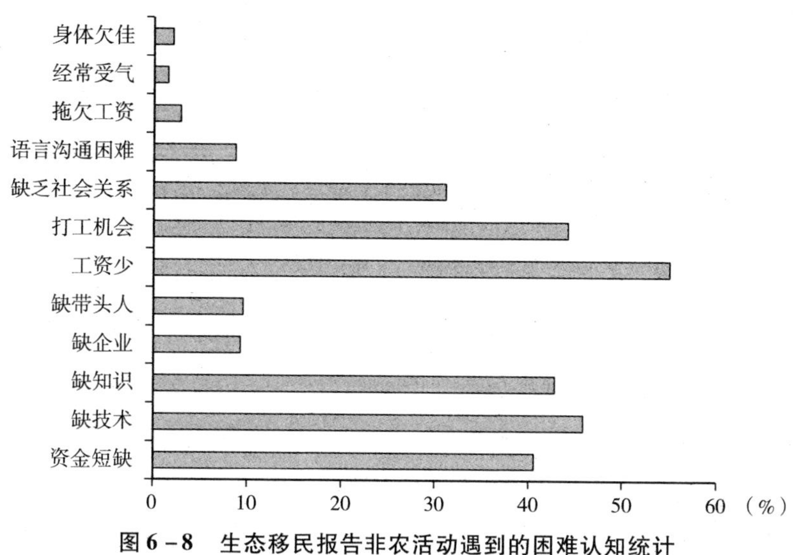

图 6-8 生态移民报告非农活动遇到的困难认知统计

不同经济状况生态移民在从事非农活动过程中会遇到不同类型的困难。表 6-11 统计描述了不同经济状况生态移民对其所面临的各种非农活动困难的统计情况。统计结果显示，较高收入和最高收入组以报告资金短缺、缺乏企业、缺乏带头人、工资少、打工机会少、语言沟通困难等报告比例居多数，而相反，较低收入和最低收入组生态移民以缺乏技术、缺乏知识、缺乏社会关系、拖欠工资、经常受气等为主要报告比例。

表 6-11 不同经济状况生态移民从事非农活动困难统计结果 单位：%

困难类型	平均	最低收入组	较低收入组	较高收入组	最高收入组
资金短缺	40.58	47.83	32.43	50.00	39.47
缺技术	45.66	56.52	48.65	60.00	34.21
缺知识	42.75	60.87	45.95	47.50	23.68
缺企业	9.41	13.04	5.41	7.50	13.16

续表

困难类型	平均	最低收入组	较低收入组	较高收入组	最高收入组
缺带头人	9.42	13.04	5.41	10.00	10.53
工资少	55.07	65.22	37.84	60.00	60.53
打工机会	44.20	26.09	48.65	47.50	47.37
缺乏社会关系	31.16	39.13	29.73	27.50	31.58
语言沟通困难	8.70	0.00	13.51	12.50	5.26
拖欠工资	2.90	0.00	10.81	0.00	0.00
经常受气	1.45	4.35	2.70	0.00	0.00
身体欠佳	2.17	0.00	2.70	0.00	0.00

专栏6－2统计描述了调查员与生态移民关于非农活动寻找的访谈记录。生态移民反映在迁移出来之后寻找非农工作面临的诸多困境，主要表现在自身无技能、企业较少而且要求苛刻、拖欠工资、非常苦力的工作、不习惯等。

专栏6－2

生态移民访谈记录汇总——非农工作寻找

ID111624：在工地上啥也不会，干不了，一辈子也没有干过。来这里不会生活，有些钱就买酒、菜，不习惯在这里打工，在牧区开销小。

ID111114：都想回牧区，自由自在，收入高，不用打工，岁数大了也打不了工。

ID112110：真受罪、苦重，和老板受气、有时候还不给钱，女的更是苦重，老板看你身体不行，干不动就被辞退了。

ID112101：来这里缺钱，不会技术，找工作不好找。

ID111226：没钱做不成生意。

ID111103：工资不好要，河东盖学校，拖欠8 000元。

ID111602：最近在小区里当了两天小工，就干不动了，胳膊酸疼得不行，现在几乎没有工作可做，不识字、汉语懂得不多。

ID111612：找好工作总要求学历、工作经验，女主人，只能去饭店打工，当蒙餐师傅，每月只能挣1 000元。

ID111615：现在打工只能帮忙背东西，从车上卸货，干不了重活，不会技术活，冬天和春天就没有活干了。

ID111623：瞧不起牧民。

ID111113：自己缺技术，政府办的厂子少，私人厂子太多无安全保障。

（三）生态移民关于语言对非农活动影响的认知

在蒙古族家庭中，有90.15%的生态移民报告他们会用蒙汉双语进行交流，本书研究设计了生态移民对于语言交流是否影响其非农活动的调查问卷，图6－9统计描述了不同经济状况生态移民对语言交流影响非农活动的认知情况，结果显示有36%的较低收入组报告语言交流会影响其非农活动，其次，33.33%的最高收入组生态移民报告会存在影响，最低的为较高收入组，比例为16.67%。

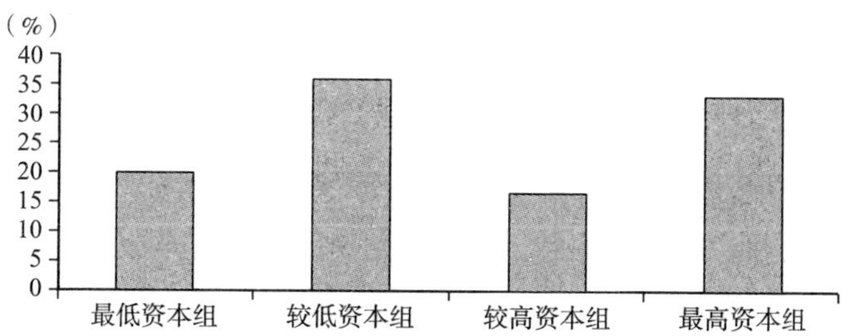

图6－9　不同经济状况生态移民对语言交流影响非农活动认知

（四）生态移民对非农活动获得途径的认知

在生计转型背景下，生态移民面临新的生计环境，非农活动获得途径对其顺利实现生计转型具有非常重要的作用。图 6－10 统计描述了生态移民对其家庭成员非农活动获得途径的报告，统计结果显示，生态移民仍然以自己寻找非农活动为主，报告比例为 79.71%，其次为朋友，比例为 31.88%，接着为亲戚，比例为 24.64%，然后是政府，比例为 6.25%，而没有人报告获得非政府组织的支持。

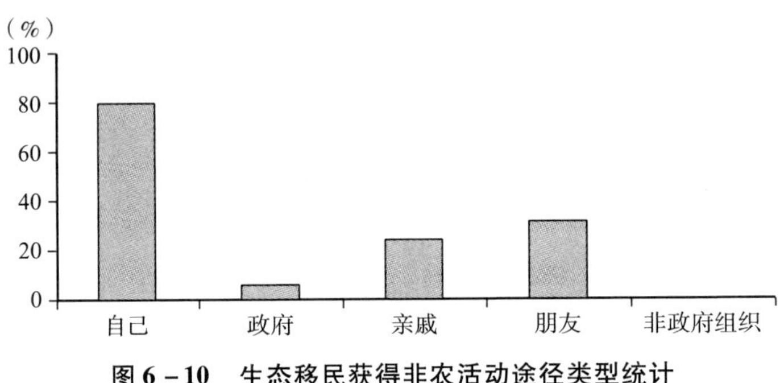

图 6－10　生态移民获得非农活动途径类型统计

拥有不同生计资源的生态移民在非农活动获得途径方面可能会有所差异。表 6－12 统计描述了不同经济状况生态移民报告的非农活动获得途径的统计情况。结果显示，最低收入组和较低收入组生态移民均在 80% 的比例报告需要依靠自己来寻找非农工作，而较高收入组和最高收入组有比较大的比例依靠亲戚和朋友来获得非农活动。

表 6－12　不同经济状况生态移民非农活动获得情况的认知情况　单位：%

经济状况	自己	政府	亲戚	朋友	非政府组织
平均	79.71	6.25	24.64	31.88	0.00
最低收入组	82.61	4.35	26.09	30.43	0.00
较低收入组	86.49	8.11	13.51	16.22	0.00
较高收入组	77.50	5.00	30.00	32.50	0.00
最高收入组	73.68	7.89	28.95	47.37	0.00

不同类型生态移民会对自己所获得的非农活动的途径有一个大致的满意度评价，在总样本中有133户被调查生态移民回答了关于非农活动获得途径的满意度的认知情况。从表6－13的统计描述看，对非农活动获得途径非常满意的主要以最高收入组报告比例最高，其次为较低收入组，最低收入组报告比例最低，仅为8.70%。

表6－13　不同经济状况生态移民非农活动获得满意度认知情况　单位：%

脆弱性类型	非常满意	一般	很不满意
平均	18.05	57.89	24.06
最低收入组	8.70	69.57	21.74
较低收入组	22.86	54.29	22.86
较高收入组	13.51	64.86	21.62
最高收入组	23.68	47.37	28.95

（五）家庭成员非农活动从事情况

从牧区转移出来的生态移民维持生计的主要途径之一就是非农生计活动。基于对生态移民从事的非农活动的实际考察，可以将生态移民的非农活动划分为三种类型，即“有手艺”与“无手艺”打工工作、固定工作和无任何工作，其中，固定工作包括政府工作人员、公司职工、教师、医生、干部、军人以及个体户等。对于生态移民家庭成员非农活动的主要考察对象为18岁（非学生）到60岁的成年劳动者。对于生态移民非农活动的考察将从不同角度来进行比较分析，如性别、年龄、教育程度、劳动能力、民族、家庭经济状况以及迁移模式等方面。

表6－14从总体上描述了生态移民非农活动的类型，从统计结果看，生态移民从事临时打工工作（即有手艺和无手艺）的比重最高，达到了46.12%，没有从事任何工作的生态移民同样比重比较高，比例达到了42.79%，仅有

11.10%的生态移民从事固定工作。

进一步考察临时工作类型，生态移民主要以无手艺打工为主，所占比例达到了35.03%，而仅11.09%的生态移民从事有手艺的打工工作。深入考察生态移民选择打工工作的时间程度，在有手艺打工工作中，有70.00%的生态移民一般会从事至少半年以上工作，有26.00%的生态移民会选择从事此项工作的时间在4~6个月，低于3个月的生态移民从事的比例比较低，仅为4.00%。在无手艺打工中，生态移民仍然以从事半年以上时间为主，即比例达到了65.19%，其次为从事4~6个月的工作时间，比例为24.68%。从生态移民的固定工作看，主要以个体户或者小本生意所占的比例最高，从事比例达到了固定工作的43.96%，其次为教师、医生、村干部、军人等比例达到了21.98%，另外，有11.98%的生态移民在公司或者工厂从事固定工作，从事其他职业的比例相对比较低。

表6-14　　生态移民非农活动类型　　单位：%

工作类型	百分比	工作类型	百分比	工作类型	百分比
打工（有手艺）	11.09	打工（无手艺）	35.03	政府工作人员	8.02
3个月及以下	4.00	3个月及以下	10.13	公司（工厂）职工	11.98
4~6个月	26.00	4~6个月	24.68	教师、医生、村干部、军人	21.98
7~12个月	70.00	7~12个月	65.19	个体户（小本生意）	43.96
无任何工作	42.79	固定工作合计	11.09	个体加工	8.02
				个体运输	6.04

1. 不同年龄生态移民非农活动类型

表6-15统计描述了不同年龄生态移民的非农活动类型的选择情况。从统计结果看，随着年龄的增长，没有任何非农工作的生态移民比例在提高。考察有手艺打工类型情况，随着年龄的增长，从事有手艺打工类型活动的生

态移民比重在减少，从事3个月及以下的主要集中在41～50岁的生态移民中，从事时间为4～6个月的以31～40岁的生态移民为主，比例达到了46.5%，其次为41～50岁的生态移民，比例为30.77%，有23.08%的18～30岁的生态移民选择此类型。随着年龄的增加，生态移民选择半年以上的打工时间的比例在降低。考察无手艺打工情况，从事3个月及以下打工主要以31～50岁的生态移民为主，而从事3个月以上打工时间则以50岁以下生态移民为主。就固定工作类型看，以18～30岁的生态移民从事比例最高，比例达到了46%，其次为41～50岁，比例为28%。在政府部门工作的比例主要集中在41～50岁，比例为75%，其次为18～30岁，公司职员以及教师、军人、医生等从事人员以18～30岁为最多，个体户或小本生意以及个体加工集中在50岁以下生态移民当中，而个体运输主要以18～30岁的生态移民为主要从业人员。

表6－15　不同年龄生态移民从事非农活动类型　单位：%

工作类型	18～30岁	31～40岁	41～50岁	51～60岁
无任何工作	10.36	20.21	34.20	35.23
打工（有手艺）	46.00	30.00	22.00	2.00
3个月及以下	0.00	0.00	100.00	0.00
4～6个月	23.08	46.15	30.77	0.00
7～12个月	57.14	25.71	14.29	2.86
打工（无手艺）	25.95	34.81	31.01	8.23
3个月及以下	18.75	37.50	37.50	6.25
4～6个月	17.95	35.90	30.77	15.38
7～12个月	30.10	33.98	30.10	5.83
固定工作	46.00	18.00	28.00	8.00
政府工作人员	25.00	0.00	75.00	0.00
公司（工厂）职工	83.33	0.00	0.00	16.67

续表

工作类型	18～30岁	31～40岁	41～50岁	51～60岁
教师、医生、村干部、军人	54.55	18.18	18.18	9.09
个体户（小本生意）	36.36	27.27	27.27	9.09
个体加工	25.00	25.00	50.00	0.00
个体运输	66.67	0.00	33.33	0.00

2. 不同性别生态移民非农活动类型

表6－16统计描述了性别维度的生态移民非农活动选择情况。统计结果表明，迁移之后，女性没有从事工作的比重要高于男性。比较有手艺打工情况，男性生态移民从事此项工作比例高于女性，男性生态移民从事4个月以上的有手艺打工比例高于女性。考察无手艺打工情况，不论从事时间长短均以男性为主。对于固定工作，仍然以男性为主，进一步考察固定工作类型，在政府工作的比例以女性为主，其余均以男性生态移民为主。

表6－16　　不同性别生态移民从事的非农活动类型　　单位：%

工作类型	男性	女性
无任何工作	41.45	58.55
打工（有手艺）	70.00	30.00
3个月及以下	50.00	50.00
4～6个月	61.54	38.46
7～12个月	74.29	25.71
打工（无手艺）	62.66	37.34
3个月及以下	68.75	31.25
4～6个月	53.85	46.15
7～12个月	65.05	34.95
固定工作	64.00	36.00

续表

工作类型	男性	女性
政府工作人员	25.00	75.00
公司（工厂）职工	66.67	33.33
教师、医生、村干部、军人	54.55	45.45
个体户（小本生意）	68.18	31.82
个体加工	75.00	25.00
个体运输	100.00	0.00

3. 不同教育程度生态移民非农活动类型

表6－17统计描述了不同教育程度生态移民的非农活动的选择情况。从统计结果看，没有从事任何非农活动的主要集中在小学和初中文化水平的生态移民当中，比例分别达到了36.79%和38.86%。考察有手艺打工情况看，选择比例最高的是初中文化水平，比例为38.00%，其次为高中文化水平的生态移民，比例为34.00%，文盲程度的生态移民的比例最低，仅为4.00%。进一步考察有手艺打工的时间长短情况，3个月及以下的从事时间主要以小学及以下文化程度的生态移民为主。4～6个月以及7个月以上的从业时间主要以初中和高中水平的生态移民为主。考察无手艺打工情况看，以初中文化程度的生态移民为最高比例，比例达到了54.43%，其次为小学文化程度，比例为27.22%，文盲程度的生态移民比例最低，仅为2.53%。进一步考察从事此项工作的时间多寡，有68.75%的初中文化程度生态移民选择从业时间为3个月及以下，4～6个月以及7个月以上以小学和初中文化程度的生态移民为主，其中，以初中文化程度生态移民所占比例最高。从固定工作类型看，文盲的从业比例为零，以初中文化程度的比例最高，达到了54.00%，其次为大专及以上学历的生态移民。在固定工作各类型中，政府工作人员以大专及以上学历生态移民比例最高，其次为高中和初中。公司或

者工厂职工以初中文化程度的生态移民比例为最高，达到了50.00%，其次为大专及以上学历的生态移民。教师、医生、村干部、军人等从业人员以大专及以上学历生态移民为主，比例达到了45.45%，选择个体户或小本生意的生态移民以初中文化水平为主，比例达到了72.73%。个体加工主要集中在初中和高中文化程度的生态移民中，比例分别为50%，个体运输的从业主要以初中和小学文化程度的生态移民为主，比例分别为66.67%和33.33%。

表6－17　　不同教育程度生态移民从事的非农活动类型　　单位：%

工作类型	文盲	小学	初中	高中	大专及以上
无任何工作	15.54	36.79	38.86	6.74	2.07
打工（有手艺）	4.00	18.00	38.00	34.00	6.00
3个月及以下	50.00	50.00	0.00	0.00	0.00
4～6个月	7.69	15.38	38.46	38.46	0.00
7～12个月	0.00	17.14	40.00	34.29	8.57
打工（无手艺）	2.53	27.22	54.43	12.03	3.80
3个月及以下	6.25	18.75	68.75	6.25	0.00
4～6个月	5.13	33.33	48.72	12.82	0.00
7～12个月	0.97	26.21	54.37	12.62	5.83
固定工作	0.00	8.00	54.00	18.00	20.00
政府工作人员	0.00	0.00	25.00	25.00	50.00
公司（工厂）职工	0.00	0.00	50.00	16.67	33.33
教师、医生、村干部、军人	0.00	0.00	27.27	27.27	45.45
个体户（小本生意）	0.00	13.64	72.73	9.09	4.55
个体加工	0.00	0.00	50.00	50.00	0.00
个体运输	0.00	33.33	66.67	0.00	0.00

4. 生态移民非农活动地点的选择

表6－18统计描述了生态移民从事非农活动地点选择情况。从表中可以

看出，有手艺和无手艺打工地点范围主要是在本旗内，其次为安置区内。政府工作主要是在本旗内，公司或者工厂工作主要集中在本旗外，其次为本旗内部。教师、医生、村干部、军人等职业主要以安置区和本旗内为主。生态移民从事的个体户或者小本生意主要以本旗及安置区为主要活动地点，个体加工以安置区为主，比例占到75.00%，个体运输平均分配在三个不同的地区。

表6-18　　生态移民从事的非农活动的地点选择　　单位：%

工作类型	安置区	本旗内	本旗外
打工（有手艺）	18.00	66.00	16.00
打工（无手艺）	39.87	53.80	6.33
政府工作	0.00	100.00	0.00
公司（工厂）	16.67	33.33	50.00
教师、医生、村干部、军人	45.45	45.45	9.09
个体户（小本生意）	36.36	45.45	18.18
个体加工	75.00	0.00	25.00
个体运输	33.33	33.33	33.33

（1）不同文化程度生态移民非农工作地点选择。

表6-19统计描述了不同文化程度生态移民非农打工地点的选择情况。在安置区从事有手艺打工的生态移民主要以高中、初中为主，其次为小学，在本旗内及本旗外从事该项工作的主要以初中和高中学历的生态移民为主。考察无手艺打工类型的地点选择来看，选择安置区和本旗内的主要以小学和初中文化水平的生态移民为主，而选择本旗外从事无手艺打工的主要以初中文化水平的生态移民为主。

表 6-19　　不同文化程度生态移民非农打工地点的选择　　单位：%

工作类型	地点	文盲	小学	初中	高中	大专及以上
打工（有手艺）	安置区	0.00	22.22	33.33	44.44	0.00
	本旗	6.06	18.18	39.39	30.30	6.06
	本旗外	0.00	12.50	37.50	37.50	12.50
打工（无手艺）	安置区	4.76	38.10	39.68	14.29	3.17
	本旗	0.00	22.35	63.53	10.59	3.53
	本旗外	10.00	0.00	70.00	10.00	10.00

（2）不同年龄生态移民非农工作地点选择。

表 6-20 统计描述了不同年龄生态移民非农打工地点选择情况。选择安置区的主要为 31～40 岁的生态移民，其次为 41～50 岁和 18～30 岁的生态移民。选择本旗及本旗外从事有手艺打工的以 18～30 岁的生态移民为主，其次为 31～40 岁的生态移民。从无手艺打工的地点选择情况来看，41～50 岁的生态移民选择安置区为打工地点，比例为 34.92%，其次有 31.75% 的 31～40 岁生态移民在移民安置区从事无手艺打工，在本旗内从事无手艺打工的主要以 31～40 岁为主，其次为 41～50 岁的生态移民。选择本旗以外从事无手艺打工的主要是 18～30 岁的生态移民，其次为 31～40 岁的生态移民。

表 6-20　　不同年龄生态移民非农打工地点选择　　单位：%

工作类型	地点	18～30 岁	31～40 岁	41～50 岁	51～60 岁
打工（有手艺）	安置区	22.22	44.44	33.33	0.00
	本旗	48.48	27.27	21.21	3.03
	本旗外	62.50	25.00	12.50	0.00
打工（无手艺）	安置区	19.05	31.75	34.92	14.29
	本旗	27.06	38.82	30.59	3.53
	本旗外	60.00	20.00	10.00	10.00

（3）不同性别生态移民非农工作地点选择。

表6－21统计描述了不同性别生态移民非农打工地点选择情况，从统计结果看，除了在本旗外从事有手艺打工的生态移民在男性和女性没有显著差异外，其余类型均以男性为主，特别是选择本旗外从事无手艺打工男性占有绝对的比重。

表6－21　　不同性别生态移民非农打工地点选择　　单位：%

工作类型	地点	男性	女性
打工（有手艺）	安置区	66.67	33.33
	本旗	75.76	24.24
	本旗外	50.00	50.00
打工（无手艺）	安置区	60.32	39.68
	本旗	60.00	40.00
	本旗外	100.00	0.00

第三节　本章小结

本章依据生态移民生计脆弱性分析框架，基于生计模式和生计策略理论分析，分别考察不同类型生态移民所采取的生计模式和生计策略。

首先，基于生计模式理论以及现有关于农户生计模式分类方法，本书依据生计模式基本内涵以及牧区生态移民生计策略类型，将生态移民生计模式划分为四种类型，即纯农业经营型、纯补贴型、农业经营与非农混合型和非农型。调查研究结果显示，53.33%的生态移民选择非农活动类型模式，22.86%的生态移民选择农业经营和打工混合型生计模式，14.76%的生态移民选择纯农业经营型生计模式，9.05%的生态移民选择纯补贴型生计模式。

比较分析了不同安置模式以及不同经济状况生态移民的生计模式。农村安置模式生态移民的生计模式更加多样化，而城镇安置模式生态移民相对来说比较单一。城镇安置模式生态移民有比较高的比例选择纯补贴型生计模式，而在农村安置模式中的生态移民比较少。在城镇安置区中，随着收入水平的提高，生态移民选择纯补贴型生计模式在所有的生计模式中的比重在降低，相反，选择以纯打工型为主要生计模式的比例在增加。在农村安置模式中，与城镇安置模式相同的一点是，随着收入水平的提高，生态移民选择纯补贴型的生计模式的比例在减少，而正好与城镇安置模式相反的一点是，随着收入水平的提高，选择纯非农型生计模式的比例在下降，而选择农业经营与非农混合型生计模式在不断提高。

本章分别考察了生态移民搬迁前后以及搬迁以来的生计模式演变。生态移民生计模式演变呈现出突变特征，从单一依赖于草原畜牧业生产为主的生计模式，逐渐演变为以非农生计模式为主，农业经营以及农业经营和非农混合型为辅的多样化的生计模式。运用生态移民个案访谈方法考察生态移民搬迁后生计模式演变，无论是农村安置模式还是城镇安置模式，自搬迁以来，生态移民会不断更换工作，生态移民更换工作的本质是不断利用自己的生计资源调适自己的行为，以不断寻找到适应新环境的生计模式，以减少摩擦，降低生计风险，这种生计模式的演变直到他们寻找到较为合适和稳定的生计模式为止。

本书选择生态移民个体特征（年龄、性别、教育程度以及劳动能力）、家庭特征（民族、负担比）以及社区特征（安置模式）应用 MNL 模型估计生态移民对农牧业经营、非农活动以及失业三种生计策略的选择。计量结果显示，生态移民的年龄、教育程度、劳动能力和性别的个体特征以及社区的安置模式均显著影响生计策略选择。

其次，本章基于生计策略理论，以生态移民各种收入来源构成来分析生态移民所采取的生计策略类型。生态移民以非农收入为主要收入来源，占到总收入的40.53%，其次为禁牧补贴等转移性收入和财产性收入，占到总收入的39.87%，其中以转移性收入为主要成分，仅此一项占到总收入的38.91%，其次为家庭农牧业经营收入，占到总收入的17.7%，农牧业打工收入最低，仅为1.89%，生态移民的收入多样化程度并不高，为0.379。家庭农牧业收入所占比重以较高收入组及以上生态移民为主，随着收入等级水平的提高，生态移民的转移性及财产性收入的比重在不断下降，相反，非农打工收入以较高收入组及以上生态移民为主，随着收入等级水平的提高，生态移民的收入多样化程度在上升。

本章分别考察了生态移民从事各种产业的情况。一是考察农牧业生产情况。53.49%的生态移民表示愿意从事农牧业生产活动，不愿意从事此项活动的原因依次为不适应、收入减少、无奈等。资金短缺是生态移民面临的最主要的困难，其次为自然灾害和各种资源的缺乏（例如耕地、技术、劳动力、知识、销售市场、社会关系以及种地经验缺乏等）。二是，考察生态移民非农活动。58.39%的生态移民报告比较容易寻找。在从事非农活动过程中，生态移民报告工资少为主要的困难，其次为缺技术、打工机会、知识缺乏、资金短缺、社会关系缺乏、语言沟通困难、缺乏带头人以及缺乏企业等。79.71%生态移民仍然以自己寻找非农活动为主，然后依靠亲戚、政府等。进一步考察生态移民家庭成员非农活动从事情况和从事临时打工工作（即有手艺和无手艺）的比重最高，没有从事任何工作的生态移民同样比重比较高，生态移民主要以无手艺打工为主。随着年龄的增长，没有任何非农工作的生态移民比例在提高。女性没有从事工作的比重要高于男性。没有从事任何非农活动的主要集中在小学和初中文化水平的生态移民当中，有手艺和无手艺打工地点范围主要是在本旗内，其次为安置区内。

第七章
生态移民生计脆弱性评价

第一节　生态移民生计脆弱性评价指标体系与方法

一、生态移民生计脆弱性评价指标体系

有关福利的不同指标一般是用来测量贫困，例如人均家庭消费或者人均家庭收入，然而在发展中国家，在与过去可以进行比较的调查研究中，能够找到关于消费和收入质量比较好的数据比较难。因此，可以考虑使用资产的指标来反映。熊吉峰和陈玉萍（2010）通过文献查阅发现，有关农户经济状况的排名主要是采取农户人均收入进行分类及排序，并发现与农户收入相比，农户资产具有更强的稳定性，能够很好地反映出农户的实际经济状况和社会地位。也就是当前的学术界已经从依赖于单一农户收入指标转移到农户生计资本指标体系的构建来度量农户经济与社会地位。家庭资产是非常重要的权利决定因素，

它决定了例如家庭能够买卖食品与否，购买力是由收入和可处置的资产决定的。就像经常说的，与那些比较穷的人口相比，具有比较高的购买力人群能够更加容易地处理，因为他们能够购买其需要并追求其生计的商品和服务。

因此，收入指标并不能很好地代表生态移民的家庭实际经济状况，因为收入随着外界条件的波动性比较大，而生计资本的波动性比较小，能够很好地代表一个生态移民的家庭经济状况。依据生态移民生计脆弱性形成机制，借鉴李小云（2007）的农户生计脆弱性指标设定，以及英国国际发展署（DFID，2001）、杨云彦（2009）以及谢东梅（2009）等学者关于农户生计资本指标的设定，并结合内蒙古自治区牧区生态移民实际状况，本书构建生态移民脆弱性评价指标体系，见表7-1。

表7-1 生态移民生计脆弱性评价指标体系

一级指标	次级指标	指标说明
自然资本N	草场N1	草场数量和质量
	耕地N2	耕地数量和质量
物质资本P	住房情况P1	住房
	家庭固定资本P2	生产工具、耐用消费品
金融资本F	家庭纯收入F1	家庭收入
	家庭存款F2	家庭货币储蓄
	获得现金贷款机会F3	获得信贷机会
社会资本S	参与社区活动S1	家庭参与社区组织的情况
	获得帮助情况S2	遇到困难时获得帮助
	走动亲戚数量S3	经常走动的亲戚数量
	亲戚职业S4	亲戚中是否有乡村干部、教师、医生、老板、政府工作人员等职业
人力资本H	家庭成员整体劳动能力H1	家庭整体劳动能力
	成年劳动力受教育程度H2	家庭成员中成年劳动力（15~60岁）受教育程度
脆弱性程度	五种生计资本总和	资本值越高，生计脆弱性越低

二、生态移民生计脆弱性评价方法

（一）生态移民的生计资本综合指标设定与测量方法

1. 自然资本指标测量方法

自然资本主要选取草场和耕地（饲料地）两个指标作为测度指标。草场和耕地以实际拥有和实际利用数量为衡量指标。根据草场和耕地在生态移民的生计系统中所起到的作用的大小，草场指标和耕地指标分别赋予 0.8 和 0.2 的权重计算自然资本总体水平值。

自然资本的两个指标计算步骤相同，具体测量步骤如下。首先，将生态移民实际拥有（和实际利用）饲料地面积利用极差标准化公式进行标准化计算，然后将实际拥有面积和实际利用面积两种指标按照 0.5 的权重进行加权计算草场数量综合指标。其次，按照草场（耕地）的数量和质量各 0.5 的权重计算综合水平值。

2. 物质资本指标测量方法

物质资本是商品和服务生产所使用的资源，例如，建筑物、灌溉、渠道、道路、工具、机器设备等（Ellis，2000）。本书选择两个指标来测量生态移民的物质资本指标，即住房情况和家庭固定资产情况（生产工具和生活耐用品）。住房指标选择住房面积、住房结构、住房年限、地面装修状况、墙面装修状况五个层面来测度，并给予赋值（具体赋值见表 7－2），按照重要程度分别给上述五个层面赋予 0.25、0.25、0.25、0.125、0.125 的权重。住房综合指标值具体计算步骤如下：首先，将住房的各项指标分值按照相应的权重进行加权计算，然后，利用极差标准化公式对住房指标综合值进行标准化计算。

表 7－2　　住房指标赋值情况

住房指标	赋值	住房指标	赋值	住房指标	赋值
住房面积		住房年限		墙面装修	
30 平方米以下	1	10 年以内	5	土坯	1
30～50 平方米	2	10～20 年	4	砖、石料	2
50～70 平方米	3	20～30 年	3	粉刷	3
70～90 平方米	4	30～40 年	2	瓷砖	4
90 平方米以上	5	40 年以上	1		
住房结构		地面装修			
混凝土	5	土坯	1		
砖瓦	4	砖	2		
砖木	3	水泥	3		
土木	2	地板砖	4		
其他	1				

生态移民的固定资产指标衡量选择生产工具和家庭耐用消费品两种。生产工具选择了卡车、畜棚（圈）、机井、农用车、小型拖拉机、水泵、大中型拖拉机、轿车、摩托车、繁殖母畜来测度，生产工具指标值的测量采用生产工具的现值进行计算（让被调查者自己根据情况判断）。家庭耐用消费品选择电动自行车、照相机、电冰箱（冰柜）、固定电话、收音机、计算机、移动电话、影碟机、热水器、黑白电视机、彩色电视机、电风扇、洗衣机来测量，测量时采用耐用消费品的购买价格进行计算。

固定资产指标值具体计算步骤如下：第一，将每一种生产工具和耐用消费品按照价值利用极差标准化公式进行标准化计算，得出每一种生产工具和耐用消费品的标准化值；第二，对每一种生产工具和耐用消费品给予权重，比如共有 10 项生产工具，那么每一项生产工具的权重为 1/10，共有 13 项耐用消费品，那么每一种耐用消费品的权重为 1/13；第三，分别将生产工具的标准化指标值与其相应的权重相乘加总就得到生产工具的指标值，同样分别将耐用消费品的标准化值与其相应的权重相乘加总就得到耐用消费品的指标值。固定资产指标综合值按照生产工具和家庭耐用消费品各 0.5 的权重加权计算。通过以上对物质资本中的住房和固定资产（生产工具和耐用消费品）各自综合水平的计算，物质资本总水平指标值按照住房和固定资产指标值分别赋予 0.5 和 0.5 的权重进行计算。

3. 金融资本指标测量方法

金融资本包括流动金融资源的储备，例如货币、储蓄和信贷的获得，同时包括少量的其他流动资源，如牲畜、粮食储备和相互的赠予（DFID，1994；Scoones，1998；Ellis，2000）。

本书选取家庭纯收入、获得信贷（包括正规和非正规渠道）的机会、家庭是否有存款作为衡量金融资本的指标。金融资本指标具体计算指标设定及计算步骤如下。

第一，家庭收入指标的计算，首先，计算生态移民户均收入，生态移民收入包括种植业收入、养殖业收入、农业打工收入、非农收入、转移性收入以及财产性收入；然后利用极差标准化公式对收入进行标准化处理，进而计算出家庭户均收入的指标值。第二，生态移民存款指标的计算，主要考察生态移民是否有存款，如果有，赋值 1，否则赋值为 0。第三，获得信贷的机会指标的计算，该指标从三个方面考察，即是否可以从银行或信用社获得贷款、是否获得高利贷、是否获得亲戚或朋友信贷，上面三个指标如果有，即赋值 1，否则为 0。同时，分别给予三个方面 0.4、0.2、0.4 的权重，然后计算获得信贷机会综合指标值。金融资本的综合指标值按照家庭收入、存款和获得信贷机会指标值分别赋予 0.5、0.3 和 0.2 的权重计算。

4. 人力资本指标测量方法

本书的人力资本测量选择两个指标，即家庭整体劳动能力综合指标和家庭成员中成年劳动力（18 ~ 60 岁）受教育程度指标。人力资本综合指标计算步骤如下：首先，对两种指标进行设定及赋值，具体见表7-3。

表7-3　人力资本指标设定及赋值情况

家庭整体劳动能力指标 H1	指标值	家庭成年劳动力受教育程度 H2	指标值
0~3岁	0	文盲	1
4~9岁	1	小学	2
10~14岁	2	初中	3
15~64岁：能够从事全部成年人的劳动	5	高中或中专	4
15~64岁：一年中因病不能正常工作天数90~180天	4	大专及以上	5
15~64岁：因残疾或精神等原因仅能生活自理	1		
15~64岁：一年中因病不能正常工作天数180~365天	3		
15~64岁：因残疾或精神等方面原因生活不能自理	0		
15~64岁：一年中因病需要被照料天数180~365天	0		
65岁及以上：能部分从事农活或家务劳动	3		
65岁及以上：不能劳动但生活能自理	1		
65岁及以上：生活不能自理而需要其他人照料	0		

注：家庭整体劳动能力指标的设置参考冯黎（2009）关于大病风险对农户生计影响研究。

其次，计算两种指标的综合水平值。将生态移民家庭不同劳动能力的人口数量与其相对应的赋值相乘，然后将这些乘积相加得到家庭人口劳动能力状况指标值，并利用极差标准化公式计算家庭整体劳动能力综合指标。同样，将家庭中不同成年劳动力的人口数量与其相对应的成年劳动力教育程度赋值相乘，将这些乘积相加得到家庭成年劳动力教育状况指标值，并利用极差标准化公式计算家庭成员中成年劳动力受教育程度指标值。人力资本综合指标值分别按照赋予家庭整体劳动能力综合指标值和家庭成员中成年劳动力受教育程度指标值0.6和0.4的权重计算。

5. 社会资本指标测量方法

本书选择四个指标测量生态移民的社会资本。第一，家庭参与社区组织的情况。家庭成员参与组织数量的多少直接影响到其得到组织帮助的程度。如果家庭中有人参与社区组织则赋值 1，没有人参与则赋值为 0。第二，在遇到困难时获得帮助指标值。首先，对被调查户获得帮助情况进行赋值，遇到困难时获得帮助途径包括邻居、亲戚、朋友、政府、其他村民及其他，具体赋值如下，不能获得任何帮助的赋值 0，只能获得一个方面的帮助赋值为 1，依次类推，然后利用极差标准化公式进行标准化计算得到该指标值。第三，经常走动的亲戚数量指标值。对该指标的数值直接进行极差标准化处理。第四，亲戚中是否有乡村干部、教师、医生、老板、政府工作人员等职业指标值。该指标的具体计算步骤如下：首先对所拥有亲戚情况进行赋值，亲戚情况用职业指标衡量，包括乡村干部、教师、医生、老板和政府人员，没有任何一项赋值为 0，有一项者赋值为 1，依次类推，然后利用极差标准化公式计算该指标值。牧户社会资本指标总水平综合值按照以上四个衡量指标分别赋予 0.25 的权重加总计算。

（二）生态移民生计资本总值的综合测度方法

基于以上对生态移民家庭的生计资本指标的设定和测量方法，可以将生态移民的五种生计资本综合水平和总水平值置于同一张表格来考察生态移民生计脆弱性，具体见表 7 - 4。

表 7 - 4　　　　生计脆弱性指标的测度

生计资本类型	生计资本测量指标	指标值	计算公式	生计资本测量值
自然资本	草场	N1	N1 × 0.8 + N2 × 0.2	N
	耕地	N2		
物质资本	住房情况	P1	P1 × 0.5 + P2 × 0.5	P
	家庭固定资本	P2		

续表

生计资本类型	生计资本测量指标	指标值	计算公式	生计资本测量值
金融资本	家庭纯收入	F1	F1 ×0.4 + F2 ×0.4 + F3 ×0.2	F
	家庭存款	F2		
	获得现金贷款机会	F3		
社会资本	参与社区活动	S1	S1 ×0.25 + S2 ×0.25 + S3 ×0.25 + S4 ×0.25	S
	获得帮助情况	S2		
	走动亲戚数量	S3		
	亲戚职业	S4		
人力资本	家庭成员整体劳动能力	H1	H1 ×0.6 + H2 ×0.4	H
	成年劳动力受教育程度	H2		
生计资本测量总值			N + P + F + S + N	

第二节 生态移民生计脆弱性分布特征

一、生态移民生计脆弱性指数分布特征

基于生态移民生计脆弱性指标体系和评价方法，以达茂旗生态移民调研数据来考察生态移民生计脆弱性情况。依据生计资本与生计脆弱性之间的关系，资本值越高，生计脆弱性越低。表 7 – 5 描述了生态移民生计脆弱性指标分布的主要参数。生态移民生计资本指标（生计脆弱性指标）值为 1.301，这一指标值与已有关于我国农户生计资本的测算指标值相去甚远，例如李小云等（2007）对福建沙县和广西马山县的农户生计资本测度值为 1.56，杨云彦和赵锋（2009）对南水北调（中线）工程库区的农户的生计资本测度

值为2.259，史俊宏（2012）对内蒙古自治区部分牧区牧户的生计资本进行测度的指标值为1.57。与已有相关研究比较，本书对达茂旗生态移民测度的指标值差异比较大，可能的原因包括指标体系构建、权重选择方法以及地区和研究对象差异，但是，总体来看，本书对生态移民的测度值相对比较低，进而说明生态移民生计脆弱性程度比较高。

表7-5　　生态移民生计脆弱性指数分布的主要参数

主要参数	参数值	主要参数	参数值
均值	1.301	最低资本组（最高生计脆弱性）	0.802
标准差	0.392	较低资本组（较高生计脆弱性）	1.176
中位数	1.280	较高资本组（较低生计脆弱性）	1.437
偏度	0.205	最高资本组（最低生计脆弱性）	1.797
峰度	3.023		

二、生态移民生计脆弱性的资本特征

（一）生态移民生计脆弱性的资本总体特征

基于以上对生态移民生计脆弱性指标的设定和测量方法，可以将生态移民的五种生计资本综合水平和总水平值置于同一张表格来考察其总体特征，以迁移模式和家庭经济状况两个层面来比较分析不同生态移民生计脆弱性资产特征。

从表7－6可以看出，城镇迁移模式的生态移民的生计总资本要高于农村迁移模式的生态移民，即前者生计脆弱性低于后者。平均来看，在生态移民的五种生计资本中，以人力资本为最高，其次为物质资本，然后为金融资本和社会资本，而自然资本为最低。分别考察两种迁移模式的生态移民的五种生计资本，城镇迁移类型生态移民中，以人力资本为最高，其次为物质资本，然后为社会资本和金融资本，最低为自然资本。而在农村迁移模式的生态移民中，仍然以人力资本为最高，其次为社会资本，接着为物质资本、金融资本，最低为自然资本。比较两种迁移模式生态移民，除了社会资本外，农村迁移模式生态移民的其他四种生计资本均较城镇迁移模式生态移民低。随着收入等级水平的提高，生态移民的五种生计资本及总资本水平均随之提高，即生计脆弱性随之降低。

表7－6　　不同家庭收入水平生态移民生计脆弱性资产总体特征

迁移模式	收入等级	自然资本	物质资本	金融资本	社会资本	人力资本	生计资本总值
平均		0.109	0.303	0.207	0.207	0.476	1.301
城镇迁移	平均	0.110	0.3889	0.217	0.185	0.480	1.382
	最低收入组	0.050	0.368	0.130	0.178	0.360	1.087
	较低收入组	0.082	0.358	0.174	0.157	0.444	1.215
	较高收入组	0.130	0.420	0.284	0.197	0.537	1.568
	最高收入组	0.183	0.411	0.282	0.209	0.584	1.667
农村迁移	平均	0.107	0.220	0.197	0.229	0.472	1.224
	最低收入组	0.058	0.192	0.106	0.177	0.355	0.889
	较低收入组	0.098	0.191	0.215	0.241	0.426	1.170
	较高收入组	0.102	0.226	0.209	0.227	0.543	1.307
	最高收入组	0.172	0.272	0.258	0.272	0.567	1.542

（二）生态移民的自然资本特征

尽管国家和地方实施生态移民的初衷是让牧户离开退化极为严重的草

场，逐渐转变从事第二、第三产业，但是，因生态移民的生计转型能力比较弱，因此，即便转移出来，移民仍然保留原有草场的使用权（但是没有实际利用，通过拥有此项权利获得一定的国家生态补偿），同时，依据迁移地区不同，移民同样会获得一定份额的饲料耕地。因此，自然资本同样是生态移民重要的生计资本之一。对生态移民的自然资本状况的考察主要基于上述自然资本指标的设定和核算方法以及生态移民拥有的耕地和草场数量及质量的评价。

表7－7统计描述了迁移模式和生计脆弱性等级两个维度考察不同类型生态移民自然资本状况。平均来看，城镇迁移模式生态移民较农村迁移模式生态移民的自然资本指标值高一些，尽管农村迁移模式生态移民耕地拥有和实际利用面积高于城镇迁移模式生态移民，但草原拥有面积却远远低于城镇迁移模式生态移民。若考察生计脆弱性等级维度，随着生计脆弱性的降低，两种迁移模式的生态移民的自然资本指标值增加，主要原因是随着生计脆弱性降低，生态移民草场拥有面积逐渐增加。就每一生计脆弱性等级组看，城镇迁移生态移民的草场拥有面积较农村迁移模式生态移民的草场拥有面积要高。另外，无论哪一种迁移模式，最低生计脆弱性组的生态移民的耕地和草场的实际利用面积为最高。

表7－7　不同生计脆弱性生态移民自然资本状况

安置模式	生计脆弱等级	自然资本指标值均值	耕地数量（亩）均值		草场数量（亩）	
			拥有面积	实际利用面积	拥有面积	实际利用面积
平均		0.109	9.04	6.97	3 713.84	9.52
城镇安置	平均	0.110	2.68	1.46	4 275.58	0.00
	最高脆弱组	0.058	0.00	0.00	2 300.00	0.00
	较高脆弱组	0.082	0.59	0.00	3 262.56	0.00
	较低脆弱组	0.106	1.43	0.00	4 177.86	0.00
	最低脆弱组	0.165	6.88	4.69	6 201.09	0.00

续表

安置模式	生计脆弱等级	自然资本指标值均值	耕地数量（亩）均值		草场数量（亩）	
			拥有面积	实际利用面积	拥有面积	实际利用面积
农村安置	平均	0.107	15.16	12.27	3 173.10	18.69
	最高脆弱组	0.076	14.38	11.16	2 145.73	0.00
	较高脆弱组	0.110	16.68	7.40	3 583.00	0.00
	较低脆弱组	0.114	13.48	13.68	3 622.00	0.00
	最低脆弱组	0.151	16.80	18.65	4 000.25	100.00

（三）生态移民的物质资本特征

基于上述关于物质资本指标设定及测量方法的介绍，本部分选择迁移模式和资本水平类型两个维度考察不同生计脆弱性生态移民的物质资本指标、生产性资产和耐用消费品拥有情况。

从表7－8的统计描述结果平均来看，城镇安置模式的物质资本水平高于农村安置模式，其中，主要源于住房面积和耐用消费品两个指标。比较不同生计脆弱性水平情况，物质资本综合指标值随着生计脆弱性的降低而增加，尤其在农村安置模式中，同样，在住房面积、生产性资产指标值以及耐用消费品指标值都会随着生计脆弱性的降低而增加。

表7－8　　　　　不同生计脆弱性生态移民物质资本状况

安置模式	生计脆弱性等级	物质资本综合指标值	住房面积（平方米）	生产性资产指标值	耐用消费品指标值
平均		0.303	69.49	0.038	0.104
城镇安置	平均	0.389	77.26	0.019	0.123
	最高脆弱组	0.345	69.13	0.012	0.081
	较高脆弱组	0.389	76.17	0.022	0.111
	较低脆弱组	0.375	77.43	0.017	0.119
	最低脆弱组	0.422	82.11	0.022	0.153

续表

安置模式	生计脆弱性等级	物质资本综合指标值	住房面积（平方米）	生产性资产指标值	耐用消费品指标值
农村安置	平均	0.220	62.00	0.057	0.086
	最高脆弱组	0.154	46.08	0.035	0.056
	较高脆弱组	0.197	54.88	0.053	0.071
	较低脆弱组	0.272	78.2	0.061	0.088
	最低脆弱组	0.304	80.01	0.096	0.159

（四）生态移民的金融资本特征

对生态移民的金融资本状况的考察主要基于上述金融资本指标的设定和核算方法，本书选择迁移模式和生计脆弱性水平两个维度考察不同类型生态移民金融资本状况。表7-9统计描述了不同脆弱性生态移民金融资本状况。统计结果显示，总体来看，城镇安置模式生态移民的金融资本指标值高于农村安置模式，并且金融资本指标值随生计脆弱性降低而增加，而在金融资本中，城镇安置生态移民的户均收入、高利贷借款比例低于农村安置模式生态移民，相反，拥有存款的家庭比例、获得过贷款和曾从亲友处借款比例高于农村安置模式。随着生计脆弱性水平降低，生态移民的户均收入、存款家庭比例和曾从亲友处借款的比例在增加。

表7-9　不同生计脆弱性生态移民金融资本状况

安置模式	生计脆弱性等级	金融资本指标值	户均收入（元）	有存款家庭比例（%）	获得过贷款（%）	借过高利贷（%）	曾从亲友处借款（%）
平均		0.207	56 116.16	24.76	55.71	10.95	48.10
城镇安置	平均	0.217	53 587.92	27.18	55.34	4.85	58.25
	最高脆弱组	0.061	24 256.88	0.00	18.75	0.00	37.50

续表

安置模式	生计脆弱性等级	金融资本指标值	户均收入（元）	有存款家庭比例（%）	获得过贷款（%）	借过高利贷（%）	曾从亲友处借款（%）
城镇安置	较高脆弱组	0.144	37 545.04	11.11	44.44	7.41	55.56
	较低脆弱组	0.227	58 757.93	25.00	67.86	3.57	60.71
	最低脆弱组	0.348	77 265.88	56.25	71.88	6.25	68.75
农村安置	平均	0.197	58 549.88	22.43	56.07	16.82	38.32
	最高脆弱组	0.093	30 924.85	5.41	35.14	13.51	27.03
	较高脆弱组	0.159	61 981.6	8.00	64.00	20.00	32.00
	较低脆弱组	0.251	56 294.08	40.00	56.00	8.00	48.00
	最低脆弱组	0.366	108 186.3	50.00	85.00	30.00	55.00

（五）生态移民的社会资本

拥有不同的网络种类和疏密程度的家庭能够在农业内外建立关系。这种关系在压力或者冲击时期对于处理能力是有帮助的。这种管理越多样化处理能力就越强。压力的时间就是那些将困境强加于生计策略当中的事件（Corinne Valdivia，2001）。本部分分别从迁移模式和家庭生计脆弱性状况两个角度考察生态移民的社会资本状况。表 7－10 统计描述了不同生态移民社会资本拥有情况，统计描述结果显示，平均来看，农村迁移模式生态移民的社会资本指标值远高于城镇迁移模式生态移民。其中，农村迁移模式生态移民平均走动亲戚数量要高于平均值，同样高于城镇迁移模式生态移民，就家庭成员参与各种合作组织情况看，高于城镇迁移模式生态移民。生态移民社会资本指标值与生计脆弱性水平呈现负向关系，即随着生态移民生计脆弱性水平的降低，社会资本水平值增加，其中，走动亲戚数量、成员参与各种经济组织比例在增加，而且生计脆弱性最低组的亲戚职业种类比较多。

表 7-10　不同生计脆弱性生态移民的社会资本状况

安置模式	生计脆弱性等级	社会资本指标值	平均走动亲戚数量（户）	亲戚主要职业（%）				有成员参与各种合作组织（%）
				乡村等干部	教师	医生	老板	
平均		0.207	11.73	22.86	7.62	4.29	1.90	5.24
城镇安置	平均	0.185	9.66	28.16	6.80	2.91	2.91	0.97
	最高脆弱组	0.126	7.81	43.75	0.00	0.00	0.00	0.00
	较高脆弱组	0.158	8.59	14.81	3.70	7.41	0.00	0.00
	较低脆弱组	0.203	10.14	25.00	3.57	0.00	7.14	0.00
	最低脆弱组	0.221	11.06	34.38	15.63	3.13	3.13	3.13
农村安置	平均	0.229	13.73	17.76	8.41	5.61	0.93	9.35
	最高脆弱组	0.165	10.00	10.81	8.11	2.70	0.00	0.00
	较高脆弱组	0.211	12.28	28.00	4.00	4.00	0.00	8.00
	较低脆弱组	0.234	13.28	20.00	4.00	4.00	0.00	16.00
	最低脆弱组	0.363	23.00	15.00	20.00	15.00	5.00	20.00

（六）生态移民的人力资本

家庭成员劳动能力、教育程度以及年龄等个体特征及组合影响着生态移民获取其他生计资源，如社会资本和金融资本等，进而影响他们应对诸多风险的处理能力。本部分选择迁移模式和生计脆弱性等级两个维度考察生态移民的人力资本状况。表 7-11 统计描述了不同类型生态移民人力资本情况。从表中可以看出，城镇迁移模式生态移民的人力资本指标值稍高于农村居民，其中，家庭劳动能力指标值差异并不大，而成年劳动力受教育程度指标值中，城镇居民远远高于农村迁移模式生态移民。随着生计脆弱性降低，人力资本指标、家庭劳动能力指标和成年劳动力受教育程度指标均随之提高。

表 7－11　　不同生计脆弱性生态移民人力资本状况

安置模式	生计脆弱性等级	人力资本指标值	家庭劳动能力赋值平均值	成年劳动力教育程度赋值平均值
平均		0.476	13.79	8.42
城镇安置	平均	0.480	13.72	8.72
	最高脆弱组	0.207	6.875	3.88
	较高脆弱组	0.413	12.00	7.56
	较低脆弱组	0.548	15.46	9.86
	最低脆弱组	0.615	17.06	11.13
农村安置	平均	0.472	13.86	8.14
	最高脆弱组	0.317	10.22	5.11
	较高脆弱组	0.487	14.08	8.60
	较低脆弱组	0.540	15.68	9.24
	最低脆弱组	0.654	18.05	11.80

三、生态移民结构型生计脆弱性特征

生态移民需要依据自己的家庭生计资产重新配置生计资产进而选择不同的生计模式，这样，先前的生计资本构成所导致的生计脆弱性比较高是家庭自身所形成的，所以称为结构型脆弱性，比如家庭规模、家庭负担比重。

首先，本书考察不同户主年龄生态移民家庭生计脆弱性特征。表 7－12 统计描述了不同户主年龄生计脆弱性情况。从平均来看，调查地区生态移民生计资本总值为 1.301，其中，自然资本、物质资本、社会资本、人力资本和金融资本分别为 0.109、0.303、0.207、0.476 和 0.207。考察户主年龄因素对生态移民家庭生计脆弱性程度影响，将户主年龄划分为五个区间，其中，以 41～50 岁的户主家庭的生计资本总值最高，达到了 1.446，即生计脆弱性最低，其次为 31～40 岁的户主家庭，生计资本总值达到了 1.371，然后为 51～60 岁的户主家庭，生计资本总值为 1.302，而 30 岁以下以及 61

岁以上户主生态移民家庭生计资本总值最低，因此，具有比较高的生计脆弱性。考察不同年龄组落入不同生计脆弱性水平的概率，其中，户主年龄在30岁以下以及户主年龄在61岁以上的生态移民更多比例落入较低和最低生计资本组，其中，户主年龄在30岁以下生态移民以落入较低资本组为最高，比例为42.86%，户主年龄在61岁以上生态移民以落入最低资本组比例最高，为66.67%，而户主年龄在31~40岁、41~50岁的生态移民以落入较高和最高生计资本组比例更高，其中，户主年龄在31~40岁生态移民以落入较高生计资本组为最高，比例为40%，户主年龄在41~50岁生态移民以落入最高资本组比例最高，比例为32.86%，户主年龄在51~60岁的生态移民以落入最高生计资本组为最高，比例为32.56%，其次为最低资本组，比例为30.23%。考察五种生计资本，与所有生态移民家庭五种生计资本平均水平比较，户主年龄在30岁以下生态移民比较缺乏自然资本和人力资本，户主年龄在31~40岁生态移民比较缺乏社会资本，户主年龄在41~50岁生态移民在自然资本方面相对比较缺乏一些，户主年龄在51~60岁生态移民在物质资本和金融资本方面比较缺乏，而户主年龄在61岁以上生态移民在自然资本、物质资本、人力资本、社会资本以及金融资本方面均很缺乏。

表7-12　不同户主年龄特征生态移民家庭生计脆弱性

类型		生计脆弱性	落入比例（%）				资本类型				
			最高	较高	较低	最低	自然资本	物质资本	社会资本	人力资本	金融资本
平均		1.301	25.24	24.76	25.24	24.76	0.109	0.303	0.207	0.476	0.207
户主年龄	30岁以下	1.212	28.57	42.86	14.29	14.29	0.074	0.318	0.239	0.375	0.207
	31~40岁	1.371	14.00	22.00	40.00	24.00	0.120	0.329	0.202	0.480	0.240
	41~50岁	1.446	10.00	25.71	31.43	32.86	0.107	0.311	0.228	0.560	0.240
	51~60岁	1.302	30.23	23.26	13.95	32.56	0.119	0.290	0.209	0.499	0.184
	61岁以上	0.914	66.67	21.21	9.09	3.03	0.097	0.254	0.155	0.305	0.113

其次，考察不同户主教育程度生态移民家庭生计脆弱性。表 7－13 统计描述了不同户主教育程度生态移民家庭生计脆弱性。考察户主接受教育程度因素对生态移民生计脆弱性程度影响，将户主接受教育年限划分为 4 个区间。随着户主接受教育年限的增加，生态移民生计脆弱性不断降低，其中，接受 7 年以上教育年限的户主生态移民家庭生计资本总水平均高于平均水平。户主教育年限在 6 年以下的生态移民家庭落入最低和较低生计资本区间的比例更高，其中，户主为文盲的家庭有 50% 的概率落入最低资本组中，户主接受教育年限在 1～6 年的生态移民家庭有 38.16% 的概率落入最低生计资本组中。而相反，户主教育年限在 7 年及以上生态移民家庭更多比例集中在较高和最高资本组中。考察不同教育程度家庭五种生计资本禀赋程度。户主为文盲的家庭的五种生计资本均低于平均水平，则说明生计脆弱性最高，户主受教育年限在 1～6 年的生态移民在物质资本、社会资本、人力资本和金融资本方面均比较缺乏，户主受教育年限在 7～9 年和 10 年及以上年限之间的生态移民在自然资本方面比较缺乏。

表 7－13　　不同户主教育程度特征生态移民家庭生计脆弱性

类型		生计脆弱性	落入比例（%）				资本类型				
			最高	较高	较低	最低	自然资本	物质资本	社会资本	人力资本	金融资本
平均		1.301	25.24	24.76	25.24	24.76	0.109	0.303	0.207	0.476	0.207
户主受教育年限	0 年	1.061	50.00	30.00	10.00	10.00	0.107	0.248	0.160	0.386	0.160
	1～6 年	1.227	38.16	18.42	21.05	22.37	0.128	0.287	0.190	0.430	0.192
	7～9 年	1.379	14.29	27.38	29.76	28.57	0.093	0.318	0.234	0.521	0.214
	10 年及以上	1.432	6.67	30.00	33.33	30.00	0.105	0.335	0.210	0.528	0.255

最后，考察不同家庭负担程度生态移民家庭生计脆弱性。表 7－14 统计描述了不同家庭负担程度生态移民生计脆弱性程度。将家庭负担程度按照高

低划分为四个组别，从统计结果看，家庭负担程度越高，其生计脆弱性越高，即负担程度最高组的生计资本总值最低。具体考察不同负担程度家庭落入不同生计资本组中的概率，其中，负担程度最低组落入最高生计资本组比例最高，比例为29.58%，其次为较低资本组。同样，家庭负担程度较低组更多比例是落入较高和最高资本组，其中，31.82%的比例落入最高资本组，家庭负担程度较高组以35.90%的比例落入较高资本组中，以17.95%的最低比例落入最高资本组中，最高负担程度生态移民有55.88%的比例落入最低资本组，仅有8.82%的比例落入最高资本组中。进一步考察五种生计资本类型，负担程度最低资本组在物质资本方面比较缺乏，负担程度较高资本组在自然资本和金融资本方面比较缺乏，负担程度最高资本组生态移民在自然资本、物质资本、社会资本、人力资本和金融资本方面均比较缺乏。

表7－14　　不同家庭负担程度生态移民生计脆弱性

家庭负担类型		生计脆弱性	落入比例（%）				资本类型				
			最高	较高	较低	最低	自然资本	物质资本	社会资本	人力资本	金融资本
平均		1.301	25.24	24.76	25.24	24.76	0.109	0.303	0.207	0.476	0.207
负担程度	最低	1.319	23.94	28.17	18.31	29.58	0.117	0.280	0.208	0.495	0.220
	较低	1.429	13.64	24.24	30.30	31.82	0.112	0.317	0.229	0.547	0.225
	较高	1.303	20.51	25.64	35.90	17.95	0.095	0.327	0.209	0.482	0.191
	最高	1.014	55.88	17.65	17.65	8.82	0.100	0.295	0.164	0.291	0.163

四、生态移民冲击型生计脆弱性特征

所谓冲击型脆弱性是指遭受到家庭之外的各种因素的影响所产生的生计福利状况。对于生态移民而言，首当其冲的外部冲击就是从搬迁前的传统放牧生产生活方式，在非自愿迁移之后，生产和生活方式发生了比较大的转变，而这种转变对于大多数牧民来说束手无策，暂时或者长期迫使生态移民面临着比较高的生计脆弱性状况。具体来讲，关于生产方式生活方式的改变，本书主要使用生态移民所采用的生计模式来进行考察这种冲击变化，因为生计模式是通过家庭对生计资产进行组合的时候所形成的应对这种生计方式转型冲击下的一种应对策略。

表7-15统计描述了不同生计模式生态移民生计脆弱性情况。结果显示，以农业经营和非农混合型生计模式的生计脆弱性最低，即生计总资本水平最高，达到了1.404，其次为非农型，生计资本总值为1.339，而纯农业经营型和纯补贴型生计模式的生计总资本均低于平均水平，其中，以纯补贴型生计脆弱性最高。以纯农业经营性为主的生态移民家庭更多比例落入最低和较低资本组中，其中有35.48%的此类生态移民家庭落入最低资本组中，纯补贴型生态移民家庭以更高的比例落入最低资本组中，比例达到了57.89%，而没有比例落入最高资本组中，非农型、农业经营与非农混合型更多比例落入较高和最高资本组中。考察不同生计模式生态移民五种生计资本禀赋状况，纯农业经营型生态移民家庭在物质资本、人力资本和金融资本方面比较缺乏，纯补贴型生计模式生态移民家庭在自然资本、社会资本、人力资本和金融资本方面均比较缺乏，非农型生态移民家庭在自然资本和社会资本方面比较缺乏，农业经营和非农混合型生计模式生态移民家庭在物质资本方面比较缺乏。

表7-15　　不同生计模式生态移民生计脆弱性

生计模式	生计脆弱性	落入比例（%）				资本类型				
		最高	较高	较低	最低	自然资本	物质资本	社会资本	人力资本	金融资本
平均值	1.301	0.803	1.176	1.437	1.797	0.109	0.303	0.207	0.476	0.207
纯农业经营型	1.197	35.48	22.58	22.58	19.35	0.137	0.225	0.224	0.428	0.183
纯补贴型	0.989	57.89	26.32	15.79	0.00	0.088	0.344	0.171	0.279	0.106

续表

生计模式	生计脆弱性	落入比例（%）				资本类型				
		最高	较高	较低	最低	自然资本	物质资本	社会资本	人力资本	金融资本
非农型	1.339	18.75	27.68	26.79	26.79	0.104	0.338	0.199	0.484	0.214
农业经营与打工混合型	1.404	20.83	18.75	27.08	33.33	0.109	0.254	0.231	0.567	0.244

第三节　生态移民生计脆弱性影响因素分析

依据生态移民生计脆弱性分析框架可知，生态移民生计脆弱性来自外部生计风险、安置区经济、社会、生态以及政策和内部生计能力的影响。这些因素如何以及在多大程度上影响生态移民生计脆弱性，这是本节所需要关注的问题。

一、研究方法

基于以上分析以及借鉴已有相关研究方法，本书将影响生态移民生计脆弱性（福利水平）分析模型构建为如下模型：

$$\ln(Z_i) = \alpha_1 + \beta_1 D_i + \beta_2 X_i + \gamma_2 L_i + \phi_1 R_i' + \tau_1 M_i + \varphi_1 P + \psi P' + \mu$$

其中，被解释变量 Z_i 是衡量生态移民 i 的福利指标，这里主要使用生态移民生计资本（或生计脆弱性）来衡量；解释变量 X_i 指生态移民 i 的家庭特征（民族、负担比）、L_i 指生态移民家庭 i 户主特征（包括年龄和接受教育年限）、R' 指生态移民 i 所报告的风险冲击（包括自然、社会等），M_i 表示生态移民安置模式（包括城镇安置和农村安置），P 表示生态移民 i 对生态移民政策评价，P' 是生态移民的生计模式，μ 为随机扰动项，D_i 表示生态移民生计策略多样性程度。

二、变量测量

本书选取的因变量为生态移民的生计脆弱性，用生计资本水平来表示（生计资本指标值与生计脆弱性指标值呈反向关系，即生计资本指标值越高，生计脆弱性越低）。依据生态移民生计脆弱性分析框架以及参照已有相关研究方法，以及生态移民实际情况，本书选择三个层面的指标来探讨影响生态移民生计脆弱性的因素。一是外部因素，包括生态移民报告所面临的各种风险冲击，同时包括生态移民从微观层面对地方实施的生态移民政策的总体评价。二是内部因素，即生态移民户主特征和家庭特征。户主特征包括年龄、教育程度；家庭特征包括民族、生计模式等。三是社区因素，主要是指生态移民的安置模式。具体分析变量见表 7－16。

表 7－16　　分析变量定义及统计特征描述

变量名称	变量定义	均值	方差	最大值	最小值
风险指数	风险指数标准化值连续变量，依据风险发生种类、频率、严重程度进行测算	0. 2576	0. 1598	1	0
安置模式	0 = 城镇安置；1 = 农村安置	0. 510	0. 501	1	0
生态移民政策评价	1 = 满意；2 = 不满意	1. 357	0. 4803	2	1
户主年龄	连续变量	48. 217	12. 541	86	25
户主教育程度	户主接受教育年限连续变量	7. 1762	3. 569	16	0
民族	汉族 =1；蒙古族 =2	1. 5905	0. 4929	2	1
家庭负担比	家庭老人和儿童情况	0. 324	0. 307	1	0
家庭生计模式	1 = 纯农业型；2 = 纯补贴型；3 = 非农型；4 = 农业经营与非农混合型	2. 843	0. 943	4	1
生计多样化	SDI	0. 379	0. 194	0. 756	0

三、生态移民生计脆弱性模型结果分析

本书应用Stata11.0对210户有效样本的数据进行了回归检验，最终结果见表7－17。

表7－17　　生态移民生计脆弱性影响因素模型估计结果

变量名称	回归系数	标准差
户主年龄	－0.004 **	0.0018315
户主受教育程度	0.012 **	0.0058544
风险指数	－0.176	0.1240371
生态移民政策评价	－0.08 **	0.0421672
安置模式	－0.128 ***	0.0425242
家庭生计模式	0.021	0.0215886
民族	0.084 ***	0.0410476
家庭负担比	－0.23 ***	0.0705454
SDI	0.373 ***	0.1109129
常数项	0.179	0.1628422

注：***、**分别表示显著性水平为1%、5%。

1. 外部因素对生态移民生计脆弱性的影响

计量模型结果显示，外部因素中的风险指数、生态移民政策评价以及安置模式均负向影响着生态移民生计脆弱性，即随着风险程度的加深、对生态移民政策比较差的评价以及安置模式为农村安置模式，生态移民的生计资本水平降低，即生计脆弱性在增加，且生态移民政策评价和安置模式分别在10%和1%的水平上显著。

2. 内部因素对生态移民生计脆弱性的影响

从内部影响因素看，随着生态移民家庭户主年龄的增加以及家庭负担比的提高，生态移民的生计脆弱性在增加，并且分别在5%和1%的水平上显著，而随着户主教育程度、SDI水平的提高而生计脆弱性在降低，并且分别在5%和1%的水平上显著，与汉族相比，蒙古族生态移民的生计脆弱性较低一些，并且在5%的水平上具有显著性。

第四节　本章小结

首先，本章依据生态移民生计脆弱性形成机制，借鉴部分研究机构和学者关于生计脆弱性和生计资本指标的设定方法，结合内蒙古牧区生态移民实践，构建生态移民生计脆弱性评价指标体系及研究方法。

其次，基于对生态移民生计脆弱性测度结果，本章统计描述了生态移民生计脆弱性的资产特征、结构型生计脆弱性特征以及冲击型生计脆弱性特征。结构型生计脆弱性统计描述结果显示，30岁以下以及61岁以上户主生态移民家庭具有比较高的生计脆弱性，41～50岁的户主家庭的生计脆弱性最低。随着户主接受教育年限的增加，生态移民生计脆弱性不断降低。随着家庭负担程度增加，生态移民家庭生计脆弱性提高。冲击型生计脆弱性统计描述结果显示，按照脆弱性从低到高，依次为农业经营和非农混合型生计模式、非农型生计模式、纯农业经营型生计模式和纯补贴型生计模式。

最后，本章通过生态移民福利方程模型的构建，实证分析了影响生态移民生计脆弱性因素。实证研究结果显示，外部因素中的风险指数、生态移民政策评价以及安置模式均负向影响着生态移民生计脆弱性，且生态移民政策评价和安置模式分别在10%和1%的水平上显著。从内部影响因素看，随着生态移民家庭户主年龄的增加以及家庭负担比的提高，生态移民的生计脆弱性在增加，并且分别在5%和1%的水平上显著，而随着户主教育程度、SDI水平的提高，生计脆弱性在降低，并且分别在5%和1%的水平上显著，与汉族相比，蒙古族生态移民的生计脆弱性较低一些，并且在5%的水平上具有显著性。

第八章 生态移民生计结果

生计结果是生态移民凭借其生计资本采取的各种生计模式和生计策略应对各种不确定事件所获得的一种生计状态，即生态移民在生计转型背景下，生计风险及移民政策的外部因素和生态移民适应能力的内部因素所决定的生计脆弱性的最终生计状况表现。本章分别从生态移民对安置区生活状况认知的一般描述性统计和生态移民生计满意度来考察生态移民生计结果。

第一节 生态移民生计结果描述性统计分析

生态移民生计结果一般性统计描述主要基于微观主体自我认知方法，考察生态移民在生态移民安置区的生活经济总体状况、生活习惯性、生态移民之间的交流与沟通以及消费状况等指标。

一、生态移民对移民村生活状况的认知

（一）生态移民关于迁移前后生活状况变化的认知

对生活状况的考察能够反映出生态移民在安置区的总体生计结果。表8－1统计描述了不同类型生态移民对其所在社区生活状况的一个总体评价。从统计结果看，48.57%的生态移民认为迁移之后的生活状况较迁移前好，但仍然有38.10%的生态移民认为与搬迁前的生活状况相比变差了。通过比较不同安置模式生态移民情况来看，城镇安置生态移民认为生活状况比以前好的比例高于农村安置模式的生态移民。从不同生计脆弱性程度看，无论是何种安置模式，均以最低生计脆弱性组生态移民报告生活状况比以前转好的比重最高，而最高生计脆弱性和较高生计脆弱性组的报告比例比较低。

表8－1　不同类型生态移民关于生活状况的认知　单位：%

与迁移前相比生活状况	平均	农村安置					城镇安置				
		平均	最高脆弱组	较高脆弱组	较低脆弱组	最低脆弱组	平均	最高脆弱组	较高脆弱组	较低脆弱组	最低脆弱组
比以前差	38.10	43.93	43.24	44.00	52.00	35.00	32.04	25.00	48.15	42.86	12.50
一样	13.33	14.02	18.92	8.00	12.00	15.00	12.62	18.75	14.81	3.57	15.63
比以前好	48.57	42.06	37.84	48.00	36.00	50.00	55.34	56.25	37.04	53.57	71.88

专栏8－1汇总了调查员与被调查者进行深入访谈时所记录的关于生态移民搬迁以来的生活状况的认知情况。生态移民对安置区的生活状况评价褒贬不同。讨论的问题包括饮食、生活方便度等。

专栏 8－1

生态移民访谈——关于生活状况认知访谈记录

ID111103：收入低，草原天天吃肉。

ID111652：买的方便了，买的多了。

ID112106：省吃俭用，打工挣不上钱。

ID111652：生活水平提高了，见得人多了，场合也多了，生活水平提高了。

ID111401：买东西方便了，以前只吃土豆。

（二）生态移民对移民村生活习惯的认知

表 8－2 统计描述了不同类型生态移民对迁移地生活习惯状况的认知情况。从统计结果看，67.62%的生态移民对移民安置区的生活还算习惯。从不同安置模式看，76.64%的农村安置模式生态移民感觉生活还算习惯，比例远远高于城镇安置模式生态移民的比例。比较不同生计脆弱性程度的生态移民认知差异，在农村安置区中较低和最低生计脆弱性组生态移民报告生活习惯的比例要远远高于最高和较高生计脆弱性组，而在城镇安置模式中，以最高生计脆弱性组生态移民在移民区生活感觉习惯报告比例最高，比例达到了 68.75%，其次为最低生计脆弱性组生态移民，较低生计脆弱性组和较高生计脆弱性组生态移民报告差异不大。

表 8－2　不同类型生态移民关于移民村生活习惯的认知　单位：%

生活习惯	平均	农村安置					城镇安置				
		平均	最高脆弱组	较高脆弱组	较低脆弱组	最低脆弱组	平均	最高脆弱组	较高脆弱组	较低脆弱组	最低脆弱组
是	67.62	76.64	72.97	72.00	84.00	80.00	58.25	68.75	51.85	53.57	59.38
否	32.38	23.36	27.03	28.00	16.00	20.00	41.75	31.25	48.15	46.43	40.62

专栏 8－2 汇总了调查员与被访问者关于搬迁到安置区以来生活习惯问题的访谈。生态移民政策给生态移民带来的重要变化是交通、购买食品、接受教育等方面的条件均有很大改善。但是，生态移民已经习惯于先前的牧区生活，搬迁会给他们带来一些不适应，包括日常生活用品购买习惯、环境、气候、社交等。

专栏 8－2

生态移民访谈——关于生活习惯问题的访谈记录

ID111102：牧区交通不方便，自己的羊自己吃，来这里都要买。

ID111209：搬迁后什么都要买。

ID111602：现在一出门就得花钱。

ID111602：都不习惯，只喜欢在牧区的生活。

ID111603：在牧区生活的时间长，习惯了那里的生活，在这里各个方面都不适应。

ID111615：住在楼里面不如住在牧区舒服，这里的环境不好，冬天供暖不好，很冷，日常饮食，吃喝，气候，居住环境都不习惯，现在身体不如以前好了。

ID111227：陌生，水不好，电不足，人情味没有了，做什么都靠送钱。

ID111220：住房和吃喝不习惯。

（三）生态移民对移民间交流与沟通状况的认知

1. 生态移民关于互相串门情况的认知

表 8－3 统计描述了不同类型生态移民经常串门情况的统计结果。从统计描述结果看，平均来讲，近一半生态移民经常串门的在 5 户及以下，有很小比例的家庭经常不串门，比例为 9.52%，经常串门户数为 6～10

户，比例为19.03%，其次有17.62%的生态移民经常串门的数量可能比较多，多达16户及以上。比较不同安置模式的报告情况，经常不串门的比例以城镇安置模式的生态移民为主，比例将近农村安置模式生态移民报告比例的1倍多，另外，城镇安置模式的生态移民超过50%的比例主要集中在1~5户串门，6户以上串门户数的报告比例均显著低于农村安置模式生态移民的报告比例。比较不同生计脆弱性生态移民情况。在农村安置模式中，串门在16户及以上的主要集中在较低生计脆弱性和最低生计脆弱性组中，相反，串门数量在1~5户的主要集中在较高和最高生计脆弱性组中。在城镇安置模式中，串门1~5户的也同样集中在较高和最高生计脆弱性组中，总体看，串门在11户及以上也同样集中在较低和最低生计脆弱性组中。

表8-3 生态移民对经常串门的户数情况的认知

单位：%

经常串门的户数（户）	平均	农村安置					城镇安置				
		平均	最高脆弱组	较高脆弱组	较低脆弱组	最低脆弱组	平均	最高脆弱组	较高脆弱组	较低脆弱组	最低脆弱组
0	9.52	6.54	10.81	8.00	0.00	5.00	12.62	12.50	11.11	7.14	18.75
1~5	46.19	38.31	51.35	36.00	32.00	25.00	54.38	56.25	62.96	53.57	46.88
6~10	19.03	20.56	24.30	16.00	20.00	20.00	17.47	12.50	22.22	25.00	9.38
11~15	7.62	10.27	8.11	12.00	12.00	10.00	4.85	0.00	3.70	0.00	12.50
16及以上	17.62	24.28	5.40	28.00	36.00	40.00	10.68	18.75	0.00	14.28	12.51

2. 蒙古族与汉族家庭交往情况

蒙古族和汉族生态移民往往会因民族、信仰、语言等方面存在诸多差异，因此，集中居住于一个安置区将会面临着是否交往以及交往障碍情况。表8-4和表8-5分别统计描述了不同类型蒙古族和汉族生态移民交往及交往障碍情况。从统计结果看，82.79%的生态移民报告互相交往，农村安置模式生态移民较城镇安置模式的比例高一些，达到了85.19%。比较不同生计脆弱性水平，以最高生计脆弱性组报告比例最高，比例为89.66%，中等生计脆弱性组比例为77.55%。

表8-4　不同安置模式蒙古族生态移民与汉族生态移民交往情况　单位：%

是否交往	平均	安置模式		生计脆弱性		
		农村安置	城镇安置	最高脆弱组	中等脆弱组	最低脆弱组
是	82.79	85.19	80.88	89.66	77.55	84.09
否	17.21	14.81	19.12	10.34	22.45	15.91

从不同民族生态移民交往是否存在障碍看，87.7%的生态移民报告相互之间的交往没有障碍。比较不同安置模式，城镇安置模式生态移民报告没有障碍的比例高于农村安置移民，比较不同生计脆弱性水平，随着生计脆弱性的降低，交往没有障碍的比例在增加，以最低生计脆弱性组为最高，达到了95.45%。

表8-5　不同安置模式蒙古族生态移民与汉族生态移民交往情况　单位：%

交往是否有障碍	平均	安置模式		生计脆弱性		
		农村安置	城镇安置	最高脆弱组	中等脆弱组	最低脆弱组
是	12.30	14.81	10.29	20.69	14.29	4.55
否	87.70	85.19	89.71	79.31	85.71	95.45

专栏8-3汇总分析了调查员与被调查者进行深入访谈时所记录的有关生态移民在安置区邻里之间交流与沟通的认知情况。生态移民对相互交流与沟通认知有比较大的差异，有些认为牧区居住偏远，而现在集中居住串门方便。但是也有相反的认知，集中居住的生态移民来源于不同牧区，而且还有

非牧民购买安置区的住房，因此，邻居比较复杂，进而导致他们互相串门的机会非常少。

专栏8－3

生态移民访谈——关于生态移民之间交流与沟通认知访谈

ID111209：住得近了，串门多了。

ID111219：人多了，认识人多了。

ID111314：经常换新邻居。

ID111602：认识的人少了，很少串门。

ID111612：牧区谁都认识，移民区谁也不认识。

ID111634：好多矛盾，没有人调解。

ID112101：以前在牧区住得比较远，但是经常来往联系。

ID111114：这里人杂，牧民、农民、外地人都有。

二、生态移民对消费结构变化的认知

（一）日常主要食品消费支出变化情况

日常主要食品消费支出能够反映出生态移民的消费能力的变化。本书分别从生态移民的日常食品现金消费支出、肉类消费支出、衣着消费支出、医疗消费支出、交通消费支出、通信消费支出以及人情消费支出等方面进行分析。

表8－6统计描述了不同类型生态移民对其日常食品现金消费支出的报告情况。从统计结果看，70.22%的生态移民报告与移民前相比日常食品现金支出增加了。从不同生计脆弱性水平看，随着生计脆弱性水平的降低，生态移民报告日常食品现金支出的比例在增加。从安置模式来看，城镇安置模

式的生态移民报告日常食品现金消费支出的比例要远远高于农村安置生态移民。

表8－6　不同类型生态移民日常食品现金消费支出情况　单位：%

与移民前相比变化	平均	生计脆弱性			安置模式	
		最高脆弱组	中等脆弱组	最低脆弱组	农村安置	城镇安置
增加	70.22	57.58	69.49	86.79	57.01	90.14
一样	16.29	25.76	13.56	7.55	22.43	7.04
减少	13.48	16.67	16.95	5.66	20.56	2.82

（二）生态移民肉类消费支出变化情况

表8－7统计描述了不同类型生态移民报告肉类消费支出变化情况，结果显示，72.47%的生态移民报告与移民前相比减少了。从安置模式看，80.28%的城镇安置模式生态移民报告与移民前相比减少了的比例远远高于农村安置模式的67.29%。比较不同生计脆弱性水平生态移民，以中等生计脆弱性组生态移民报告肉类消费减少了的比例最高，达到了83.05%。

表8－7　不同类型生态移民肉类消费支出情况　单位：%

与移民前相比变化	平均	生计脆弱性			安置模式	
		最高脆弱组	中等脆弱组	最低脆弱组	农村安置	城镇安置
减少了	72.47	65.15	83.05	69.81	67.29	80.28
没有变化	16.29	22.73	10.17	15.09	18.69	12.68
增加	11.24	12.12	6.78	15.09	14.02	7.04

（三）生态移民衣着消费支出变化情况

表8－8统计描述了不同类型生态移民衣着消费支出情况。从统计结果

看，46.63%的生态移民报告与移民前相比衣着消费支出增加了。从不同生计脆弱性水平看，随着生计脆弱性水平的降低，生态移民报告衣着消费支出的比例在增加，其中最低生计脆弱性组生态移民报告衣着消费支出增加的比例为60.81%，最高生计脆弱性组有50.00%的生态移民认为移民前后的衣着消费支出没有发生变化。从安置模式来看，城镇安置模式的生态移民报告衣着消费支出的比例要远远高于农村安置生态移民。

表8－8　不同类型生态移民衣着消费支出情况　单位：%

与移民前相比变化	平均	生计脆弱性			安置模式	
		最高脆弱组	中等脆弱组	最低脆弱组	农村安置	城镇安置
增加	46.63	25.76	49.15	60.81	42.99	52.11
一样	34.27	50.00	27.12	22.64	32.71	36.62
减少	19.10	24.24	23.73	7.55	24.30	11.27

（四）生态移民医疗消费支出变化情况

表8－9统计描述了不同类型生态移民医疗消费支出情况。从统计结果看，53.37%的生态移民报告与移民前相比医疗消费支出增加了，34.85%的生态移民报告与移民前一样，而仅有5.62%的生态移民报告医疗消费支出减少了。从不同生计脆弱性水平看，随着生计脆弱性程度的降低，生态移民报告医疗消费支出的比例在减少，其中最低生计脆弱性组生态移民报告医疗消费支出增加的比例为47.17%，低于平均水平，而这组生态移民有近50%的生态移民报告移民前后并没有变化。从安置模式来看，城镇安置模式的生态移民报告医疗消费支出增加的比例低于农村安置模式生态移民比例，相反，前者报告减少的比例低于后者。

表 8－9　　不同类型生态移民医疗消费支出情况　　单位：%

与移民前相比变化	平均	生计脆弱性			安置模式	
		最高脆弱组	中等脆弱组	最低脆弱组	农村安置	城镇安置
增加	53.37	60.61	50.85	47.17	56.07	49.30
一样	41.01	34.85	40.68	49.06	36.45	47.89
减少	5.62	4.55	8.47	3.77	7.48	2.82

（五）生态移民交通消费支出变化情况

表 8－10 统计描述了不同类型生态移民交通消费支出情况。从统计结果看，58.43%的生态移民报告与移民前相比交通消费支出增加了，有19.10%的生态移民报告交通消费支出减少了。从不同生计脆弱性程度看，随着生计脆弱性程度的降低，生态移民报告交通消费支出的比例在增加，其中，中等生计脆弱性组和最低生计脆弱性组生态移民报告交通消费支出增加的比例分别为 64.41%和 66.04%，均高于平均水平。从安置模式来看，农村安置模式的生态移民报告交通消费支出的比例要高于城镇生态移民。

表 8－10　　不同类型生态移民交通消费支出情况　　单位：%

与移民前相比变化	平均	生计脆弱性			安置模式	
		最高脆弱组	中等脆弱组	最低脆弱组	农村安置	城镇安置
增加	58.43	46.97	64.41	66.04	63.55	50.70
一样	22.47	28.79	15.25	22.64	20.56	25.35
减少	19.10	24.24	20.34	11.32	15.89	23.94

（六）生态移民通信消费支出变化情况

表 8－11 统计描述了不同类型生态移民通信消费支出情况。从统计结果

看，65.73%的生态移民报告与移民前相比通信消费支出增加了，仅有4.49%的生态移民报告通信消费支出减少了。从不同生计脆弱性程度看，随着生计脆弱性程度的降低，生态移民报告通信消费支出的比例在增加，其中中等和最高生计脆弱性组生态移民报告通信消费支出增加的比例分别为71.19%和67.92%，均高于平均水平。从安置模式来看，农村安置模式的生态移民报告通信消费支出情况与城镇安置生态移民差异性不大。

表8-11　　不同类型生态移民通信消费支出情况　　单位：%

与移民前相比变化	平均	生计脆弱性			安置模式	
		最高脆弱组	中等脆弱组	最低脆弱组	农村安置	城镇安置
增加	65.73	59.09	71.19	67.92	65.42	66.20
一样	29.78	37.88	22.03	28.30	28.97	30.99
减少	4.49	3.03	6.78	3.77	5.61	2.82

（七）生态移民人情支出变化情况

表8-12统计描述了不同类型生态移民人情支出情况。从统计结果看，50.00%的生态移民报告与移民前相比人情支出增加了，有36.52%的生态移民报告人情支出没有变化。从不同生计脆弱性程度看，随着生计脆弱性程度的降低，生态移民报告人情支出的比例在增加，其中，中等和最低生计脆弱性组生态移民报告人情支出增加的比例分别为55.93%和64.15%，均高于平均水平，46.97%的最高生计脆弱性组生态移民认为迁移前后人情支出没有变化。从安置模式来看，农村安置模式的生态移民报告人情支出增加的比例高于城镇安置模式，同样，城镇安置模式生态移民报告人情支出减少的比例显著高于农村安置模式。

表 8-12　　不同类型生态移民人情支出情况　　单位：%

与移民前相比变化	平均	生计脆弱性			安置模式	
		最高脆弱组	中等脆弱组	最低脆弱组	农村安置	城镇安置
增加	50.00	33.33	55.93	64.15	52.34	46.48
一样	36.52	46.97	33.90	26.42	38.32	33.80
减少	13.48	19.70	10.17	9.43	9.35	19.72

（八）生态移民关于消费情况的认知访谈

专栏 8-4 汇总描述了调查员与被调查者进行深入交谈中所记录的生态移民对其消费情况的认知。结果显示，生态移民的消费结构发生了显著变化，肉类消费减少，蔬菜、水果增加，衣着消费变化不大。

专栏 8-4

生态移民访谈——关于消费情况的认知

ID111111：在牧区一个月杀 3 只羊，一年杀 30 多只羊，现在得借钱买羊，牧民没有肉不行。

ID111113：在牧区交通不便，省钱，无法消费，几乎吃不上蔬菜。

ID111114：以前不用买肉，不用吃菜，生活习惯改了，以前奶食品自己做，现在得买。

ID111312：劳动人不怎么穿，一年一个人穿两条裤子就够了。

ID111321：全家都穿的是其他人家给的，自己没有买过几件衣服。

ID111613：在乡下只穿一件衣服也行，这儿得买好几件。

ID111644：在牧区总是干活，穿什么都一样，现在小区的人多了，都穿得体面一点。

ID111314：牧区没有人卖蔬菜，买一次必须多买，在牧区主要是买不上菜，想吃必须多买。

ID111612：水费、电费、煤气费增加了，在牧区只是烧粪便。

第二节　生态移民生计满意度分析

生计满意度是从总体上来考察生态移民对其在移民安置区生活总体状况的认知，也能够利用此项分析结果研究生态移民的福祉。本节分别采用两种方法来分析生态移民生计满意度。一是单因素分析，将选定的自变量分别与因变量进行交叉分析，研究各自变量与因变量之间的关系，并且采用卡方检验来检查它们之间的关系是否具有显著性；二是在单因素的交叉分析的基础上，选择 Logistic 回归模型对生态移民生计满意度的影响因素进行多因素分析。

一、生态移民生计满意度单因素分析

在 210 户调研样本户中，有 33.81% 的生态移民表示对生态移民安置区中的生活状况不满意，有 68.19% 的被访问者表示对生态移民安置区中的生活状况满意。

（一）被访问者个体特征与生活满意度的交叉分析

被访问者个体特征主要包括性别、年龄、受教育程度、民族、职业，个体特征与生活满意度关系具体分析结果见表 8－13。从统计分析结果看，男性移民比女性移民的生活满意度人数比重高，汉族比蒙古族移民生活满意度

比重高，以非农业为职业的移民较农业为职业的移民生活满意度比重高。随着年龄的增加，生态移民对生活满意度比例有增加的趋势，但以上移民的个体特征对移民生活满意度的影响在统计上并不显著。

表 8-13　被访问者个人特征与生活满意度的交叉分析

变量	生活满意度（%）			变量	生活满意度（%）		
	满意	不满意	P 值		满意	不满意	P 值
性别			0.063	受教育程度			0.597
男	68.7	31.3		0	76.2	23.8	
女	51.6	48.4		1~6 年	62.5	37.5	
民族			0.186	7~9 年	64.0	36.0	
汉族	73.3	26.5		10~12 年	77.3	22.7	
蒙古族	61.3	38.7		13 年以上	66.7	33.3	
职业			0.93	年龄			0.361
农业	65.8	34.2		30 岁以下	63.6	36.4	
非农业	66.4	33.6		30~40 岁	59.2	40.8	
				40~50 岁	61.9	38.1	
				50~60 岁	76.2	23.8	
				60 岁以上	73.5	26.5	

注：性别的 χ^2 检验在 10% 水平上显著。

（二）家庭特征与生活满意度的交叉分析

家庭特征与移民生活满意度的交叉分析结果显示（见表 8-14），随着家庭人均纯收入及非农收入的增加，对生活感到满意的生态移民比例趋于上升，但二者对生活满意度的影响在统计上并不具有显著性。

表 8－14　　家庭特征与生活满意度的交叉分析

变量	生活满意度（%）			变量	生活满意度（%）		
	满意	不满意	P 值		满意	不满意	P 值
家庭人均纯收入			0.212	种养业收入			0.332
最低收入组	61.4	38.6		最低收入组	65.7	34.4	
中等收入组	62.9	37.1		中等收入组	88.9	11.1	
最高收入组	74.3	25.7		最高收入组	64.3	35.7	
转移性收入			0.322	非农收入			0.161
最低收入组	71.4	28.6		最低收入组	58.6	41.4	
中等收入组	59.7	40.3		中等收入组	66.2	33.8	
最高收入组	67.6	32.4		最高收入组	73.9	26.1	

（三）移民对公共设施的评价与生活满意度的交叉分析

生态移民安置区公共基础设施提供和完善是稳定与吸纳非自愿迁移人口的重要措施，是生态移民在安置区实现可持续生计的重要保障。生态移民对公共设施的评价与生活满意度的交叉分析结果显示（见表 8－15），看病方便程度、医疗条件、环境卫生条件、治安条件、取水方便程度、与村民关系以及住房条件对移民生活满意度的影响在统计上均具有显著性，即随着生态移民对移民安置区公共设施的评价越高，他们对其生计满意度评价也越高。

表 8－15　　移民对公共设施的评价与生活满意度的交叉分析

变量	生活满意度（%）			变量	生活满意度（%）		
	满意	不满意	P 值		满意	不满意	P 值
看病方便程度			0.009	交通状况			0.316
更加方便	67.0	33.0		更加方便	65.8	34.2	
无变化	76.2	23.8		无变化	80	20	
更不方便	14.3	85.7		不方便	33.3	66.7	
医疗条件			0.015	子女上学情况			0.418

续表

变量	生活满意度（%）			变量	生活满意度（%）		
	满意	不满意	P 值		满意	不满意	P 值
变好	68.3	31.7		更加方便	68.0	32.0	
无变化	61.5	38.5		无变化	57.1	42.9	
变差	0.0	100.0		不方便	50.0	50.0	
医疗水平			0.018	与村民关系			0.008
提高	67.6	32.4		变好	76.4	23.6	
无变化	66.7	33.3		无变化	69.7	30.3	
降低	0.0	100.0		变差	50.0	50.0	
环境卫生条件			0.000	住房条件			0.001
变好	82.8	17.2		变好	72.3	27.7	
无变化	79.3	20.7		一样	45.4	54.6	
变差	55.3	44.7		变差	42.4	57.6	
治安条件			0.009	水供应量			0.066
变好	77.3	22.7		充足	73.6	26.4	
无变化	72.0	28.0		无变化	71.7	28.3	
变差	55.3	44.7		不足	57.6	42.4	
水质情况			0.057	取水方便程度			0.015
安全	72.6	27.4		更加方便	69.5	30.5	
无变化	66.7	33.3		无变化	60.9	39.1	
不安全	54.2	45.8		不方便	30.8	69.2	

注：环境卫生条件、住房条件 χ^2 检验在 0.1% 水平上显著；看病方便程度、治安条件、与村民关系 χ^2 检验在 1% 水平上显著；医疗条件、医疗水平和取水方便程度 χ^2 检验在 5% 的水平上显著；水质情况、水供应量 χ^2 检验在 10% 水平上显著。

（四）移民对政策及生活状况评价与生活满意度的交叉分析

移民对政策及生活状况的评价与生活满意度的交叉分析结果显示（见表 8－16），移民对生态移民政策、生活习惯性以及生活状况的自我评价方面对其生活满意度的影响均在 1% 的水平上显著。

表 8－16　　移民对政策及生活状况的评价与生活满意度的交叉分析

变量	生活满意度（%）			变量	生活满意度（%）		
	满意	不满意	P 值		满意	不满意	P 值
生态移民政策			0.000	生活状况			0.000
好	77.8	22.2		变好	83.3	16.7	
不好	45.3	54.7		无变化	82.1	17.9	
生活习惯状况			0.001	变差	38.8	61.2	
是	73.9	26.1					
否	50.0	50.0					

注：生态移民政策、生活习惯以及生活状况的 χ^2 检验均在 0.1% 水平上显著。

（五）移民安置地点与生活满意度的交叉分析

养殖园区安置中有 34.6% 的生态移民对其生活感到比较满意，城镇移民安置区有 33.0% 的生态移民对其生活感到比较满意。生态移民的两种类型的安置模式对其生活满意度影响的差异在统计上并不显著，其中，$\chi^2=0.0578$，P 值为 0.81。

二、生态移民生计满意度影响因素分析

（一）变量测量

本书选取的因变量为生态移民的生计满意度。生计满意度主要是依据生态移民的主观感受的判断，通过这种处理方式，本书可以使测量生态移民生计满意度的变量更容易量化，同时能够使调查对象更易理解和回答。参照现有研究的理论和实证成果，同时结合本书的调研地区的实际情况，本书选择三个层面的指标来分析生态移民生活满意度的影响因素。一是被调查者个体特征，主要包括性别、年龄、文化教育程度、职业。二是生态移民家庭特征，

包括家庭人均纯收入、转移性收入、财产性收入、非农收入。三是生态移民对社区及自身生活方面的主观判断，包括看病方便性、医疗水平和条件、交通条件、教育条件和质量、水质、取水方便程度、治安条件、与村民关系、生活习惯性、对生态移民政策和对生活状况评价等。具体分析变量见表 8 - 17。

表 8 - 17　　分析变量定义及统计特征描述

变量名称	变量定义	变量名称	变量定义
性别（x_1）	男 =1；女 =0	环境卫生条件（x_{13}）	变好 =1；一样 =0；变差 =2
民族（x_2）	汉族 =0；蒙古族 =1	治安条件（x_{14}）	变好 =1；一样 =0；变差 =2
职业（x_3）	农业 =0；非农业 =1	水质（x_{15}）	变好 =1；一样 =0；变差 =2
文化程度（x_4）	0 =0；1 ~6 =1；7 ~9 =2；10 ~12 =3；13 以上 =4	取水方便程度（x_{16}）	更加方便 =1；一样 =0；更不方便 =2
年龄（x_5）	30 岁以下 =0；30 ~40 岁 =1；40 ~50 岁 =2；50 ~60 岁 =3；60 岁以上 =4	水供应量（x_{17}）	充足 =1；一样 =0；不足 =2
家庭人均纯收入（x_6）	较低收入 =1；中等收入 =2；较高收入 =3	交通状况（x_{18}）	更加方便 =1；一样 =0；更不方便 =2
农业收入（x_7）	较低收入 =1；中等收入 =2；较高收入 =3	与村民关系（x_{19}）	变好 =1；一样 =0；变差 =2
转移性收入（x_8）	较低收入 =1；中等收入 =2；较高收入 =3	住房条件（x_{20}）	变好 =1；一样 =0；变差 =2
非农收入（x_9）	较低收入 =1；中等收入 =2；较高收入 =3	生活状况（x_{21}）	变好 =1；一样 =0；变差 =2
看病方便程度（x_{10}）	更加方便 =1；一样 =0；更不方便 =2	生活习惯状况（x_{22}）	习惯 =1；不习惯 =0

续表

变量名称	变量定义	变量名称	变量定义
医疗条件（x_{11}）	变好 =1；一样 =0；变差 =2	生态移民政策评价（x_{23}）	好 =1；不好 =0
医疗水平（x_{12}）	提高 =1；一样 =0；降低 =2	安置地点（x_{24}）	农村安置区 =1；城镇安置区 =0

（二）研究方法

在单因素的交叉分析基础上，本书选择 Logistic 回归模型对生态移民生计满意度的影响因素进行多因素分析，Logistic 回归模型主要针对二分类或者多分类的被解释变量所建立的一种回归模型，被解释变量可以选择定量数据和定性数据。

本书选取的 Logistic 回归模型形式为：

$$Logit_i = Ln\left(\frac{p_i}{1-p_i}\right) = \beta_0 + \beta_1 x_1 + \beta_2 x_2 + \cdots + \beta_n x_n$$

其中，x_i 是自变量，是影响生态移民生计满意度的影响因素，$Logit_i = Ln\left(\frac{p_i}{1-p_i}\right)$表示生态移民对其生计满意度判断的概率，$\beta_i$ 是回归系数。

$$p_i = E(y_i = 1 \mid x_1, x_2, \cdots, x_n) = \frac{e^{(\beta_0+\beta_1x_1+\beta_2x_2+\cdots+\beta_nx_n)}}{1+e^{(\beta_0+\beta_1x_1+\beta_2x_2+\cdots+\beta_nx_n)}}$$

在 logistic 回归模型中，因变量为生态移民的生活满意度，“满意”赋值为 1，“不满意”赋值为 0。$\frac{p_i}{1-p_i}$表示两种选择下的概率比，β_i 表示自变量 x_i 对 $Logit_i$ 的影响程度，运用 STAT11.0 采用最大似然法对模型进行估计。

（三）生态移民生计满意度计量分析

对 logistic 回归模型的运行，本书应用 Stata11.0 对 210 户有效样本的数据进行了二项 logistic 模型回归检验，逐步回归最终结果见表 8－18。

表 8－18　生态移民生活满意度影响因素的 logistic 模型估计结果

变量名称	回归系数	Z 统计量	P > |z|
性别（x_1）	0.466	1.85	0.064 *
非农收入（x_9）	0.383	2.84	0.004 ***
看病方便程度（x_{10}）	－1.207	－1.95	0.051 *
治安条件（x_{14}）	－0.701	－2.92	0.003 ***
生活状况（x_{21}）	－1.173	－3.98	0.000 ***
生活习惯状况（x_{22}）	0.790	1.97	0.049 **
生态移民政策评价（x_{23}）	0.949	2.49	0.013 **
常数项	1.363	1.35	0.177
LR chi2(7) = 67.48	PseudoR2 = 0.2519	Prob > chi2 = 0.0000	

注：***、**、* 分别表示显著性水平为 1%、5%、10%。

由表 8－18 的回归结果可以看出，性别、非农收入、看病方便程度、治安条件、生活状况、生活习惯状况以及生态移民政策评价对生态移民生计满意度均具有显著影响。

1. 个体特征对生态移民生计满意度的影响

通过逐步回归，被访问者个体特征只有性别一项通过了逐步回归检验。分析结果显示，男性要比女性满意度倾向性高，而且在 10% 的水平上显著。可能的原因有多个方面，如牧民转移之后，相对于女性移民而言，男性移民更容易在当地找到合适的非农工作，而且一些建筑、煤矿等劳动强度比较大的行业对男性移民的吸纳能力较强，相反，女性移民主要在家政、餐饮等行业寻找工作，但这些工作的许多优势岗位已被原居住地人口占领，女性移民始终处于劣势地位，对其寻找工作方面往往心灰意冷。

2. 家庭特征对生态移民生计满意度的影响

非农收入是影响生态移民生计满意度唯一的一项家庭特征因素，并且在

1% 的水平上具有显著性。随着移民非农收入的增加，移民对其生计满意度会越来越高。在国家退牧还草政策下，非自愿迁移牧民失去他们对其草场的实际利用权力，而相应地获取了一部分依据草场面积多寡给予的退牧还草补贴，但这样的生态环境补贴对非自愿生态移民来说，并不能完全且长期形成依赖性，他们更多的还是要依赖于迁移地比较稀缺的非农就业机会，这种机会的获得决定了生态移民能否安稳地生活在生态移民安置区。

3. 公共设施建设对生态移民生计满意度的影响

移民对生态移民安置区的看病方便程度和治安条件的主观评价显著影响着他们的生计满意度，分别在 10% 和 1% 的水平上显著。在迁移之前，我国广大牧区牧户居住十分分散，牧户获得均等的卫生医疗条件显得心有余而力不足，因此，移民安置区的集中安置为牧民很好地弥补了这一缺陷。另外，被访问移民反映，与原居住地相比，移民安置区的治安条件相对较差，因此，移民感觉到移民社区越安全，那么他们的满意度则就越高，他们希望能过上一种安稳的生活。

4. 移民政策、生活习惯及状况对生态移民生计满意度的影响

移民自己感觉移民社区中的生活状况越好，那么他们对移民社区中的生计满意度则越高，并且在 1% 的水平上显著。同时，移民能否逐渐适应移民社区的生活，即生活比较习惯，那么他们对自己的生计满意度则不断提高，并且这一变化在 5% 的水平上显著。移民政策是决定我国牧区生态移民政策实施效果十分重要的要素之一，因此，随着移民对当地政府的生态移民政策评价越高，那么他们的生计满意度则越高，并且在 5% 的水平上显著。

第三节　本章小结

本章基于生态移民生计脆弱性分析框架，分别从生态移民生计结果的一

般统计描述和生计满意度两个方面考察生态移民生计结果。

首先，本章基于生态移民认知数据就生态移民对安置区生活状况、社会交往、消费结构的认知进行描述性统计分析。接近一半的生态移民认为迁移之后生活状况总体趋好，但仍然有 38.10% 的生态移民认为生活状况变差了，随着生计脆弱性水平的降低认知变好程度的比例更高。随着生态移民生计脆弱性的降低，生态移民选择串门户数的数量在不断增加。分别有 82.79% 和 87.7% 的生态移民报告不同民族之间生态移民会相互交往并且没有交往障碍，70.22% 的生态移民报告与移民前相比日常食品现金支出增加了。具体来讲，随着生态移民生计脆弱性水平的降低，生态移民报告日常食品现金支出、衣着消费支出、医疗消费支出、交通消费支出、通信消费支出以及人情支出比例增加。

其次，本章分别采用单因素和计量经济模型研究了生态移民生计满意度。68.19% 的被访问者表示对生态移民安置区中的生活状况满意。综合单因素和计量经济模型的分析结果显示，男性生态移民要比女性满意度倾向性高；随着移民非农收入的增加，移民对其生计满意度会越来越高；移民对生态移民安置区的看病方便程度和治安条件的主观评价显著正向影响着他们的生计满意度；移民自己感觉移民社区中的生活状况越好，那么他们对移民社区中的生计满意度则越高，同时，移民逐渐适应移民社区生活，那么他们对自己的生计满意度则不断提高，随着移民对当地政府的生态移民政策评价越高，那么他们的生计满意度则越高。

第九章

研究结论与政策建议

第一节　主要发现与结论

一、生态移民呈现出冲击型脆弱性和结构型脆弱性

依据生态移民生计脆弱性分析框架及生态移民实施实践，本书将生态移民生计脆弱性分为冲击型和结构型两种生计脆弱性。冲击型生计脆弱性主要来源于生态移民生计模式的突发式变化，结构型生计脆弱性来源于户主特征和家庭特征。

在冲击型生计脆弱性类型中，依据生计脆弱性由低到高依次为农业经营和非农混合型生计模式、非农型生计模式、纯农业经营型生计模式和纯补贴型生计模式。纯农业经营型和纯补贴型生计模式生态移民更高比例落入较低和最低生计资本组中，尤其是高达 57.89% 的纯补贴型生计模式落入最低资

本组中，而非农型、农业经营与非农混合型更多比例落入较高和最高资本组中。进一步考察不同生计模式生态移民生计资本禀赋程度。纯农业经营型生态移民家庭在物质资本、人力资本和金融资本方面比较缺乏；纯补贴型生计模式生态移民家庭在自然资本、社会资本、人力资本和金融资本均比较缺乏；非农型生态移民家庭在自然资本和社会资本方面比较缺乏；农业经营和非农混合型生计模式生态移民家庭在物质资本方面比较缺乏。

在结构型生计脆弱性类型中，户主年龄是生态移民家庭生计脆弱性程度重要的影响因素之一。依据脆弱性程度由低到高的顺序，户主年龄依次为41～50岁、31～40岁、51～60岁、30岁以下、61岁以上生态移民家庭。因此，户主年龄在30岁以下以及户主年龄在61岁以上的生态移民更多比例落入较低和最低生计资本组，其中，有66.67%的户主年龄在61岁以上生态移民以落入最低资本组比例最高。而相反，户主年龄在31～40岁、41～50岁的生态移民以落入较高和最高生计资本组比例更高。进一步考察不同户主年龄家庭生计资本禀赋程度，户主年龄在30岁以下的生态移民比较缺乏自然资本和人力资本，户主年龄在31～40岁的生态移民比较缺乏社会资本，户主年龄在41～50岁的生态移民在自然资本方面相对比较缺乏一些，户主年龄在51～60岁的生态移民在物质资本和金融资本方面比较缺乏，而户主年龄在61岁以上的生态移民在自然资本、物质资本、人力资本、社会资本以及金融资本方面均很缺乏。

结构型生计脆弱性另外一个考察因素是户主接受教育程度。随着户主接受教育年限的增加，生态移民生计脆弱性不断降低。进一步考察不同教育程度家庭五种生计资本禀赋程度。户主为文盲的家庭的五种生计资本均低于平均水平，则说明生计脆弱性最高，户主受教育年限在1～6年的生态移民在物质资本、社会资本、人力资本和金融资本方面均比较缺乏，户主受教育年限在7～9年和10年及以上年限的生态移民在自然资本方面比较缺乏。

结构型生计脆弱性第三个考察因素是家庭负担程度。家庭负担程度越高，其生计脆弱性越高。最高负担程度生态移民有55.88%的比例落入最低资本组，仅有8.82%的比例落入最高资本组中。进一步考察不同负担程度生态移民生计资本禀赋程度，负担程度最低组在物质资本方面比较缺乏，负担程度较高组在自然资本和金融资本方面比较缺乏，负担程度最高组生态移民在自然资本、物质资本、社会资本、人力资本和金融资本均比较缺乏。

为了进一步研究生态移民生计脆弱性的影响因素及程度，本书进一步采用计量经济模型进行了实证分析。研究结果表明，对生态移民政策较好评价、城镇安置模式、户主年龄、户主教育程度、蒙古族生态移民家庭以及生计策略多样化均在统计上显著正向影响着生计脆弱性程度（即生计脆弱性倾向于降低）。

二、生态移民面临着较为复杂的生计转型困境

本书基于生态移民生计风险分析框架，采用微观生态移民风险识别和风险认知方法，分别研究了生态移民对自搬迁以来所遇到的风险、面临的困境、担心的问题以及未来发展诉求等认知情况。

按照对生态移民的冲击由强到弱，生态移民所面临的生计风险包括经济风险、财产损失风险、劳动力受损风险、自然灾害风险以及农业生产风险。农村安置生态移民报告自然灾害和农业生产风险的比例远远高于城镇安置模式生态移民，相反，报告劳动力受损和经济风险比例远低于城镇安置模式生态移民。而随着生计脆弱性的降低，生态移民报告劳动力受损、经济及财产损失的风险比例在增加。进一步考察各类风险中的具体风险发生状况。在经济风险中，依次以食品价格上涨、找不到非农工作以及农业投入成本上升为主，随着生态移民生计脆弱性水平的降低，食品价格上升、生意经营失败以及找不到非农工作风险类型的报告比例在增加，且城镇安置模式的报告比例远高于农村安置模式。在财产损失风险中，随着生计脆弱性水平的降低，报

告财产丢失和生产设备损失的比例增加，而房屋破坏的报告比例以最高生计脆弱性水平生态移民为最高。房屋破坏和生产设备损失风险以农村安置模式的生态移民为主。在劳动力受损风险中，随着生计脆弱性程度的降低，报告家庭成年劳动力疾病的比例在降低，而家庭其他成员疾病报告比例以中等生计脆弱性组为最高，其次为最低生计脆弱性组。农村安置模式生态移民报告劳动力损失的三种具体风险的比例均高于城镇安置模式生态移民。在自然灾害风险中，干旱和沙尘暴为主要报告风险，干旱风险报告比例主要集中在生计脆弱性最高生态移民中，农村安置模式生态移民报告比例高于城镇安置模式生态移民。在农业生产风险中，牲畜死亡和牲畜丢失以及虫害与疾病等风险主要集中在最低脆弱性和最高生计脆弱性生态移民中，农村安置模式生态移民报告比例高于城镇安置模式。

基于生态移民认知方法，本书考察了生态移民关于生计困境的认知。按照认知报告比例由高到低顺序，依次为资金短缺、非农就业困难、收入来源、农业生产困难、安置区的社会经济管理混乱、人际交往、生活不适应、劳动力疾病看病、住房、水资源、子女教育、做生意困难、劳动力缺乏、子女成家。城镇安置生态移民在收入来源的困难、非农就业困难、安置区社会经济管理问题、生意不好做困难、生活不适应困难方面报告比例显著高于农村安置。相反，农村安置模式生态移民农业生产困难、劳动力缺乏、子女成家困难方面报告比例显著高于城镇安置模式。最高和较高生计脆弱性生态移民主要报告收入来源、劳动力缺乏、资金短缺、住房问题、水资源问题、人际交往、子女成家问题以及生活不适应问题，而最低和较低生计脆弱性生态移民主要报告农业生产、生活困难、非农就业、劳动力疾病看病、安置区社会经济管理问题、子女教育问题以及做生意困难。

基于生态移民认知方法，本书考察了生态移民关于未来担心问题的认知。生态移民最为担心的是收入来源，然后为非农工作、农业生产、生活开支、草场补贴终止等。无论是城镇安置模式还是农村安置模式，生活质量下降、健康问题、自己养老问题、生活开支、移民区建设与政策、农业生产均以较高和最高生计脆弱性生态移民组为主要报告类型，而收入来源、非农工作、子女成家问题主要以城镇安置模式生态移民报告比例比较高。关于担心补贴中断问题中，农村安置模式中以较高生计脆弱性和较低生计脆弱性生态移民为最高报告类型，而城镇安置模式中以较低生计脆弱性生态移民为最高报告类型，最低脆弱性为最低报告类型。

基于生态移民认知方法，本书进一步考察了生态移民期望获得支持的认知情况。生态移民最希望政府能够提高草场补贴，报告比例达到了55.19%，22.08%的生态移民报告希望政府能够帮助寻找非农工作，接着为帮助生态移民在移民安置区从事畜牧业生产、希望能够获得贷款、希望返回牧区继续放牧、希望移民安置区治安得到保障、希望在医疗和子女教育方面得到更多的帮助等。城镇安置模式在寻找非农工作、提高补贴、子女教育、医疗、贷款、培训、低保、移民治安等方面报告的比例均高于农村安置模式，而在从事畜牧业生产、成家立业、继续放牧、老年人照顾、投资、生活问题以及分地等方面的报告比例低于农村安置模式生态移民。从事畜牧业生产、成家立业、继续放牧、老年人照顾、医疗、投资、移民区治安、生活问题报告方面主要集中在生计脆弱性较高的生态移民中，相反，寻找非农工作、提高补贴、子女教育、贷款、培训、低保以及分地报告比例主要集中在生计脆弱性较低的生态移民中。

三、生态移民拥有较低的生计转型适应能力

依据本书所构建的生态移民生计脆弱性分析框架，生态移民生计转型适应能力是通过生态移民凭借生计资源的优化组合所形成的生计模式和所采取的生计策略来实现的。

（一）生态移民选择比较脆弱的生计模式和生计策略

首先，本书依据生计模式基本内涵以及牧区生态移民实际情况，将生态移民生计模式划分为四种类型，即纯农业经营型、纯补贴型、农业经营与非农混合型和非农型。调查研究结果显示，53.33%的生态移民选择非农活动类型模式，22.86%的生态移民选择农业经营和非农混合型生计模式，14.76%的生态移民选择纯农业经营型生计模式，9.05%的生态移民选择纯补贴型生计模式。城镇安置模式生态移民的生计模式较农村安置模式生态移民的生计模式单一，且城镇安置模式生态移民有比较高的比例的纯补贴型生计模式。城镇安置模式中，随着生计脆弱性降低，生态移民选择纯补贴型的生计模式比例下降，选择非农型比例增加。在农村安置模式中，生态移民选择纯补贴型的生计模式比例下降，选择非农型生计模式比例下降，而选择农业经营与非农混合型生计模式在不断提高。与汉族生态移民相比，蒙古族生态移民选择纯农业经营型的比例要低于前者，而选择非农型和农业经营与非农混合型生计模式要高于前者，前者在选择纯补贴型的生计模式高于后者。

基于生态移民收入来源结构探讨生态移民所采取的生计策略。依据收入比例由高到低顺序，生态移民收入来源依次为非农收入、禁牧补贴收入、农牧业经营收入、农牧业打工收入、财产性收入，分别占到总收入比例为40.53%、38.91%、17.7%、1.89%、0.96%。生态移民的收入多样化程度并不高，为0.379。与城镇安置模式相比，农村安置模式生态移民在农牧业经营收入比例、农牧业打工收入比例以及收入多样化程度较高，而城镇安置生态移民的非农收入比例高于农村安置模式。随着生计脆弱性降低，生态移民的转移性及财产性收入的比重不断在下降，而非农收入比例和收入多样化程度却增加了。

（二）农牧业生产方式转型适应性比较低

基于生态移民认知视角，本书考察了生态移民从事农牧业生产方式的意愿及其原因和困境等。

首先，考察生态移民所从事的农牧业生产情况。53.49%的生态移民表示愿意从事农牧业生产活动，以生计脆弱性最高组为主要报告比例。有56.98%的生态移民认为迁移之前的畜牧业生产对其家庭生计更加重要，生计脆弱性较高组生态移民认知比例更高一些。不愿意从事农牧业生产的主要原因按照报告比例高低依次为不适应安置区的农业生产、此生产方式造成家庭收入减少、纯属于无奈等。生计脆弱性较低的生态移民主要报告耕地比较少、收入减少、农业生产不适应，生计脆弱性较高的生态移民报告原因是无奈的选择。

其次，考察生态移民在农业生产过程中遇到的主要困难。资金短缺是生态移民面临的最主要的困难，其次为自然灾害、耕地缺乏、技术缺乏、劳动力缺乏、知识缺乏、销售市场缺乏、社会关系缺乏以及种地经验缺乏等。生计脆弱性较低的生态移民主要报告技术缺乏、销售市场缺乏、耕地缺乏、缺乏种地经验。生计脆弱性较高的生态移民主要报告牲畜疾病、劳动力缺乏、知识缺乏、带头人缺乏、自然灾害、资金短缺。关于缺乏社会关系方面的困难，主要以最低生计脆弱性组和最高生计脆弱性组为主要报告比例。

（三）非农活动选择面临着诸多困境

首先，考察非农活动获得难易程度的认知。有58.39%的生态移民报告比较容易寻找，报告容易找到非农活动的比例主要集中在生计脆弱性比较高的生态移民组中。

其次，考察生态移民对非农活动中遇到的主要困境的认知。依据报告比例由高到低顺序依次为工资少、缺乏技术、打工机会、知识缺乏、资金短缺、社会关系缺乏、语言沟通困难、缺乏带头人、缺乏企业等。生计脆弱性较低组生态移民报告资金短缺、缺乏企业、缺乏带头人、工资少、打工机会少、语言沟通困难等报告比例居多数，而相反，生计脆弱性较高组生态移民报告缺乏技术、缺乏知识、缺乏社会关系、拖欠工资、经常受气等为主要报告比例。同时，有36.00%的较高脆弱性组生态移民认为语言交流会影响其非农活动，33.33%的最低生计脆弱性生态移民组认为语言交流会影响其非农活动。

再次，考察生态移民获得非农活动途径。按照报告比重顺序依次为自己、朋友、亲戚和政府。生计脆弱性较高组生态移民有80.00%的比例报告需要依靠自己来寻找非农活动，而生计脆弱性较低组生态移民有比较大的比例依靠亲戚和朋友来获得非农活动，而且生计脆弱性最低组对获得非农活动途径满意度最高。

最后，考察生态移民家庭成员非农活动从事情况。生态移民家庭成员按照从事比例高低顺序依次为临时打工工作（即有手艺和无手艺）（46.12%）、无任何工作（42.79%）、固定工作（11.10%）。进一步考察临时工作类型，35.03%的生态移民以无手艺打工为主，11.09%的生态移民从事有手艺工作。生态移民的临时性非农工作超过65.00%以上比例从事时间在半年以上。从生态移民的固定工作来看，主要以个体户或者小本生意所占的比例最高，从事比例达到了固定工作的43.96%，其次为教师、医生、村干部、军人等职业，从业人员比例达到了21.98%。另外，有11.98%的生态移民在公司或者工厂从事固定工作，从事其他职业的比例相对比较低。

考察不同年龄特征生态移民非农活动情况。随着年龄的增长，没有任何非农工作的生态移民比例在提高，从事有手艺打工活动生态移民比重减少并且选择半年以上打工时间的比例降低。考察无手艺打工情况，从事3个月及以下打工主要以31~50岁的生态移民为主，而从事3个月以上打工时间则以50岁以下生态移民为主。就固定工作类型看，以18~30岁的生态移民从事比例最高，达到了46%，其次为41~50岁比例为28%。在政府部门工作的比例主要集中在41~50岁，为75%，其次为18~30岁，公司职员以及教师、军人、医生等从事人员以18~30岁为最多，个体户或小本生意以及个体加工集中在50岁以下生态移民当中，而个体运输主要以18~30岁的生态移民为主要从业人员。

考察不同性别生态移民非农活动从事情况。女性没有从事工作的比重要高于男性。比较有手艺打工情况，男性生态移民从事此项工作比例高于女性，男性生态移民从事4个月以上的有手艺打工比例高于女性。考察无手艺打工情况，不论从事时间长短均以男性为主。对于固定工作看，仍然以男性为主，进一步考察固定工作类型，在政府工作的比例以女性为主，其余均以男性生态移民为主。

考察比较不同文化程度生态移民非农活动从事情况。没有从事任何非农活动的主要集中在小学和初中文化水平的生态移民当中。考察有手艺打工，从事比例依次为初中文化、高中文化、小学、大专及以上、文盲。小学及以下文化程度生态移民从事有手艺打工时间主要在3个月及以下，初中和高中文化水平生态移民从事有手艺打工时间在4个月及以上。考察无手艺打工，主要以初中和小学文化水平生态移民为主。在固定工作各类型中，政府工作人员以大专及以上学历生态移民比例最高，其次为高中和初中。公司或者工厂职工以初中文化程度的生态移民比例为最高，其次为大专及以上学历的生态移民。教师、医生、村干部、军人等从业人员以大专及以上学历生态移民为主，选择个体户或小本生意的生态移民以初中文化水平为主，个体加工主要集中在初中和高中文化程度的生态移民中，个体运输的从业主要以初中和小学文化程度的生态移民为主。

四、生态移民具有较低的生计潜力

生态移民生计潜力一方面表现为生态移民安置区经济、社会和生态环境对生态移民可持续发展的促进能力，另一方面表现为生态移民自我认知的发展能力。从本质上讲，生计潜力既是生态移民生计模式和策略选择的结果，也是生计脆弱性的重要特征。

第一，本书基于生态移民生计脆弱性分析框架以及评价方法，对生态移民生计脆弱性进行了测度，结果显示，生态移民生计脆弱性比较高。生态移民生计脆弱性程度受到生态移民政策评价、安置模式、户主年龄和教育程度、家庭负担程度等因素的影响。

第二，考察了生态移民对移民村生活状况的总体认知。接近一半的生态移民认为迁移之后生活状况总体趋好，但仍然有38.10%的生态移民认为生活状况变差了，其中，城镇安置模式生态移民认知度高于农村安置模式，同时，随着生计脆弱性水平的降低认知程度更高。76.64%生态移民对移民安置区的生活还算习惯，其中，主要是农村安置模式生态移民报告比例最高，且随着生计脆弱性程度的降低，其感觉越来越习惯。随着生态移民生计脆弱性的降低，生态移民选择串门户数的数量在不断增加。分别有82.79%和87.70%的生态移民报告不同民族之间生态移民会相互交往并且没有交往障碍，其中，农村安置模式生态移民报告比例较城镇安置模式高，随着生计脆弱性水平的降低，人们报告没有交往障碍的比例在增加。

第三，考察了生态移民搬迁前后消费结构变化情况。70.22%的生态移民报告与移民前相比日常食品现金支出增加了。随着生计脆弱性水平的降低，生态移民报告日常食品现金支出的比例在增加。城镇安置模式的生态移民报告日常食品现金消费支出的比例要远远高于农村安置模式的生态移民。进一步考察生态移民消费结构，报告比例增加幅度按照高低顺序依次为通信消费、交通消费、医疗、人情支出、衣着等，除了医疗消费外，随着生态移民生计脆弱性降低，各类消费支出逐渐提高。而有72.47%的生态移民报告肉类消费减少了，相对于生计脆弱性较低者，生计脆弱性较高的生态移民报告肉类消费减少的比例较少一些。

第四，基于生态移民认知方法，本书对生态移民对安置区经济、社会和生态环境方面的认知进行了考察。有83.33%的生态移民认为移民安置区的子女教育教学条件变好了，有86.67%的生态移民认为移民安置区的看病更加方便了，随着生计脆弱性程度的降低，生态移民对移民安置区的看病方便程度的认可度的比例更高，有85.71%的生态移民认为移民安置区的医疗条件变好了。随着生计脆弱性程度的降低，生态移民对移民安置区的医疗条件的认可度的比例更高，有93.81%的生态移民认为移民安置区的交通状况变得更加方便了，随着生计脆弱性程度的降低，生态移民对移民安置区的交通状况的认可度的比例更高，有82.86%的生态移民认为在移民安置区取水更加方便了，随着生计脆弱性程度的降低，对取水更加方便的认知度在提高。有79.05%的生态移民认为移民在安置区住房条件较搬迁前变好了，以最低生计脆弱性组生态移民认为安置区住房条件变得更好的比例最高，城镇安置模式远远高于农村安置模式生态移民报告比例。44.76%的生态移民认为安置区的治安条件变差了，并且城镇安置模式远远高于农村安置模式报告比例。考察生态移民对安置区环境卫生的认知情况，有58.57%的生态移民认为安置区的环境卫生条件变差了，其中74.76%的城镇安置移民认为治安条件变差了。有64.29%的生态移民认为移民政策对移民生计有利好的影响。从不同生计脆弱性程度的生态移民来看，以最低生计脆弱性组生态移民认为生态移民政策利好的影响的比例最高，从安置模式来看，78.64%的城镇安置生态移民认为生态移民政策对生态移民生计具有利好的影响。

第五，本书分别采用单因素和计量经济模型研究了生态移民生计满意度。68.19%的被访问者表示对生态移民安置区中的生活状况表示满意。综合单因素和计量经济模型的分析结果得到，男性生态移民要比女性满意度倾向性高；随着移民非农收入的增加，移民对其生计满意度越高；移民对生态移民安置区的看病方便程度和治安条件的主观评价显著正向影响着他们的生计满意度；移民自己感觉移民社区中的生活状况越好，那么他们对移民社区中的生计满意度则越高，同时，移民逐渐适应移民社区生活，那么他们对自己的生计满意度则不断提高，随着移民对当地政府的生态移民政策评价越高，那么他们的生计满意度则越高。

第二节　政策建议

一、增强生态移民生计资本积累和培育

如何加强生态移民适应能力的建设是降低生态移民生计脆弱性的关键。而生态移民生计适应能力的逐渐提高取决于其生计资源禀赋程度能否依赖于内外条件的充分利用而得到增强。生态移民自身的生计资本是影响生态移民生计能力十分关键的因素，不同的生计资本对生态移民生计能力的提高作用和功能有比较大的差异。生态移民面临着外部冲击和内部家庭结构两种类型的生计脆弱性，在生计转型过程中往往体现出不同程度的生计资本的缺乏，因此，需要家庭自身以及外界从不同层面和角度来培育和积累生态移民生计资本。生态移民生计资源的培育和积累是提高其在生计转型进程中加强适应能力非常重要的基础。

一是从可持续发展视角保护生态移民牧区草场，增强生态移民自然资本。草地资源是生态移民最为重要的自然资本。在生态移民搬迁之前，是唯一能够维持生计的自然资本。实施移民政策之后，生态移民没有对原有草场进行实际的利用，而是响应政府的政策实施全年禁牧，以便逐渐恢复草地生产力，保护草原生态环境，生态移民获得国家高标准的草场补贴。从本书调查研究发现，有很高比例生态移民，尤其是生计脆弱性比较高的家庭担心今后的草场补贴到期突然中断而无法生活。因此，对于以草场补贴为重的自然资本的增强，需要政府按照不同阶段实施不同的草场补贴政策，结合生态移民实际与草场恢复情况以及地区草原畜牧业发展实际状况，将草场补贴与草

原实际利用相结合。例如，若全年禁牧到期，草场恢复之后，可以考虑鼓励那些无法继续返回牧区从事草原畜牧业的生态移民，将其草场承包给集体或者其他牧民，进而将其自然资本转换为金融资本。

二是从多层面推进生态移民人力资本水平的提高。人力资本水平的高低是影响生态移民获得其他生计资本的重要因素，包括生产决策、获取各种信息的能力以及非牧收入的获得等。生态移民管理机制中应该以强调生态移民子女基础教育、职业技能教育、舍饲圈养生产技术培训等，以此降低结构型生计脆弱性。对于成年生态移民，根据不同的年龄结构，提供合适的职业培训。对于人力资本投资，按照家庭不同年龄成员根据实际情况加强人力资本的培育，提高生态移民非农活动的获得能力。

三是完善生态移民金融制度，提高生态移民的金融资本水平。金融水平的高低，依赖于现金收入、信贷和存款。除了生态移民家庭成员各种收入来源的获得影响，生态移民能否及时获得金融或非金融机构的信贷也是比较关键的因素，特别是那些生计脆弱性比较高的生态移民。这类生态移民在生计转型过程中极易陷入贫困状态。因此，需要专门设立生态移民金融融资机构或者服务，设立免息贷款鼓励生态移民进行生产投资，帮助生态移民顺利实现生计转型，解除生态移民所面临的流动性约束。除了生态移民金融机构，还需要发挥生态移民社会网络的非正式机制的作用。

四是进一步加强生态移民生产和生活固定资产的投资，提高生态移民物质资本水平。从本书的调查研究发现，生态移民的物质资本水平均比较高，尤其是城镇居民的住房和农村安置模式的生产设备。提高生态移民的物质资本水平主要从强化农村安置生态移民的符合现代舍饲圈养的棚圈、技术等方面的投资。而对于城镇安置模式的生态移民，主要是维护好生态移民园区安全、环境卫生等。

五是积极引导生态移民的非正式保障机制的发展，提高生态移民的社会资本水平。社会网络的构建和拓展能够有效帮助生态移民应对各种风险冲击，尤其是生计转型风险。生态移民社会资本的加强可以通过多方面来实现，如保护和继续发扬蒙古族传统文化，建立生态移民互助小组，加强生态移民社区管理，促使生态移民及早融入移民安置区的生产生活中。

二、提高生态移民生计转型能力

生态移民生计转型能力的增强来自生态移民生计资本的配置能力。而对于来自牧区的牧民，面临陌生的生计环境，其生计转型能力十分有限，特别是高脆弱性群体。因此，除了自身的生计转型能力的自我发展之外，还需要政府在生态移民生计转型能力方面给予更多的支撑。

一是政府应该从金融、技术、税收等方面促进和帮助生态移民创业，特别是鼓励从事少数民族特色产业。生态移民在生计转型过程中，无论生计脆弱性高低，资金缺乏是一个极为普遍的现象，生态移民的大量资金主要用来支付搬迁之后的住房、日常食品开支等，而投入到创业，如小本生意、运输等资金极为短缺。同时，生态移民的融资能力非常低，往往只能凭借家庭资金和非正规网络获得的资金，而且，融资渠道和数量极为有限，因此，获得资金投入的支持是至关重要的。在融资方面，政府可以以无息或者低息的形式从金融机构获得为生态移民创业投入资金，为生态移民建立融资绿色通道。除金融支持外，还需要政府部门为生态移民创业提供适宜的而且免费的技术培训和指导以及税收减免等政策，为生态移民创业提供良好的经营环境。

二是帮助生态移民逐渐改变对自然资源和草场补贴具有较强依赖性的生计模式。本书研究结果表明，那些依赖于土地、草场以及政府补贴的生态移民家庭的生计脆弱性最高，因此，往往会造成他们的生计转型能力减弱，陷入贫困的概率最高。造成依赖性较高的生计模式可能来自生计转型冲击或者来自家庭内部结构，因此减少依赖性除了生态移民自身家庭生计资本积累外，需要政府部门帮助生态移民进行培育和加强生态移民的进一步积累。依据家庭结构，有针对性地给予不同的支援来改变具有较强依赖性的生计模式。对于户主年龄在60岁以上两口或者独立生活的高脆弱性家庭，需要逐渐退出对自然资源和草场补贴为主要依赖，逐渐转变为政府的老年人社会保障支持和草场补贴相结合的生计模式。对于户主在其他年龄段的生态移民家庭，需要以引导、贷款支持、职业培训、职位推荐等多种方法逐渐引导向非农型生计模式或者农业和非农混合型生计模式转型。

三是促进生态移民生计策略多样化，提高生态移民应对生计转型风险。本书研究结果发现，生态移民生计策略多样化水平比较低。尽管生态移民整体搬迁至城镇或者城镇郊区，离开了牧区赖以生存的草原，在某种程度上已经成为城镇居民，但实际上仍然属于牧民，他们没有自己固定的生计来源。因此，面对突如其来的生计转型，需要通过多途径缓解生计转型风险带来的不确定性损失。生态移民收入来源不能仅依赖于草场补贴，以农村安置模式的生态移民，需要逐渐习惯于舍饲圈养的特色养殖和牧草的种植，同时，充分利用劳动力在城郊从事其他非农活动。以城镇安置模式生态移民，其生计多样化策略更小，除了草场补贴之外，只有非农收入来维持，而生态移民的非农收入相对于城镇居民来说，面临的风险非常之多，例如，语言障碍、技能障碍、文化水平障碍以及适应性障碍等，相对来说他们的脆弱性更高。因此，针对城镇安置模式生态移民，需要政府在非农活动中给予更多的关注，包括贷款、推荐、税收等方面的支持。鼓励他们合理配置家庭劳动力，将劳动力分散于不同的产业部门，多样化收入来源渠道，降低外界的不确定性带来的可能损失。

四是建立专门服务于生态移民的非农就业服务机构，增加生态移民非农就业机会，多样化和稳定生态移民的收入来源。本书研究发现，非农收入是生态移民最为重要的生计来源。非农收入的高低是生态移民实现生计顺利转型的关键。但是，大多数生态移民的非农就业工作均由自己或者通过亲戚朋友等社会网络获得，很少有报告政府部门能够为其提供合适的非农工作。但是，毕竟，家庭社会网络在非农工作寻找方面比较有限。因此，需要建立专门为生态移民提供就业服务机构，以安置区所在地方政府部门牵头实施，服务内容包括技能培训、就业推荐、政企合作帮扶等。有针对性地开展职业技能培训，将生态移民的职业技能培训列入地方国民经济和社会发展规划中。采用产业承接方式、企业参与方式等加强生态移民的职业技能培训，加快生态移民融入产业建设队伍中，逐渐培育和积累生态移民人力资本，稳定收入。

三、建立和完善生态移民社会安全保护体系

牧区生态移民在面临着完全的生计转型冲击下，较其他类似于农村移民或者农牧民有较高的脆弱性。因此，建立和完善生态移民社会安全保护体系显得至关重要，不可或缺。完善的生态移民社会安全保护体系能够保障生态移民顺利实现生计转型，降低生态移民生计脆弱性。

一是针对高脆弱性生态移民建立社会救助体系。本书研究显示，那些高脆弱性群体一般是以农业和草场补贴为主要生计模式的冲击型生计脆弱性生态移民，以及那些家庭负担重、户主年龄高以及受教育程度较低的生态移民家庭。需要将这些类型生态移民列入安置区社会救助范围，救助内容包括生活困难补助、老年人补助、就业安排等。

二是鼓励和支持建立小型生态移民互助组。重视生态移民在牧区多年所形成的非正式社会网络应对各种风险冲击的功能。在生态移民安置区内，以融资、政策优惠、项目支持等多种方式鼓励和支持建立以原嘎查为小组组成的小型团体。小型组织可以参与生态移民安置区各种项目，包括优惠贷款、生产投资项目等。可以以小组名义通过政府帮扶渠道获得生产和生活信贷，可以在小组成员内部实现资金互通融资的便利性，同时，也可以实现以小组名义实现与非农就业企业进行工资、工种等方面的谈判。

三是需要高度重视对蒙古族文化的保护。联合国教科文组织在《世界文化多样性宣言》中指出：文化多样性是交流、革新和创作的源泉，对人类来讲，就像生物多样性对维持生物平衡那样必不可少。从这个意义上说，文化多样性是人类共同遗产，应当从当代人和子孙后代的利益考虑予以承认和肯定。与汉文化相比，少数民族文化有它历史地形成的脆弱和易变性。在以汉文化为知识传承、文化传播、学校教育、寻找工作、人际交流等社会生活为主要媒介的中国当代社会，少数民族的传统文化客观上容易走向衰退。因此，如果要达到各民族经济、社会和文化的共同繁荣，达到建设民族文化的目的，就需要有特别的保护和鼓励的措施（盖志毅，2011）。本书研究发现，尽管生态移民已经脱离赖以生存的草原地区，但是很多蒙古族游牧文化仍然予以保持，例如，他们仍然按照牧区的习俗自发或者组织各种传统活动，如祭敖包等。因此，在生态移民社区管理中更应该重视这样的重要环节，移民社区的文化、活动和建设等必须体现蒙古族传统文化特色和保护蒙古族传统文化，尽可能将已在牧区几代牧民所形成的传统文化能够在牧区生态移民安置区中继续保持和发扬，进而能够做到生态移民尽快融入移民区生产生活，实现稳定转型。

四是构建生态移民生计转型风险预警系统和风险应对支持网络。生态移民在生计转型过程中，随时可能会陷入贫困状态，因此，建立生态移民生计转型风险预警系统和风险应对机制十分必要。生计转型风险预警系统，主要包括贫困、失业、利益受损等，建立及时跟踪的风险应对机制。重视生态移民生计转型的各种风险，若忽视生态移民在生计转型风险冲击下脆弱性程度的考察，往往会使得生态移民政策夭折，出现移民新村变空村的现象。随时关注生计转型之后，各种风险冲击如何影响或者使得生态移民各种生计资本的流失或者缺失。以此来引导生态移民积累相应的资产。

五是建立和谐的生态移民社区。稳定移民社区中的牧民，避免大量的非自愿移民返迁或者盲目外迁，除了能够创造更多的维持可持续生计的就业机会等，还需要政府更多的社会管理功能的发挥，例如，移民社会保障、医疗、养老保障，移民儿童教育，社区文化建设等，尽可能解除非自愿生态移民后顾之忧。

四、倾听生态移民的声音

从农户经济行为角度讲，必须从本质上促进和保障农户家庭的生计策略，必须充分重视农户家庭决策对家庭经济的影响（丁士军、陈传波，2005）。政府必须重视以家庭生计资源为基础的生态移民家庭生计策略，制定特别指向加强生态移民经济发展的政策。改变以前生态移民“自上而下”的政策制定和决策，转变为以生态移民需求为引导的“自下而上”的生态移民政策设计。应该将生态移民政策指向更微观层面上，例如当前生态移民社区的宏观管理，包括基础设施建设，动态地考察生态移民这种非自愿移民的生计活动，切实和及时倾听移民的声音。例如，本书研究所使用的生态移民认知方法来分析生计转型困境，生态移民安置区各项经济、社会和生态环境管理都需要进行微观层面的深入研究和考察，以此构建移民社区经济、社会和生态环境等方面的指标体系，进而帮助政府实施动态的移民社区管理措施。需要对生态移民生产生活状况适时有效监控和跟踪，为生态移民政策的制定和决策提供及时的基础数据。建立地区性质的生态移民生计转型保障网络体系，是使生态移民实现顺利转型的基础工作和核心工作。

五、合理构建旨在促进生态移民实现顺利转型的产业体系

目前，牧区生态移民政策实践，往往采取就近转移安置的方式，即将生态移民整体安置在城镇或者城镇郊区或者自然条件较好的农村牧区。从本书的研究结果来看，城镇安置模式和农村安置模式在生计策略、生计模式、生

计资本存量以及生计满意度等方面均各有利弊，但是，从总体上来说，农村安置模式生态移民因生产方式适应性较差以及自然资源缺乏而导致移民村空心化现象较为严重，出现返迁或者生态移民重新选择城镇安置从事非农工作，同样，城镇安置模式生态移民因畜牧业生产模式向非农生计模式的突变式改变，较差的适应能力导致了生态移民的返迁、外流或者待业。

因此，实现生态移民生计顺利转型，实现迁得出、稳得住，需要构建能够促进生态移民实现顺利转型的产业体系。对于农村安置模式生态移民，需要在现有的安置模式中进行进一步整合，基于生态移民的意愿，通过置换，实现从农村安置到城镇安置的转移。而剩余的农村安置模式生态移民，应该是那些愿意或者有能力实现规模化现代畜牧业生产的生态移民。因此，依据地方资源禀赋，构建现代农畜产业整合生态移民资源，建立有规模的家庭农场，同时，承接有一定经济实力的农畜产品加工业，延伸产业链条，既能够促进家庭农场的发展，同时吸引当地移民就业。在城镇安置模式安置区，以产城融合为手段来实现。“产城融合”是指产业和城市的融合发展，以城市为基础，承载产业空间和发展产业经济，以产业作为保障，带动城市更新和完善相应的服务配套，以此达到产业、城市、人口之间持续向上发展的模式。全国人大财经委副主任委员尹中卿（2013）指出，中国不少地区城市化率已经超过了50%，但是，尚未形成自己独特的、具有竞争优势的产业格局，进而很难为城镇化进程中产生的新城镇人口提供充分就业机会。选择适合生态移民特征的劳动密集型、民族特色优势产业以及服务业，增加转移牧民就业，使得城镇规模、产业布局和人口三者协调发展。

第三节　进一步研究的问题

受到研究能力及一些客观原因的制约，本书对生态移民生计脆弱性的研究，在某些方面并不够深入。需要从更加深入地以及动态地理解和研究生态移民生计脆弱性，完善我国生态移民政策的实施，尤其是从生态移民生态补偿机制研究角度，今后需要着重从以下几个方面做进一步的深入研究

首先，做生态移民贫困脆弱性指标体系构建以及贫困脆弱性水平测度。进一步深入探讨因移民政策所导致的生态移民落入贫困的概率。

其次，从可持续发展视角进一步研究生态移民生计资本、生计模式以及策略，试图研究和寻找阻碍生态移民顺利实现生计转型的可持续发展的因素。

最后，进一步将宏观数据与微观数据相结合，分析移民安置区产业选择、布局、草原生态环境补偿机制等设计方面。

参考文献

[1] A. 恰亚诺夫:《农民经济组织》，中央编译出版社 1996 年版。

[2] 阿玛蒂亚·森:《以自由看待发展》，中国人民大学出版社 2012 年版。

[3] 阿拉腾图雅、宝音:《蒙古族生态移民生产方式转型实证研究——以锡林郭勒盟蒙古族生态移民为例》，载于《前沿》2012 年第 19 期。

[4] 阿布力孜·玉素甫等著:《新疆生态移民研究》，中国经济出版社 2009 年版。

[5] 敖仁其、达林太:《草原牧区可持续发展问题研究》，载于《内蒙古财经学院》2005 年第 2 期。

[6] 包智明、任国英:《内蒙古生态移民研究》，中央民族大学出版社 2011 年版。

[7] 白永秀、马小勇:《落后地区农户的脆弱性与社会安全体系的构建》，载于《天津师范大学学报 (社会科学版)》2008 年第 1 期。

[8] 陈传波、丁士军:《中国小农户的风险及风险管理研究》，中国财政经济出版社 2005 年版。

[9] 陈传波、张利庠、苏振斌:《农户消费平滑与收入平滑——基于湖北省农村住户调查月度数据的分析》，载于《统计研究》2006 年第 9 期。

[10] 陈传波:《中国农户的非正规风险分担实证研究》，载于《农业经济问题》2007 年第 6 期。

[11] 陈传波：《农户多样化选择行为实证分析》，载于《农业技术经济》2007年第1期。

[12] 陈和午：《农户模型的发展与应用：文献综述》，载于《农业技术经济》2004年第3期。

[13] 蔡志海：《汶川地震灾区贫困村农户生计资本分析》，载于《中国农村经济》2010年第12期。

[14] 程静：《农业干旱脆弱性与我国农村贫困的灰色关联分析》，载于《生态经济》2010年第9期。

[15] 程承坪、刘素春：《基于农户视角的农业风险管理策略研究》，载于《当代经济管理》2008年第11期。

[16] 陈春生：《中国农户的演化逻辑与分类》，载于《农业经济问题》2007年第11期。

[17] 陈洁、苏永玲：《禁牧对农牧交错带农户生产和生计的影响：对宁夏盐池县2乡4村80个农户的调查》，载于《农业经济问题》2008年第6期。

[18] 陈玉宇、行伟波：《消费平滑、风险分担与完全保险——基于城镇家庭收支调查的实证研究》，载于《经济学（季刊）》2006年第1期。

[19] 陈绍军、史明宇：《气候变化影响下的人口迁移研究——以宁夏中部干旱地区为例》，载于《学术界》2012年第10期。

[20] 丁士军、陈传波：《农户风险处理策略分析》，载于《农业现代化研究》2001年第11期。

[21] 丁士军、Sarah Cook：《农户资源与家庭保障——来自湖北农户调查的统计分析》，载于《农业经济问题》2000年第1期。

[22] 丁士军、陈传波：《经济转型时期的中国农村老年人保障》，中国财政经济出版社2005年版。

[23] 达林太、郑易生：《牧区与市场：牧民经济学》，社会科学文献出

版社2010年版。

[24] 迪帕·纳拉扬、拉伊·帕特尔、凯·沙夫特、安妮·拉德马赫、萨拉·科克舒尔特:《谁倾听我们的声音》,中国人民大学出版社2001年版。

[25] 东梅、王桂芬:《双重差分法在生态移民收入效应评价中的应用——以宁夏为例》,载于《农业技术经济》2010年第8期。

[26] 东梅、刘算算:《农牧交错带生态移民综合效益评价研究》,中国社会科学出版社2011年版。

[27] 杜淑芳:《多伦县吸纳转移人口就业现状调查与对策建议》,载于《内蒙古农业大学学报(社会科学版)》2013年第3期。

[28] 弗兰克·艾利思著,胡景北译:《农民经济学:农民家庭农业和农业发展》,上海人民出版社2006年版。

[29] 冯黎:《贫困地区大病风险冲击下的农户经济行为研究》,华中农业大学博士学位论文,2009年。

[30] 冯芸、陈幼芳:《云南怒江傈僳族自治州实施异地开发与生态移民的障碍分析及对策研究》,载于《经济问题探索》2009年第3期。

[31] 傅晨、狄瑞珍:《贫困农户行为研究》,载于《中国农村观察》2000年第2期。

[32] 傅民、徐鹏、杜漪:《农户生计可持续的决定性因素分析——基于绵阳市北川县曲山镇石椅村农户生计转型的案例研究》,载于《绵阳师范学院学报》2009年第12期。

[33] 盖志毅:《新牧区建设与牧区政策调整——以内蒙古为例》,辽宁民族出版社2011年版。

[34] 盖志毅、宋维明、陈建成:《草原牧区生态移民及其对策》,载于《北京林业大学学报》2005年第5期。

[35] 盖志毅:《草原生态经济系统可持续发展研究》,中国林业出版社

2007 年版。

[36] 葛根高娃、乌云巴图：《内蒙古牧区生态移民的概念、问题与对策》，载于《内蒙古社会科学》2003 年第 2 期。

[37] 葛全胜等：《中国自然灾害风险综合评估初步研究》，科学出版社 2008 年版。

[38] 郭劲光：《我国农村脆弱性贫困再解构及其治理》，载于《改革》2006 年第 11 期。

[39] 关云龙、付少平：《可持续生计框架下的农户生计资产分析——基于四省五县的调查》，载于《广东农业科学》2009 年第 12 期。

[40] 韩峥：《广西西部十县农村，脆弱性分析及对策建议》，载于《农业经济》2002 年第 5 期。

[41] 韩峥：《脆弱性与贫困》，载于《农业经济问题》2004 年第 10 期。

[42] 韩志新：《可持续生计视角下的失地农民创业研究》，天津大学博士学位论文，2009 年。

[43] 黄承伟、王小林、徐丽萍：《贫困脆弱性：概念框架和测量方法》，载于《农业技术经济》2010 年第 8 期。

[44] 霍燕：《科尔沁右翼中旗蒙古族贫困的深层次原因探析》，载于《北方经济》2011 年第 9 期。

[45] 霍擎：《达茂旗土地荒漠化动态变化及其驱动因子分析》，载于《阴山学刊》2008 年第 1 期。

[46] 霍擎、宁小莉、海全胜：《包头市达茂旗土地退化及生态重建》，载于《干旱区资源与环境》2011 年第 3 期。

[47] 霍擎、宁小莉、海全胜、乌云塔娜：《基于 RS 与 GIS 的达茂旗土地荒漠化动态监测》，载于《安徽农业科学》2011 年第 7 期。

[48] 景晖：《三江源生态移民后续生产生活问题研究》，载于《西部论丛》2006 年第 9 期。

[49] 姜冬梅、隋燕娜、杨海凤：《草原牧区生态移民的贫困风险研究——以内蒙古苏尼特右旗为例》，载于《生态经济》2011 年第 11 期。

[50] 金莲、王永平、周丕东、黄海燕：《制约少数民族生态移民可持续发展的因素探究》，载于《生态经济》2012 年第 11 期。

[51] 孔寒凌、吴杰：《农户生计风险研究：以江西乐安县为例》，载于《广西民族大学学报》（哲学社会科学版）2007 年第 6 期。

[52] 孔祥智、钟真、原梅生：《乡村旅游业对农户生计的影响分析——以山西三个景区为例》，载于《经济问题》2008 年第 1 期。

[53] 刘学敏：《西北地区生态移民的效果与问题探讨》，载于《中国农村经济》2002 年第 4 期。

[54] 刘冬梅：《生态足迹模型的修正与动态设计——在可持续经济发展理论框架下》，载于《干旱区资源与环境》2008 年第 3 期。

[55] 刘家强、罗蓉、石建昌：《可持续生计视野下的失地农民社会保障制度研究——基于成都市的调查与思考》，载于《人口研究》2007 年第 4 期。

[56] 李小云、董强、饶小龙、赵丽霞：《农户脆弱性分析方法及其本土化应用》，载于《中国农村经济》2007 年第 4 期。

[57] 李周：《中国反贫困与可持续发展》，科学出版社 2007 年版。

[58] 李培林、王晓毅：《移民扶贫与生态文明建设宁夏生态移民调研报告》，载于《宁夏社会科学》2013 年第 5 期。

[59] 李禄胜：《生态安全视域下区域人口迁移与经济社会发展——对新一轮西部大开发期间宁夏生态移民安置的思考》，载于《宁夏社会科学》2011 年第 6 期。

[60] 黎洁、李亚莉、邰秀军、李聪：《可持续生计分析框架下西部贫困退耕山区农户生计状况分析》，载于《中国农村观察》2009 年第 5 期。

[61] 黎洁、李树茁、费尔德曼：《山区农户林业相关生计活动类型及影响因素》，载于《中国人口·资源与环境》2010 年第 8 期。

[62] 李鹤、张平宇、程叶青：《脆弱性的概念及其评价方法》，载于《地理科学进展》2008 年第 2 期。

[63] 李鹤、张平宇：《全球变化背景下脆弱性研究进展与应用展望》，载于《地理科学进展》2011 年第 7 期。

[64] 李东：《中国生态移民研究——一个文献综述》，载于《西北人口》2009 年第 1 期。

[65] 李斌、李小云、左停：《农村发展中的生计途径研究与实践》，载于《农业技术经济》2004 年第 4 期。

[66] 李树茁、梁义成、MARCUS W. FELDMAN、GRETCHEN C. DAILY：《退耕还林政策对农户生计的影响研究——基于家庭结构视角的可持续生计分析》，载于《公共管理学报》2010 年第 2 期。

[67] 李茜、姬军红：《丘陵山区农民可持续性生计需求的实证分析——基于山西省西北四县农民的调查》，载于《农业经济问题》2007 年第 5 期。

[68] 李琳、陈东：《贫困地区可持续发展指标体系及其综合评估——以湖南湘西贫困地区为例》，载于《中国人口·资源与环境》2004 年第 3 期。

[69] 李琳一、李小云：《浅析发展学视角下的农户生计资产》，载于《农村经济》2007 年第 10 期。

[70] 李聪、李树茁、费尔德曼、郃秀军：《劳动力迁移对西部贫困山区农户生计资本的影响》，载于《人口与经济》2010 年第 6 期。

[71] 李聪：《劳动力外流背景下西部贫困山区农户生计状况分析——基于陕西秦岭的调查》，载于《经济问题探索》2010 年第 9 期。

[72] 李皓：《论生态移民与民族地区现代化》，载于《黑龙江民族丛刊》2005 年第 1 期。

[73] 李锦：《四川横断山区生态移民的风险与对策研究》，载于《中南民族大学学报（人文社会科学版）》2008 年第 3 期。

[74] 李灿、徐映梅：《南水北调中线工程水源区居民生活满意度分

析——基于湖北省陨县、丹江口市和河南省淅川县的数据》，载于《统计与信息论坛》2009年第5期。

［75］李丽：《中国城乡居民家庭贫困脆弱性研究》，东北财经大学博士学位论文，2010年12月。

［76］李培：《中国城乡人口迁移的时空特征及其影响因素》，载于《经济学家》2009年第1期。

［77］靳小怡、李成华、杜海峰等：《可持续生计分析框架应用的新领域：农民工生计研究》，载于《当代经济科学》2011年第3期。

［78］骆桂花：《三江源生态移民安置与后续产业发展的社会调查》，载于《青海民族学院学报（社会科学版）》2009年第1期。

［79］罗康隆：《论民族生计方式与生存环境的关系》，载于《中央民族大学学报（哲学社会科学版）》2004年第5期。

［80］罗素玫：《性别区辨、阶序与社会：都阑阿美族的小米周期仪式》，载于《台湾人类学刊》2005年第1期。

［81］吕俊彪：《"靠海吃海"生计内涵的演变广西京族人生计方式的变迁》，载于《东南亚纵横》2003年第1期。

［82］聂承静、杨林生、李海蓉：《中国地震灾害宏观人口脆弱性评估》，载于《地理科学进展》2012年第3期。

［83］闵文义、才让加、戴正：《城镇化：西部民族地区草原牧区可持续发展的必由之路——阿克塞县草原牧区可持续发展模式调研报告》，载于《西北民族研究》2004年第3期。

［84］梅花：《生态移民战略研究——以宁夏为例》，载于《农业经济问题》2006年第12期。

［85］马海寿：《西陲新城"新月社区"的生计透视》，载于《青海社会科学》2008年第6期。

［86］马小勇：《中国农户的风险规避行为分析》，载于《中国软科学》

2006 年第 2 期。

[87] 孟向京：《三江源生态移民选择性及对三江源生态移民效果影响评析》，载于《人口与发展》2011 年第 4 期。

[88] 欧阳进良、宋春梅、宇振荣、张凤荣：《黄淮海平原农区不同类型农户的土地利用方式选择及其环境影响以河北省曲周县为例》，载于《自然资源学报》2004 年第 1 期。

[89] 皮海峰、吴正宇：《近年来生态移民研究述评》，载于《三峡大学学报（人文社会科学版）》2008 年第 1 期。

[90] 皮海峰：《小康社会与生态移民》，载于《农村经济》2004 年第 6 期。

[91] 潘建伟、张丰兰、张立中、朱晓俊：《中国牧区经济社会发展研究》，中国经济出版社 2010 年版。

[92] 普兰纳布·巴德汉、克里斯托佛·尤迪：《发展微观经济学》，北京大学出版社 2002 年版。

[93] 钱贵霞、郝永红、吴迪：《内蒙古农村牧区贫困状况及成因分析——基于国家重点贫困旗县数据》，载于《内蒙古大学学报（哲学社会科学版）》2013 年第 5 期。

[94] 秦红增、詹剑玲：《定居与流动：布努瑶作物、生计与文化的共变》，载于《思想战线》2006 年第 5 期。

[95] 任善英、朱广印：《三江源生态移民后续产业发展机制研究》，载于《生态经济》2012 年第 10 期。

[96] Roberts M.、杨国安：《可持续发展研究方法国际进展——脆弱性分析方法与可持续生计方法比较》，载于《地理科学进展》2003 年第 1 期。

[97] 速水佑次郎、神门善久：《发展经济学——从贫困到富裕》，社会科学文献出版社 2008 年版。

[98] 史清华、顾海英、张跃华：《农民家庭风险保障：从传统模式到

商业保险》，载于《管理世界》2004 年第 11 期。

［99］桑敏兰：《论宁夏的“生存移民”向“生态移民”的战略转变》，载于《生态经济》2004 年第 1 期。

［100］世界银行：《世界发展报告 2000/2001：与贫困做斗争》，牛津大学出版社 2000 年版。

［101］苏芳、徐中民、尚海洋：《可持续生计分析研究综述》，载于《地球科学进展》2009 年第 1 期。

［102］苏芳、蒲欣冬、徐中民、王立安：《生计资本与生计策略关系研究——以张掖市甘州区为例》，载于《中国人口·资源与环境》2009 年第 6 期。

［103］索端智：《三江源生态移民的城镇化安置及其适应性研究》，载于《青海民族学院学报》2009 年第 1 期。

［104］税伟、徐国伟、兰肖雄、王雅文、马菁：《生态移民国外研究进展》，载于《世界地理研究》2012 年第 1 期。

［105］沈小波、林擎国：《贫困范式的演变及其理论和政策意义》，载于《经济学家》2005 年第 6 期。

［106］色音、张继焦：《生态移民的环境社会学研究》，民族出版社 2009 年版。

［107］史俊宏：《生计转型背景下少数民族牧区生态移民生计风险研究》，载于《经济论坛》2013 年第 10 期。

［108］史俊宏：《生态移民适应性生计模式研究》，载于《农村经济与科技》2013 年第 110 期。

［109］史俊宏：《非自愿生态移民生计满意度及其影响因素研究》，载于《贵州大学学报（社会科学版）》2013 年第 7 期。

［110］史俊宏：《基于 PSR 模型的生态移民安置区可持续发展指标体系构建及评估方法研究》，载于《西北人口》2010 年第 4 期。

［111］史俊宏：《草原牧区生态移民问题研究》，内蒙古农业大学硕士

毕业论文，2006年。

［112］史俊宏：《干旱风险冲击下牧户生计策略研究——基于内蒙古牧区的调研》，中南财经政法大学博士学位论文，2012年。

［113］陶然、徐志刚、徐晋涛：《退耕还林、粮食政策与可持续发展》，载于《中国社会科学》2004年第6期。

［114］邰秀军、黎洁、李树茁：《贫困农户消费平滑研究评述》，载于《经济学动态》2008年第10期。

［115］邰秀军、李树茁：《中国农户贫困脆弱性的测度研究》，社会科学文献出版社2012年版。

［116］邰秀军、罗丞、李树茁、李聪：《外出务工对贫困脆弱性的影响：来自西部山区农户的证据》，载于《世界经济文汇》2009年第6期。

［117］唐宏、杨德刚、张新焕、王国刚：《新疆三工河流域生态移民的农户响应》，载于《地理科学进展》2011年第4期。

［118］唐宏、张新焕、杨德刚：《农户生态移民意愿及影响因素研究——基于新疆三工河流域的农户调查》，载于《自然资源学报》2011年第10期。

［119］田朝晖、孙饶斌、张凯：《三江源生态移民的贫困问题及其社会救助策略》，载于《生态经济》2012年第9期。

［120］田朝晖、解安：《可行能力视域下的三江源生态移民贫困治理研究》，载于《科学·经济·社会》2012年第4期。

［121］田晓娟：《同心县生态移民的生活状况与社会适应研究——以石狮管委会惠安村移民点黄家水为例》，载于《宁夏社会科学》2012年第4期。

［122］檀学文：《稳定城市化——一个人口迁移角度的城市化质量概念》，载于《中国农村观察》2012年第1期。

［123］文明：《少数民族聚居地区的贫困与扶贫策略选择——以内蒙古少数民族地区为例》，载于《西部学刊》2013年第10期。

［124］吴海涛、丁士军：《贫困动态性：理论与实证》，武汉大学出版社 2013 年版。

［125］万广华、章元：《我们能够在多大程度上准确预测贫困脆弱性?》，载于《数量经济技术经济研究》2009 年第 6 期。

［126］万冰、龙开义：《农村家庭生计模式变迁与农村劳动力转移——新疆玛纳斯县凉州户镇新渠村调查分析》，载于《西部论坛》2013 年第 2 期。

［127］王来喜：《西部民族地区“富饶的贫困”之经济学解说》，载于《社会科学战线》2007 年第 5 期。

［128］王来喜、高凤祯、王秀艳：《内蒙古东西部贫困问题比较研究》，载于《中央民族大学学报（哲学社会科学版）》2010 年第 1 期。

［129］王朝良：《吊庄式移民开发——回族地区生态移民基地创建与发展研究》，中国社会科学出版社 2005 年版。

［130］王慧博：《失地农民可持续生计问题分析》，载于《宁夏社会科学》2008 年第 5 期。

［131］王龙：《农地经营权流转与宁夏生态移民发展研究》，载于《宁夏社会科学》2009 年第 3 期。

［132］王凯、欧艳、黎梦娜、李娟：《遗产旅游地生态移民影响的实证研究——以武陵源风景名胜区为例》，载于《长江流域资源与环境》2012 年第 4 期。

［133］王旺多：《试论三江源生态移民社会福利机制的建构》，载于《开发研究》2012 年第 2 期。

［134］王培先：《生态移民：小城镇建设与西部发展》，载于《国土经济》2000 年第 6 期。

［135］王关区、花蕊：《草原生态保护建设中存在的问题》，载于《内蒙古社会科学（汉文版）》2013 年第 4 期。

［136］翁贞林：《农户理论与应用研究进展与述评》，载于《农业经济

问题》2008 年第 8 期。

[137] 谢旭轩、张世秋、朱山涛:《退耕还林对农户可持续生计的影响》,载于《北京大学学报（自然科学版)》2010 年第 3 期。

[138] 谢东梅:《农户生计资产量化分析方法的应用与验证:基于福建省农村最低生活保障目标家庭瞄准效率的调研数据》,载于《技术经济》2009 年第 9 期。

[139] 谢元媛:《生态移民政策与地方政府实践》,北京大学出版社 2010 年版。

[140] 徐锋:《农户家庭经济风险的处理》,载于《农业技术经济》2000 年第 6 期。

[141] 徐鹏、徐明凯、杜漪:《农户可持续生计资产的整合与应用研究——基于西部 10 县（区）农户可持续生计资产状况的实证分析》,载于《农村经济》2008 年第 12 期。

[142] 徐海源:《内蒙古达茂旗天然草地退化原因及防治模式研究》,中国农业科学院硕士学位论文,2006 年。

[143] 熊吉峰、丁士军:《新农合对农户生计策略影响的无效性检验》,载于《经济问题》2010 年第 1 期。

[144] 荀丽丽、包智明:《政府动员型环境政策及其地方实践——关于内蒙古 S 旗生态移民的社会学分析》,载于《中国社会科学》2007 年第 5 期。

[145] 新吉乐图:《生态移民:中国环境政策报告》,内蒙古大学出版社 2005 年版。

[146] 佘庆年、施国庆:《环境、气候变化和人口迁移》,载于《中国人口·资源与环境》2010 年第 7 期。

[147] 杨国庆:《中国蒙古族人口迁移情况分析》,载于《中国统计》2013 年第 7 期。

[148] 杨云彦、赵锋:《可持续生计分析框架下农户生资本的调查与分

析——以南水北调（中线）工程库区为例》，载于《农业经济问题》2009 年第 3 期。

［149］杨龙等：《西北干旱半干旱区生态移民可持续发展策略探讨》，载于《新疆师范大学学报（自然科学版）》2004 年第 4 期。

［150］岳小国：《藏族社会生计模式与家庭经济状况调查研究——以西藏贡觉县三岩区为例》，载于《西藏民族学院学报（哲学社会科学版）》2011 年第 5 期。

［151］张林秀：《农户经济学基本理论概述》，载于《农业技术经济》1996 年第 3 期。

［152］张力小、刘杰：《北方沙漠化地区生态移民中的关键问题》，载于《生态学杂志》2009 年第 7 期。

［153］张丽君：《中国牧区生态移民实践、问题与政策导向》，载于《开发研究》2012 年第 5 期。

［154］张丽君、王菲：《中国西部牧区生态移民后续发展对策探析》，载于《中央民族大学学报（哲学社会科学版）》2011 年第 4 期。

［155］张丽君、吴俊瑶：《阿拉善盟生态移民后续产业发展现状与对策研究》，载于《民族研究》2012 年第 2 期。

［156］左停、刘燕丽、齐顾波、旷宗仁：《贫困农户的脆弱性与小额信贷的风险缓解作用》，载于《农村经济》2007 年第 12 期。

［157］周华坤等：《三江源区生态移民的困境与可持续发展策略》，载于《中国人口·资源与环境》2010 年第 3 期。

［158］周建新、张勇华：《新农村建设背景下的乡村生计模式转型探析——以客家古村三僚文化生态旅游为例》，载于《广西民族大学学报（哲学社会科学版）》2008 年第 6 期。

［159］周云水：《小民族的生计模式变迁与文化适应——人类学视野中的独龙族社会结构变迁分析》，载于《阿坝师范高等专科学校学报》2009 年

第 26 期。

[160] 邹铭等:《自然灾害风险管理与预警体系》,科学出版社 2010 年版。

[161] 赵宏利、陈修文、姜越等:《生态移民后续产业发展模式研究——以三江源国家级自然保护区为例》,载于《生态经济》2009 年第 1 期。

[162] 赵锋、杨云彦:《外力冲击下水库移民生计脆弱性及其解决机制—以南水北调中线工程库区为例》,载于《人口与经济》2009 年第 4 期。

[163] 赵曼:《农村社会保障制度研究》,经济科学出版社 2012 年版。

[164] 詹姆斯·C. 斯科特:《国家的视角:那些试图改善人类状况的项目是如何失败的》,社会科学出版社 2011 年版。

[165] Apurba Krishna Deb, and C. Emdad Haque, Sufferings Start from the Mothers' Womb: Vulnerabilities and Livelihood War of the Small – Scale Fishers of Bangladesh, Sustainability 2011, 3, 2500 – 2527.

[166] Burton, I. . R. W. Kates and G. F. White. The Enviroment as Hazard. . New York: Oxford University Press, 1978.

[167] Bruno Locatelli, Hety Herawati, Maria Brockhaus, Monica Idinoba, Markku Kanninen, Methods and Tools for Assessing the Vulnerability of Forests and People to Climate Change, Working Paper No. 43, December 2008.

[168] Cannon T. , Twigg J. , Rowell J. Social vulnerability, sustainable livelihoods and disasters: report to DFID Conflict and Humanitarian Assistance Department and Sustainable Livelihoods Support Office London: Natural Resources Institute, University of Greenwich, 2003, 78 – 84.

[169] Cesar Calvo and Stefan Dercon, Vulnerability to Poverty, CSAE WPS/2007 (3).

[170] Chambers, R. and Conway, G. Sustainable rural livelihoods: practical concepts for the 21st century. IDS Discussion Paper 296. Brighton, England:

Institute of Development Studies, 1992.

[171] Corinne Valdivia, Andean. Livelihood Strategies and the Livestock Portfolio: Paper presented at Invited Session: Contentments and Contentions; Living with Livestock. 100th Annual Meeting American Anthropological Association, 2001.

[172] DFID. Sustainable Livelihoods Guidance Sheets. Department for International Development. 2000.

[173] Damien Echevin. Vulnerability and livelihoods before and after the haiti earthquake. 2011.

[174] Dercon, Assessing Vulnerability, August 2001.

[175] Davies, S. Adaptable Livelihoods. Coping with Food Insecurity in the Malian Sahel; St. Martin's Press: New York, NY, USA, 1996.

[176] Eill, F. Rural Livelihood and Diversity in Development Countries. New York: oxford University Press. 2000.

[177] Ellis Frank. Household strategies and rural livelihood diversification. Journal of development studies, 1998.

[178] Franz Heidhues. Vulnerability and Risk Management for Sustainable Livelihoods of Farm Households in Northern Thailand – The Role of Health Insurance in Managing Risk. 2006.

[179] Hans – Martin Füssel, Vulnerability: A generally applicable conceptual framework for climate change research, Global Environmental Change 17 (2007) 155 – 167.

[180] Habiba Gitay, C. Max Finlayson & Nick Davidson, A Framework for assessing the vulnerability of wetlands to climate change, Ramsar Technical Report No. 5, CBD Technical Series No. 57, June 2011.

[181] Hewitt, K. and I. Burton. The Hazardousness of A place: A regional

ecology of damaging events. Toronto: University of Toronto Press, 1971.

[182] Jeffrey Alwang, Paul B. Siegel, Steen L. Jørgensen, Vulnerability: A ViewFrom Different Disciplines, Social Protection Discussion Paper Series, The World Bank, June 2001.

[183] John Twigg, Sustainable livelihoods and vulnerability to disasters, Benfield greig hazard research centre, disaster management working paper, 2001.

[184] Janssena M. A., Schoon M. L., Ke W., et al.. Scholarly networks on resilience, vulnerability and adaptation withinthe human dimensions of global environmental change. Global Environmental Change, 2006, 16 (3): 240-252.

[185] Kates R. W., Clark W. C., Corell R., et al. Environment and Development: Sustainability Science [J]. Science, 2001, 292.

[186] Lisa Marie Rees, WHAT IS THE IMPACT OF LIVELIHOOD STRATEGIES ON FARMERS' CLIMATE RISK PERCEPTIONS IN THE BOLIVIAN HIGHLANDS? University of Missouri - Columbia, 2009.

[187] Nishara Fernando, A measure of urban livelihood vulnerability: The case of Colombo, 9th International Conference on Sri Lanka Studies Full Paper Number, November, 2003.

[188] Nick Brooks, Vulnerability, risk and adaptation: A conceptual framework, Tyndall Centre for Climate Change Research Working Paper 38, November 2003.

[189] Morduch, J. Income Smoothing and Consumption Smoothing, Journal of Economic Perspectives, 1995 (3).

[190] Michelle Adato, Ruth Meinzen - Dick. Agriculture Research, Livelihoods, and Poverty. The Johns Hopkins Universiy Press, 2007.

[191] Osawe, Osayanmon Wellington, Livelihood Vulnerability and Migration Decision - Making Nexus: Case Studies from Rural Households in Nigeria,

IOSR Journal of Humanities and Social Science (IOSR - JHSS) Volume 16, Issue 5 (Sep. - Oct. 2013), pp. 22 - 34.

[192] Osayanmon Wellington Osawe, Livelihood Vulnerability and Migration Decision Making Nexus: The Case of Rural Farm Households in Nigeria, Invited paper presented at the 4thInternational Conference of the African Association of Agricultural Economists, September 22 - 25, 2013, Hammamet, Tunisia.

[193] Paul B. Siegel, Jeffrey Alwang. An Asset - Based Approach to Social Risk Management: A Conceptual Framework. Social Protection Unit Human Development Network *The World Bank Social Protection Discussion Paper Series.* October 1999.

[194] Pritchett, L. Suryahadi, A.; Sumarto, S. Qualifying Vulnerability to Poverty: A Proposed Measure, Applied to Indonesia; The World Bank: Washington, DC, USA, 2000; Policy Research Working Paper No. 2437.

[195] Robert Holzmann, Steen Jorgensen. Social Risk Management: A new conceptual framework for Social Protection, and beyond, Social Protection Discussion Paper No. 0006. 2000 (2).

[196] Richard Otieno Juma. Turkana livelihood strategies and adaptation to drought in Kenya. VICTORIA UNIVERSITY OF WELLINGTON, 2009.

[197] Sharp, Kay. Measuring Destitution: Integrating Qualitative and Quantitative Approaches in the Analysis of Survey Data, IDS working paper, 2003.

[198] Simone Brant, assessing vulnerability to drought in CEARA, NORTHEAST BRAZIL, University of Michigan, 2007.

[199] Sara Brogaard and Jonathan Seaquist, an assessment of rural livelihood vulnerability in relation to climate—a case study in agro-pastoral northern China, Human Security and Climate Change. 2005.

[200] Turne B L, Kasperson R E, Mat sone P A, et al. A framework for

vulnerability analysis in sustainability science [J]. PNAS, 2003, 8: 807428079.

[201] Timmerman P. Vulnerability, Resilience and the Collapse of Society: A Review of Models and Possible Climatic Applications. Toronto, Canada: Institute for Environmental Studies, University of Toronto, 1981.

[202] Temesgen T. Deressa and Rashid M. Hassan and Claudia Ringler, Assessing Household Vulnerability TO Climate Change, IFPRI Discussion Paper, 2009.

[203] W. Neil Adger, Vulnerability, Global Environmental Change 16 (2006) 268 - 281.